DUDEN

POCKET TEACHER **KUNST**

Abi

5., aktualisierte Auflage

Ingo Wirth (Hrsg.)
Stella Hartstack, Frank Pfeifer,
Ulrich Poessnecker, Christine Wirth,
Dr. Helge Wirth, Ingo Wirth

Dudenverlag
Berlin

Die Autoren
Stella Hartstack, Frank Pfeifer, Ulrich Poessnecker, Christine Wirth,
Dr. Helge Wirth und Ingo Wirth sind erfahrene Kunstpädagogen.
Ulrich Poessnecker ist Kunst- und Theaterpädagoge und zudem seit 20 Jahren für das HKM Hessen in den Bereichen Lehrplan Gymnasium, Kerncurriculum Kunst wie auch in der Entwicklung der Bildungsstandards Kunst tätig.

Bibliografische Information der Deutschen Nationalbibliothek
Die Deutsche Nationalbibliothek verzeichnet diese Publikation in der Deutschen Nationalbibliografie; detaillierte bibliografische Daten sind im Internet über http://dnb.dnb.de abrufbar.

Bibliographisches Institut GmbH, Mecklenburgische Straße 53, 14197 Berlin

Redaktionelle Leitung: Simone Bahrenberg
Redaktion der Karteikarten: Christa Becker
Herstellung: Uwe Pahnke
Umschlaggestaltung: Büroecco, Augsburg
Layout / technische Umsetzung: LemmeDESIGN, Berlin
Sachzeichnungen: die Autoren
Druck und Bindung: Heenemann GmbH & Co. KG
Bessemerstraße 83–91, 12103 Berlin
Printed in Germany

ISBN 978-3-411-87214-5

Inhalt

Vorwort

Liebe Leserin, lieber Leser!

Kunstunterricht kann sehr unterschiedliche Formen annehmen und sich mit sehr unterschiedlichen Themen befassen. Es gibt zwischen den Bundesländern lediglich Vereinbarungen über verbindliche Rahmenthemen und Aufgabenarten für Abiturprüfungen in Kunst. An diesen Themen orientiert sich die Gliederung dieses Buchs. Wir wissen also nicht genau, welche Kunstwerke, welche Gebäude oder Designobjekte Sie im Unterricht untersucht oder welche künstlerischen Arbeiten Sie selbst angefertigt haben. Das wird im Einzelnen nicht vorgeschrieben und von den Abiturvorschriften nicht erfasst. Dieses Buch kann Ihnen aber dabei helfen, die Inhalte, die Sie im Unterricht bearbeitet haben, einzuordnen und sich in der unübersichtlichen Vielfalt der Welt der Kunst und der Sprache der Formen zu orientieren.

Eine spezielle Erweiterung in dieser Auflage sind die heraustrennbaren Karteikarten im Anhang. Diese 20 Karten stellen eine Vorauswahl an Themen dar, mit denen Sie zur Abiturprüfung rechnen können. Die Rückseiten wurden freigelassen, damit Sie dort eigene Notizen machen können.
Entsprechende Vorlagen für weitere Karteikarten gibt es auf **www.duden.de/pocket-teacher-abi** zum Herunterladen und Ausdrucken.

Auf Abbildungen haben wir bewusst fast ganz verzichtet. Schließlich können wir nicht wissen, welche Bildbeispiele Sie im Unterricht bearbeitet haben. Besorgen Sie sich also zur Vorbereitung Ihres Abiturs beim Lehrer oder bei Mitschülern Abbildungen der

Werke, die Sie im Unterricht bearbeitet haben. Sollten Sie bestimmte Abbildungen nicht mehr auffinden können oder zusätzliche Bilder benötigen, suchen Sie bitte mithilfe des Künstlernamens und des Titels oder der Bezeichnung des betreffenden Werks im Internet. Nutzen Sie dazu die Ihnen bekannten allgemeinen Suchmaschinen oder auch spezielle Suchseiten und Datenbanken zu den Themen Kunst, Architektur, Fotografie, Film und Werbung. Die betreffenden Adressen finden Sie am Ende dieses Buches.

Haben Sie ganze Passagen des Unterrichts nicht mitbekommen, kann es nötig werden, ein Lehrbuch zu Hilfe zu nehmen. Wir empfehlen Ihnen eine Liste guter Lehrbücher und Nachschlagewerke, die Sie auf folgender Website abrufen können:
www.kunstlinks.de/schulbuecher_alle_kunst.htm.

Schnelle Hilfe bei eigenen Problemlösungen bietet das Register am Ende des Bandes. Dort finden sich die wichtigsten Begriffe aus der bildenden Kunst, aus Architektur und Design. Ein ausführliches Personenverzeichnis finden Sie auf der Homepage des Herausgebers:
http://www.kunst-seminar.de/namensverzeichnis.

Farbige Pfeile ▶ im Text verweisen auf andere Stellen im Buch, an denen sich weiterführende Informationen finden.

1 Ein Überblick vorab

1.1 Kunstbegriff im Wandel

In allen Erdteilen und in allen Kulturen finden sich Formen der Kunst in Plastik und Skulptur, Malerei, Grafik, Architektur und anderen Erscheinungsformen. Neben den Hochkulturen Asiens und Amerikas gehören dazu auch die Stammeskulturen Afrikas, Australiens und Polynesiens. Im Kunstunterricht ist eine eingehende Beschäftigung mit der Kunst dieser Kulturen meist nicht vorgesehen. Im Zentrum steht hier die Kunst der Antike, die europäische, die moderne amerikanische Kunst und die zeitgenössische Kunstszene.
Die Wurzeln des modernen Kunstbegriffs liegen in der ***Aufklärung***, die ihrerseits auf die Philosophie der Antike zurückgriff. Spätestens seit dem 18. Jh. und der theoretischen Begründung des ***Klassizismus*** durch WINCKELMANN gilt Kunst als eine zentrale und wesentliche Äußerungsform des Menschen. Mit der zur gleichen Zeit aufkommenden Idee von der Gleichheit der Menschen wächst die Wertschätzung natürlicher Fähigkeiten und Begabungen – besonders bei Künstlern. Schon seit der ***Renaissance*** genießen sie auch unabhängig von ihrer sozialen Herkunft großes Ansehen. Aus dieser Position heraus erlauben sie sich, vielfach die bestehenden Verhältnisse kritisch zu kommentieren oder schmerzhafte Wahrheiten ins Bewusstsein zu rücken. Nachdem noch in ***Barock*** und ***Rokoko*** die dekorativen und repräsentativen Qualitäten von Kunst im Zentrum des Interesses standen, wurden Kunstproduktion und Umgang mit Kunst in Aufklärung und Klassizismus nun verstärkt als Möglichkeit verstanden, Erlebnisse, Erfahrungen und Einsichten anschaulich festzuhalten und den Menschen zu läutern. SCHILLER fasst diese

neue Sichtweise 1795 in den „Briefen zur ästhetischen Erziehung des Menschen“ zusammen, in denen er Kunst und die intensive Beschäftigung damit als den richtigen Weg zur positiven Veränderung des Menschen und der Gesellschaft beschreibt.
Anfang des 19. Jh.s wenden sich viele Künstler – unter dem Eindruck der Französischen Revolution und der politischen Restauration – von ***Klassizismus, Aufklärung*** und dem damit verbundenen Primat von Rationalität und Vernunft ab. Die anbrechende ***Romantik*** inspiriert durch eine mit christlichen Motiven angereicherte Vorstellung von der Natur als Mutter aller Dinge und als allumfassender Macht Künstler zu Landschafts- und Naturdarstellungen mit tiefsinnigem Bildprogramm und hintergründiger Symbolik. Kunst soll jetzt den tieferen Sinn der Verwurzelung des Menschen in Irrationalität und Natur anschaulich vor Augen führen.
Im Verlauf des 19. Jh.s entstehen in Berlin (1819), Dresden (1820) und Düsseldorf (1830) Kunstakademien. Sie verstehen Kunst als Form geistiger Durchdringung der Welt, nicht länger als gehobenes Handwerk im Dienste der Repräsentationskunst.
Die Wissenschaftsdisziplin der ***Kunstgeschichte*** bildet sich nun seit Mitte des 19. Jh.s heraus (LANZI, VON RUMOHR, KUGLER). Historische Erscheinungsformen der Kunst von der Antike über das Mittelalter bis zur Neuzeit werden wiederentdeckt und in Museen, Kunstdrucken und Kunstbüchern dem Publikum systematisch zugänglich gemacht. Die Beschäftigung mit den alten Künsten geht schließlich so weit, dass während ***Historismus*** und ***Eklektizismus*** in Malerei, Bildhauerei und Architektur in großem Umfang alte Kunstformen kopiert oder adaptiert werden. Seit Mitte der 2. Hälfte des 19. Jh.s suchen zeitgenössische Künstler dann nach Alternativen zu dieser oft dekorativen und pathetischen Salonkunst. Die neuen Ideen und Gedanken werden später unter dem Begriff ***Moderne*** zusammengefasst, mit dem sich die Hoffnung auf den Wandel zu einer schönen neuen Welt der Zukunft verbindet. Es entfaltet sich ein reiches Spektrum experimenteller und provokativer Kunstformen, das vom nüch-

ternen Realismus über ***Impressionismus, Expressionismus*** bis zur ***Abstraktion*** reicht.
Seit dem Ende des 19. Jh.s entwickelt sich eine Kunstwissenschaft, welche Kunstwerke an-und-für-sich, also unabhängig von ihrer historischen Bedingtheit untersucht, ihren formalen Aufbau, ihren Stil und ihre Gestalt erforscht und versucht, Kunst systematisch von anderen Erscheinungen menschlicher Kultur zu unterscheiden (FIEDLER, WÖLFFLIN, RIEGL). Parallel zu dieser Entwicklung entfaltet sich die junge Wissenschaft der Psychologie. Sie wendet sich der Wirkung des Unbewussten in den Künsten zu (Freud, Jung) und hat große Auswirkungen auf Künstler und die Kunst ***(Expressionismus, Surrealismus)***.
Nach dem Ersten Weltkrieg kommt es zu einer dynamischen Entwicklung moderner Kunst und Kultur. Kennzeichen dieser Kunst ist große Vielfalt und Experimentierfreude: es entfalten sich ***Surrealismus, Neue Sachlichkeit, Dada***, verschiedene Spielarten des ***Expressionismus*** sowie der ***Internationale Stil:*** Gleichgesinnte Maler, Bildhauer, Architekten versuchen in Abwendung von überkommenen kulturellen Vorstellungen der Vergangenheit eine neue Basis für ihre Arbeit zu finden: nüchtern, vernünftig, wissenschaftlich begründet, demokratisch, sozial, liberal, der Technik gegenüber aufgeschlossen. Diese Orientierung wird seit 1919 besonders konsequent im ***Bauhaus*** umgesetzt. Gleichzeitig entfalten sich ***Neoklassizismus*** sowie ein oft plakativer ***Neorealismus*** mit idealisierenden, kämpferischen Motiven und monumentalen Werkformen (Skulpturen, Wandmalereien) und werden von Nazismus und Stalinismus zu Propagandazwecken missbraucht.
Nach der Katastrophe des Zweiten Weltkrieges, dem Sieg über Barbarei und Zivilisationsbruch des Nationalsozialismus und mit dem Beginn des Kalten Krieges setzt sich in der westlichen Welt Zug um Zug das breite und vielfältige Spektrum der Moderne durch. Vor allem im stalinistischen Osteuropa werden demgegenüber ***sozialistischer Realismus*** und andere Formen der Staatskunst propagiert.

Aus der Erfahrung der NS-Herrschaft entsteht nach Kriegsende eine veränderte Einstellung gegenüber den Künsten: Ablehnung von ***NS-Kunst*** und NS-Künstlern und Toleranz gegenüber den ehemals verfemten Kunstformen. Im Grundgesetz der Bundesrepublik wird 1949 die Freiheit der Kunst festgeschrieben.
In rascher Folge entsteht dann im Westen seit den 50er-Jahren eine Vielzahl von Künstlergruppen, Stilen und künstlerisch-experimentellen Szenen. Das Feld der nichtfigurativen oder ***abstrakten Kunst*** wird erschlossen, figurativer Realismus spielt aber – wie in der ***Pop-Art*** – weiter eine Rolle. Diese verschiedenen Richtungen werden in der Auseinandersetzung des Ost-West-Konfliktes ideologisch vereinnahmt. Spätestens seit den 60er-Jahren zeigen sich daneben in der Kunstszene Erscheinungen, die mit den klassischen Begriffen der bildenden Kunst nicht mehr recht zu fassen sind. Der ***erweiterte Kunstbegriff*** umschließt in der Folge Phänomene wie künstlerisches Experiment – von individuell-subjektiven Obsessionen bis hin zu Versuchen der Einwirkung auf gesellschaftliche Verhältnisse und Gegebenheiten. Das Publikum wird aktiv in die Konzepte einbezogen.
Die aktuelle ***Kunstszene*** ist durch eine zunehmende Internationalisierung gekennzeichnet (Medienpräsenz und große internationale Ausstellungen wie documenta, Biennale). Sie zeigt ein weites Feld künstlerischer Experimente, Inszenierungen, Untersuchungen und Erkundungen, die Wahrnehmungssituationen der Gegenwart aufspüren, ausloten, deuten und künstlerisch interpretieren. Daneben finden sich Formen zeitgenössischer Kunst, die eher mit den Kategorien des traditionellen Kunstbegriffs erfasst werden können.
Im Kunstunterricht der Oberstufe werden diese Entwicklungen ausschnittweise und anhand von Beispielen aufgegriffen und vertieft.

1.2 Sprache der Bilder in Kunst und Massenmedien

Die Sprache der Bilder baut einerseits auf dem Wahrnehmungsapparat des menschlichen Auges auf, andererseits auf der Kenntnis all der Formen, die das Auge im Laufe des Lebens kennen- und verstehen lernt: Formen, Symbole, Schrift, Zeichen.
Ähnlich wie in der gesprochenen Sprache findet sich hier ein Vokabular, eine Grammatik, ähnlich wie in der Musik finden sich Rhythmen, Harmonien und verschiedene Klangfarben.
Eine Vielzahl von Werken der bildenden Kunst bedient sich dieser Sprache, darüber hinaus hat man im Umgang mit Medien tagtäglich mit ihr zu tun.
Neben zentralen Elementen der Bildsprache, wie Linien, Flächen, Volumina, Farben, Proportionen gehören zum bildsprachlichen Vokabular alle wahrgenommenen Formen und Bildmuster.
Diese Elemente werden in Bildern durch verschiedene bildsprachliche Mittel in Beziehung gesetzt und gedeutet. So kann das gleiche Porträt eines Politikers, das im Kontext eines entsprechenden Wahlplakats, mit freundlichem Schriftzug und ansprechenden Farben sympathisch und Vertrauen erweckend wirkt, auf dem Titelblatt einer Zeitung mit Skandalmeldung und bedrohlicher Balkenüberschrift beängstigend oder verlogen erscheinen. Presse, Verlage, Fernsehen, Film, Internetanbieter und andere Medienproduzenten bedienen sich dieser Sprache mit Geschick. Wirtschaftliche und politische Interessen werden mithilfe geeigneter Bildproduktionen untermauert oder gefördert. Ohne Bilder sind Produktwerbung, Wahlkämpfe oder Propaganda kaum vorstellbar. Informationen werden durch Bilder ergänzt oder manipuliert. Künstler greifen diese Phänomene auf, interpretieren sie und finden Gegen- und Vexierbilder.
Im Unterricht der Oberstufe lernen Sie die Sprache der Bilder, Mechanismen der Wahrnehmung sowie ihre Anwendung in Massenmedien und bildender Kunst kennen.

1.3 Gestaltung von Lebensräumen – Architektur und Design

Der dritte Sachbereich des Kunstunterrichts in Oberstufe und Abitur betrifft Architektur und Design.
Spätestens seit die Menschen in der Jungsteinzeit vor ca. 11 000 Jahren im vorderen Orient sesshaft wurden, beschäftigen sie sich mit der Gestaltung ihrer Siedlungen, ihrer Behausungen und des dort versammelten Gebrauchsguts. So werden Gebäude mit verschiedener Bedeutung voneinander unterschieden, Innenräume mit verschiedenen Funktionen voneinander abgegrenzt. Siedlungen werden durch Wege und Plätze gegliedert, zentrale, für die Gemeinschaft wichtige Bauten herausgestellt. Die Kunst des Architekten besteht darin, die Gestalt eines Baus so zu formen, dass Funktionalität und Bedeutung des Gebäudes, technische Vorgaben, die Empfindungen der Nutzer, die Erwartungen des Bauherrn, die Umgebung des Bauplatzes und die Wirtschaftlichkeit des Bauwerks gleichermaßen berücksichtigt werden.
Ähnliche Aufgaben stellen sich dem Designer, der Gebrauchsgegenstände entwirft. Schon vorzeitliche Keramikhandwerker müssen Form, Funktion und ästhetische Bedürfnisse sinnvoll in Beziehung setzen. Zeitgenössische Designer sollen dafür Sorge tragen, dass Gegenstände des täglichen Gebrauchs – vom Küchenmesser über den Computer bis hin zum Auto – funktionsgerecht und attraktiv gestaltet werden und sich gut verkaufen lassen.
Der Gestaltende ist in beiden Fällen – anders als der freie Künstler – an enge technische, soziale, wirtschaftliche und psychologische Vorgaben gebunden. Architektur und Design müssen sich auf eine sorgfältige Analyse der gegebenen Voraussetzungen und Anforderungen stützen.
Im Kunstunterricht der Oberstufe befassen Sie sich anhand von Beispielen aus Vergangenheit und Gegenwart und aufgrund eigener praktischer Übungen mit Fragen des Designs und der Architektur.

2 Kunst und Bilder richtig verstehen?

Warum gibt es eigentlich verschiedene Methoden der Kunstbetrachtung?
Je nachdem, mit welchem Interesse man an Kunst herantritt, wird man unterschiedliche Qualitäten erfassen: Geht es ums Genießen? Geht es um kulturgeschichtliche Erkenntnisse? Geht es um die Fragen: Was ist Kunst, wie verändert sich Kunst, wie unterscheidet sich gute von schlechter Kunst?

2.1 Nichtwissenschaftliche Methoden

Kunst unmittelbar erleben
Manche Erscheinungen der Kunst erschließen sich durch unmittelbares Erleben: Ein Betrachter geht auf eine Ausstellung und schaut sich ein Kunstwerk an. Verschiedene Wahrnehmungen geraten in eine Beziehung: Gegenstände, Farben, Formen, Teilwahrnehmungen verbinden sich zu einem Gesamteindruck. Der Betrachter ergänzt dies durch eigene Assoziationen und Vorstellungen. Er spricht mit anderen Betrachtern über seine Eindrücke und Erlebnisse und erfährt, was diese wahrnehmen.

Hat er jetzt Kunst erlebt? – Vielleicht …
Sicher ist, dass verschiedene subjektive Anteile des Kunsterlebens eine Rolle spielten:
- Neugier
- Orientierung, Exploration, Erkundung (Schauen, Tasten)
- Empfindungen in Beziehung setzen
- Bemühen um Verständnis: Worum ging es dem Künstler?
- Assoziieren

- Beschreiben von Empfindungen
- Vergleich eigener und fremder Wahrnehmungen

Allerdings kann der Betrachter sich an diesem Punkt noch nicht sicher sein, wirklich verstanden zu haben, worauf der Künstler abzielt bzw. ob er überhaupt auf etwas abzielt. Erst durch systematischen Vergleich mit Wahrnehmungen anderer Betrachter, durch systematische Analyse der Formsprache und anderer Ausdrucksmittel oder durch Erforschung kultureller und historischer Hintergründe des Werkes kann der Interpret objektivierte Aussagen über Kunstwahrnehmungen treffen.

Dennoch ist sein subjektiver Eindruck der Schlüssel zum Kunstverständnis. Denn das Kunstwerk teilt sich ja primär über das Erlebnis seiner Formen oder anderer wahrnehmbarer Eigenschaften mit und diese werden erst im Gemüt des Betrachters, in seinem subjektiven Empfinden erlebte Realität – auch wenn diese Empfindungen durch weitere Einsichten zuletzt eine andere Ausdeutung erfahren können, als der Betrachter beim ersten spontanen Eindruck meint.

Kunst genießen – Ästhetische Attraktivität, Schönheit und Reiz

Ein großer Teil der historischen Kunst und viele Hervorbringungen zeitgenössischer Kunst laden zum Genießen ein. Andere Kunstwerke provozieren, verschrecken, überraschen, irritieren. Welche Rolle spielt das Genießen beim Umgang mit Kunst?

Das einzige Kriterium für Genuss ist das Genussempfinden des Wahrnehmenden, z. B. des Betrachters – sein Geschmack. Ob eine Wahrnehmung Genuss hervorruft oder nicht, hängt von vielen Faktoren ab. So gibt es Erlebnisse und Wahrnehmungen, die jeder als angenehm empfindet, solche, die von den meisten als unangenehm empfunden werden und ganz individuelle Vorlieben oder Abneigungen Einzelner: Der Geschmack eines Menschen ist immer subjektiv, er setzt sich aber aus allgemeinsubjektiven Anteilen (die alle Menschen betreffen) und indivi-

duell-subjektiven Anteilen (die nur den Einzelnen betreffen) zusammen.
Künstler, die auf Genuss abzielen, haben es also schwer. Sie müssen versuchen, Gesetzmäßigkeiten von angenehmen Wahrnehmungen herauszuarbeiten, die auf das subjektive Empfinden ganz unterschiedlicher Menschen in ähnlicher Weise einwirken – also auf Qualitäten allgemein-subjektiven Empfindens. Diese werden von verschiedenen Sparten der Kunstwissenschaft und Kunstpsychologie (z. B. BERLYNE, ARNHEIM) erforscht. Die Forscher fanden heraus, dass folgende Qualitäten die Attraktivität von Wahrnehmungen steigern:

- ***Überraschung*** und ***Abwechslung***, um Langeweile und Eintönigkeit zu vermeiden,
- ***Spannung***, hervorgerufen durch Kontrast und Proportion. Spannungsempfinden stellt sich ein, wenn die ins Spiel gebrachten Qualitäten sich in Wirkung und Charakter deutlich unterscheiden, aber keine eindeutig überwiegt (Goldener Schnitt, Farbharmonien),
- ***Klang*** und ***Melodik*** durch richtige Abstimmung und Kombination von Farben (Harmonielehren von HÖLZEL und KÜPPERS),
- ***Rhythmus*** als kalkulierter spannungsreicher Wechsel zwischen dem Raster einer zugrunde gelegten Ordnung einerseits und Abweichungen oder Störungen dieser Ordnung andererseits. (Beispiel Gefäßstillleben: Eine Reihung von Flaschen wird durch Variation der Proportionen der Flaschen und durch Variation ihrer Abstände rhythmisiert. ▶ S. 40.)
- ***Dramaturgie*** als Konfrontation formaler oder inhaltlicher Bildelemente, die in einer bestimmten Reihenfolge erfasst werden und dadurch den Eindruck einer Handlung erwecken (z. B. Figurenkomposition mit Haupt- und Nebenfiguren oder ein abstraktes Werk, in dem auffällige und unauffällige Formen nacheinander erfasst werden).

Auch Künstler, die nicht wollen, dass ihre Hervorbringungen angenehm und attraktiv wirken, kennen diese Spielregeln, sie

wenden sie nur anders an und spüren den Fragen nach: Was verursacht Irritation, Schrecken, Schmerz, Langeweile (z. B. DUCHAMP, BEUYS, NITSCH)?
Die Reaktionen eines Wahrnehmenden oder auch dessen Geschmacksurteile stellen eine intensive Beziehung zum Kunstwerk oder zur Kunstaktion her. Sie regen dazu an, weitere Qualitäten zu erschließen (Inhalte, Botschaften, Deutungen) oder eigene Positionen oder Empfindungen ins Spiel zu bringen.

2.2 Wissenschaftliche Methoden

Kunstgeschichte – Entwicklung der Kunst?

Seit der Begründung der Kunstgeschichte als wissenschaftlicher Disziplin (1844 erster Lehrstuhl für Kunstgeschichte in Berlin) und verbunden mit dem in der 2. Hälfte des 19. Jh.s verbreiteten Fortschrittsglauben (Darwinismus, historischer Materialismus, Positivismus) suchten Künstler und Wissenschaftler nach Indizien für Fortschritt auch in der bildenden Kunst (TAINE). Zunächst ging man der Frage nach, wie Künstler Schritt für Schritt – vom Einfachen hin zum Differenzierten – die Fähigkeit erwerben, Gegenstände abzubilden und darzustellen (Genauigkeit der Wiedergabe von Proportionen, Räumlichkeit, Erscheinungsfarbe). Den gleichen Ansatz wendete man dann auf die Qualität der Komposition und die Art und Weise der künstlerischen Deutung von Themen an. Dadurch verfestigte sich die Vorstellung, dass die Entwicklung von Kulturen bei

- primitiven (urtümlichen, ursprünglichen) Phasen ansetzt,
- sich über Archaik (Einfachheit, Klarheit, Strenge) und
- Klassik (Reife, Ausgewogenheit)
- bis hin zu Manierismus (Eleganz, Verspieltheit, Imitation)
- und barocker Auflösung (Zier, Prunk, Theatralik) fortsetzt.

Mit dieser Stufentheorie ist eine versteckte Wertung verbunden: Die Fähigkeit zu einer differenzierten Darstellung von Gegenständen unterstellt eine höher entwickelte Form des Denkens, ja

intellektueller Überlegenheit: Kulturen mit „höher entwickelten Formen“ gelten gegenüber Kulturen „niedrigerer“ Entwicklungsstufen als überlegen – in ihren Spätformen allerdings auch als dekadent ***(Manierismus, Rokoko)***. Im Zuge des Imperialismus werden Eingeborenenkulturen der Kolonialgebiete entsprechend beurteilt („Negerkunst“). Dieses Denken mündet auf der einen Seite in Rassismus und völkischem Wahn („entartete Kunst“) und auf der anderen Seite ins romantisierende Bild vom ursprünglichen, naturverbundenen „guten Wilden“.
Das Kriterium der Entwicklung zum Fortschrittlichen und Besseren wird Anfang des 20. Jh.s auch auf die Entwicklung der Kunst hin zur Abstraktion angewendet. Der Grundgedanke ist, dass Künstler durch das Bemühen, die Wirklichkeit nachzubilden, also z. B. Landschaften, Menschen oder Gegenstände darzustellen, in ihrer künstlerischen Freiheit eingeschränkt seien. Erst die Befreiung von diesen Fesseln mache die Kunst wirklich frei. Entsprechend werden Künstler, die sich in ihrer Kunst von der Darstellung des Gegenständlichen abwenden, als fortschrittlich, als Avantgarde angesehen. Dies wirkt noch in der Gegenwart nach: Auch in der Beurteilung der zeitgenössischen Kunst spielt der Gedanke der Entwicklung eine Rolle: Originelle, neuartige Ausdrucksformen, Inszenierungen und Konzepte genießen in Öffentlichkeit und Fachwelt besondere Aufmerksamkeit und Wertschätzung. In der zeitgenössischen Kunstwissenschaft wird der Gedanke einer Entwicklung hingegen vielfach kritisch gesehen (z. B. BELTING). Stattdessen wird hier eine Parallelität und Koexistenz sowie Vernetzung ganz unterschiedlicher Stile und Ausdrucksformen festgestellt und toleriert, die sich einer von außen herangetragenen Einordnung in Entwicklungsstufen entzieht.

Ikonografie – Übersetzen formsprachlicher Vokabeln

Die Ikonografie ist die Wissenschaftskunde von den Themen, Motiven sowie Inhalten von Werken der bildenden Künste. Sie deutet Attribute, Allegorien und Symbole, die in Bildern eine

Rolle spielen. Sie bezieht sich dabei vor allem auf Darstellungen, so zum Beispiel Herrscherporträts, Kreuzigungsdarstellungen, Stillleben. Sie stellt Vergleichslisten bereit und liefert durch dieses archivarische und lexikalische Erfassen der Bedeutung von Bildprogrammen, Bildformen, Symbolen und Farben wichtige Interpretationshilfen.

Ikonologie – Interpretation als Synthese von Erfahrungen, Erkenntnissen und Einsichten

Ikonologie ist eine im 20. Jh. im Wesentlichen von PANOFSKY entwickelte kunstwissenschaftliche Methode, bei der ein Kunstwerk zunächst in drei Schritten mittels verschiedenartiger Fragestellungen untersucht wird. Die gewonnenen Einsichten werden dann in einer komplexen Synthese zusammengeführt:

– *Präikonografische Stufe:* Analyse der formalen Aspekte des Kunstwerks (z. B. Komposition, Farbigkeit, Darstellung, Arrangement) und Verdeutlichung von Aspekten der expressiven Bedeutung, also der emotionalen Wirkung des Kunstwerkes.

– *Interpretation* (d. h. Deutung und Auslegung) vor dem Hintergrund einer genauen Recherche des kulturhistorischen Umfeldes des Künstlers, des Themas und des Stils. Bezugsliteratur wird ausgewertet, und die gewonnenen Erkenntnisse müssen in die Interpretation eingebracht werden.

– *Ikonologische Synthese:* Vor dem Hintergrund der Einsichten aus den vorangegangenen Untersuchungsschritten erschließen sich der tiefere Sinn des Kunstwerkes, die Denkungsart und Einstellung des Künstlers und deren kulturhistorische Bedeutung.

Kunstwissenschaft als Formalanalyse – Das Kunstwerk an und für sich

Gegen die einseitig historische Sichtweise einer Entwicklung oder eines Fortschritts der Kunst stellt sich seit Ende des 19. Jh.s eine andere Forschungsrichtung. Sie untersucht, welche Qualitäten Kunstwerke an und für sich, unabhängig von der kunstgeschichtlichen Entwicklung, haben können – die sogenannte formanalytische Kunstwissenschaft (RIEGL, FIEDLER, WÖLFFLIN, SEDLMAYER, WORRINGER). Diese Forschungsrichtung geht von der Prämisse aus, dass die Kunst in gewissem Sinne autonom sei und letztlich nur aus sich selbst heraus erklärt werden könne. Anders als in der kunsthistorischen Forschung werden hier nicht die Merkmale von Kunstwerken untersucht, die sie als historische Quelle auszeichnen, sondern Qualitäten, die sie in seiner Eigenschaft als Kunstwerk von anderen Erscheinungen unterscheiden, d. h. ihr Aufbau, ihr Stil, ihre Struktur. Die Untersuchungen setzen bei einer genauen Analyse der Formensprache von Kunstwerken an: Komposition, Farbgebung, Duktus (Pinselspur und Gestus), Farbauftrag, Differenziertheit des Formvokabulars und andere Gestaltungsprinzipien. Die Wissenschaftler entdeckten ein ganzes Spektrum von Kompositionsordnungen, Methoden der Differenzierung von Flächenformen (klare oder aufgelöste Konturen, einheitliche oder aufgelöste Flächen), Linien (linear/streng oder malerisch/offen) und anderer Gestaltungsmittel.

In diesem Zusammenhang stellt der Kunstwissenschaftler WÖLFFLIN bei einem Vergleich von Kunstwerken aus ***Renaissance*** und ***Barock*** fest, dass dem Stilwandel der Darstellungsformen (Komposition, Form, Farbauftrag) in allen Zeiten und Kulturen psychologische Gesetzmäßigkeiten zugrunde liegen, die nicht einfach als Entwicklung beschrieben werden können. Er fasst sie als „kunstgeschichtliche Grundbegriffe" zusammen. Ihm fällt auf, dass in der Kunstgeschichte immer wieder Perioden flächenhafter, geschlossener und linearer, also strenger, konturscharfer und statischer Gestaltung (wie in der Renaissance bei DÜRER) abgelöst werden von Phasen malerischer, tiefenhafter, offener Gestaltung, in denen dynamische, labile, von Schwüngen und Rundformen gekennzeichnete Formkonstellationen mit verschwimmenden Konturen bevorzugt werden (wie in bestimmten Formen der Malerei des ***Barock*** – z. B. bei Rembrandt). Diesem Prinzip spürt WÖLFFLIN weiter nach und entdeckt auch in der Kunst seiner Zeit verwandte Erscheinungen.

Strukturforschung – die Einzigartigkeit und Unverwechselbarkeit des Kunstwerkes

Die Strukturforschung stellt zunächst den Mikrokosmos des einzelnen Kunstwerks ins Zentrum aller Untersuchungen und Bemühungen. Dabei geht es um das restlose Erschließen aller formalen und inhaltlichen Qualitäten, die im Werk versammelt sind. Während die norddeutsche Schule der Strukturforschung (v. Lorck) dabei zunächst alle Teile (Feinstrukturen, Grundstrukturen) des Kunstwerkes auflistet, zusammenstellt und sich dann langsam zu einem umfassenden Verständnis (Gesamtstruktur) vorarbeitet, geht die süddeutsche Ausprägung genau umgekehrt vor (Sedlmayr). Hier wird erst das Ganze in den Blick genommen, also übergreifende Eindrücke und Ordnungsaspekte von Kunstwerken – dann werden Teilstrukturen untersucht. Bei sorgfältiger Analyse entsteht eine vertiefte Einsicht in die Gesamtstruktur, also das Zusammenwirken aller Teile des Werks.

Später wird der Begriff „Struktur" von Kunstwissenschaftlern einer jüngeren Generation ganz anders aufgefasst, welche Kunstwerke nicht als isolierte Objekte, als unabhängigen Mikrokosmos ansehen wollen. Mittels einer strukturalistisch-genetischen Methode soll nun die Struktur des Texts der untersuchten Kunstwerke mit den Strukturen des Kontexts (Sprache, Gesellschaft, Kultur) im Zusammenhang gesehen werden (Gorsen, Burnham). Das Kunstwerk wird in diesem Sinne zum Zentrum einer Struktur, deren Fasern weit in die verschiedensten Bezugssysteme (Gesellschaft, Psyche) hineinreichen.

Hermeneutik – Kunstwerke entstehen erst im Kopf des Betrachters

Die hermeneutische Methode nimmt einen ganz anderen Blickwinkel ein, indem sie die Reaktionen des Betrachters in den Prozess des Erschließens des Kunstwerks mit einbezieht. Ziel ist es, nachzuvollziehen, wie das Kunstwerk vom Künstler gemeint gewesen sein könnte. Durch deutendes Erkunden soll die Absicht des Künstlers im eigenen Nachvollziehen freigelegt werden. Interpretation in diesem Sinne ist der Versuch, sich in die Lage des Künstlers hineinzuversetzen, um den schöpferischen Akt nachzuvollziehen und so den Sinn des betrachteten Kunstwerkes aufzudecken. Diese Absicht des unmittelbaren Verstehen-Wollens unterscheidet die hermeneutische Methode von historischen Methoden, die sich auf ikonografische Erkenntnisse und Quellenstudium stützen. Sie grenzt sich von der Formalanalyse ab, welche Formmerkmale untersucht ohne das Erleben des Betrachters zu reflektieren, und von der Strukturanalyse, die auf eine widerspruchsfreie, distanzierte Analyse abzielt.

Kunstpsychologie – Wie funktioniert Wahrnehmung von Kunst?

Kunstpsychologie ist ein Sammelbegriff für Forschung, die Kunst und Kunstwahrnehmung unter verschiedenen psychologischen Gesichtspunkten betrachtet. Im Einzelnen finden sich Beiträge aus der Wahrnehmungspsychologie (ARNHEIM, SCHUSTER, BEISL), Sinnesphysiologie, der Motivationspsychologie (BERLYNE), der Psychophysik (FECHNER), der Psychoanalyse (FREUD, MITSCHERLICH), aus Zweigen der Kunstwissenschaft (GOMBRICH) und Kunstpädagogik (MÜHLE, BAREIS, REISS, RICHTER). Diese Aufzählung deutet darauf hin, dass mit unterschiedlichen Methoden und Zielsetzungen geforscht wird:

- Die Wahrnehmungspsychologie und die Sinnesphysiologie untersuchen, wie Wahrnehmung überhaupt funktioniert. Aus diesem Blickwinkel betrachtet, löst Kunst eine besondere Art von Wahrnehmungen aus, die nach verschiedenen Gesichtspunkten untersucht und beurteilt werden können.
- In der Gestaltpsychologie wird die spontane Synthese von Teilwahrnehmungen zu einem Ganzen, der „Gestalt“ und die damit verbundenen Auswirkungen auf Wahrnehmung und Verhalten des Menschen untersucht. Die Gesetzmäßigkeiten, die dabei entdeckt werden, helfen beim Verständnis von Erscheinungen der Kunst, die das Prinzip der „Gestalt“ aufgreifen (z. B. Malerei, Grafik, Fotografie, Plastik).

- Die Motivationspsychologie befasst sich mit der Frage, wie Wahrnehmungen strukturiert sind, die Menschen besonders aktivieren, die sie anziehen, ihnen Freude bereiten.
- Die Psychophysik untersucht die Frage, wie das Kraft- und Energieempfinden des Menschen durch Bilder beeinflusst werden kann, z. B. das Empfinden für Spannung und Schwerkraft.
- Die Psychoanalyse widmet sich unter anderem Bildthemen, Bildformen und Bildstrukturen, die Rückschlüsse auf die Wirksamkeit des Unbewussten zulassen, und sie beschäftigt sich mit der Wirksamkeit künstlerischer Aktivität in Diagnose und Therapie psychischer Erkrankungen.

Kunsttheorie – Was ist Kunst?

Kunsttheorien befassen sich mit der Frage,was Kunst eigentlich ist oder was sie sein sollte. Die Ansichten darüber gehen weit auseinander. In Diktaturen können Kunsttheorien zu gefährlichen Werkzeugen der Manipulation werden. Da die Freiheit der Kunst in der westlichen Welt in der Regel gesetzlich geschützt ist und auch in der Fachwelt ein breiter Konsens darüber besteht, dass Kunst frei bleiben soll, ist es einleuchtend, dass es in der westlichen Kultur derzeit eine schier unüberschaubare Vielzahl an Kunsttheorien von Künstlern, Wissenschaftlern, Literaten, Kunstliebhabern und Kunsthändlern gibt.
Im Unterschied zu anderen Lebensbereichen, in denen Theorien vielfach darauf ausgerichtet sind, Probleme zu lösen, zu verifizieren oder zu falsifizieren, bilden Kunsttheorien Anschauungen ab, die sich der einfachen Einordnung in richtig und falsch, gut oder schlecht entziehen. In diesem strengen Sinne handelt es sich gar nicht um Theorien im Wortsinn, sondern um Positionsbestimmungen. Faktisch stehen sie gleichberechtigt nebeneinander, bieten dem Kunstinteressierten verschiedene Perspektiven auf das Phänomen Kunst und legen das Urteil letztlich in seine Hände. So gesehen ist dann jeder Kunstinteressierte aufgefordert, sich seine eigene Kunsttheorie zu bilden.

2.3 Formensprache in der Tradition der bildenden Künste

Genres, Themen, Motive

Motive sind die äußeren oder inneren Anlässe künstlerischer Aktivität, an denen sich das Bedürfnis des Künstlers oder einer Künstlergruppe, sich zu äußern oder einen Kommunikationsprozess anzustoßen, entzündet. Es kann sein, dass dies durch die Beobachtung der Natur (Menschen, Landschaft, Dinge), durch psychische Stimmungen, durch Anregung von anderen (Vorbildern, Auftraggebern, Gleichgesinnten, politischen oder religiösen Bewegungen), durch spielerische Experimentierfreude oder Sinneslust ausgelöst wird. Bei der künstlerischen Gestaltung verbinden sich dann vertraute Elemente mit originellen und spontanen Einfällen des Künstlers. Sehr häufig bedienen sich Künstler eingeführter ***Genres***, die sie unterschiedlich nutzen.
Beispiele für Genres in der Malerei:

- Figurendarstellungen vom ***Bildnis*** bis zum ***Gruppenbild,***
- die ***Landschaftsmalerei,*** das ***Historienbild,*** die ***Genremalerei*** (d.h. Darstellung von Alltagsszenen) und
- die ***Stilllebenmalerei.***
- In der Moderne treten dann verschiedene Spielarten der abstrakten (hier: nicht-figurativen) Malerei hinzu von streng geometrischen, konstruktivistischen Ansätzen bis hin zu ***Actionpainting,*** dem Bemühen, die Spontaneität des künstlerischen Prozesses, Spuren des Farbauftrags wie Schmieren, Spritzen, Gießen, Wischen deutlich herauszuarbeiten.

Die Genres gliedern sich ihrerseits in Gattungen.

- Die Landschaftsmalerei gliedert sich beispielsweise in ***Ideallandschaft, Seestück, Vedute*** (Stadtlandschaft).
- Die Bildnis- und Figurenmalerei umfasst ***Bildniskopf, Bruststück, Einzel-*** und ***Gruppenbildnis.***

Innerhalb dieser Genres und Gattungen ist viel Spielraum für individuelle Themenwahl, Lösungen, Überraschungen und Neuerungen, sodass im Rahmen der jeweiligen Spielregeln der Genres ganz unterschiedliche Inhalte und Deutungen verwirklicht werden. So lassen sich Themen wie Vergänglichkeit, Idylle, Sehnsucht, Liebe, Zorn oder Hass in den verschiedenen Genres aufgreifen, und sie können sowohl als Stillleben, als Landschaftsbild, als Figurendarstellung als auch in abstrakter Form oder als Inszenierung in Erscheinung treten.

Form und Komposition

Das Vokabular der Formensprachen besteht im Wesentlichen aus Linien, Flächen, Farben, Volumina, Raum, Texturen und Relief. Die Identifizierung dieses Vokabulars verdanken wir sehr verschiedenen Forschungsdisziplinen. Zunächst den Formalanalysen der Kunstwissenschaft dann der Formenlehre des Bauhauses (ITTEN, MOHOLY-NAGY und KANDINSKY), der Wahrnehmungspsychologie, der Psychophysik und der Semiotik, sowie der allgemeinen Bildwissenschaft (BOEHM, SACHS-HOMBACH).

Fläche

Flächen sind in sich einheitlich wirkende zweidimensionale Bereiche, die zum Umfeld hin durch mehr oder weniger deutliche Konturen abgegrenzt werden. Die Form ihrer Kontur, ihre Farbigkeit und ihre Textur (Oberflächenbeschaffenheit) bestimmen den Charakter, die Wirkung von Flächen.

Die ***Bildfläche*** kennzeichnet den Bereich, innerhalb dessen sich die Komposition entfaltet. Ihr Format beeinflusst die Wirkung des Bildes: Z. B. lenkt ein ***Hochformat*** den Blick eher in die Vertikale, ein ***Querformat*** eher in die Horizontale und eine runde Bildfläche, ein ***Tondo,*** zieht den Blick ins Zentrum. Die Bildfläche gibt Regeln vor, auf die sich Künstler beziehen. So macht es einen Unterschied, ob ein Bildelement in der Mitte platziert wird, ganz am Rand, eher oben oder eher unten. Je nach Platzierung wirkt es z. B. auffällig oder unauffällig, aktiv oder passiv.

Rechteckige Bildformate beziehen sich auf das Schwerkraftempfinden: Innerhalb einer rechteckigen Bildfläche wirken vertikal eingebrachte Formen aufrecht stehend, horizontal positionierte Formen erscheinen liegend und diagonale Formen erscheinen dynamisch: steigend oder fallend.

Als Elemente von Kompositionen tragen Flächen wesentlich zur Bildwirkung bei. Entscheidend ist die Umrissform, die Größe, die Lage, die Farbigkeit und die Ausrichtung der Flächen auf der Bildfläche sowie das Verhältnis von Flächen zu anderen Bildelementen.

BEISPIEL Vor eine rechteckige graue Hintergrundfläche werden drei Flächenelemente gesetzt: ein verlaufender intensiver blauer Farbfleck, ein roter Kreis und ein schmaler schwarzer Streifen. Probieren Sie's mal aus: Je nach Anordnung dieser Elemente kann die Komposition Ruhe, Unruhe, Bewegung, Dynamik, Gleichgewicht oder Ungleichgewicht ausstrahlen. Je nach Ausrichtung des verlaufenden Farbflecks wird ein anderer Bewegungseindruck erzeugt, je nach Lage und Ausrichtung des schwarzen Streifens Ruhe oder Dynamik, und je nach Position des roten Flecks wird z. B. das Gleichgewicht des Bildes beeinflusst.

Oft wird bei Formanalysen zunächst auf die Verteilung der Flächen in einem Bild geschaut. In der Kunstwissenschaft und Kunstpsychologie wird dann auch von der ***Massenverteilung*** gesprochen. Die Flächen lösen dabei ein Empfinden aus, als ob sie mehr oder weniger schwer lasten oder tragen würden, als ob sie miteinander in einer kraftbesetzten Wechselwirkung stünden. Dieses Empfinden eines energiegeladenen Geschehens bezeichnet man auch als ***Formspannung.***

Positiv-Negativformen

Hebt sich eine Umrissform deutlich von einer Hintergrundfläche ab, so wird dem Betrachter zunächst diese Form ins Auge springen. Bei genauerer Überlegung wird jedoch klar, dass die Fläche, welche die Umrissform umgibt, als Negativform die Bildwirkung ebenfalls wesentlich beeinflusst. Manche Künstler widmen sich den Negativformen mit besonderer Sorgfalt. Dies gilt insbesondere für flächige grafische Künste wie Holz- und Linolschnitt und Ausdrucksformen wie die des ***Expressionismus.***

Linie

Linien lassen sich nach ihrem Verlauf, ihrer Breite und ihrer Dichte unterscheiden. Sie können klar und präzise, verworren und diffus, elegant und holprig usw. erscheinen. Oft ist der Linie anzusehen, wie sie aufgemalt oder aufgezeichnet wurde, sie wird dann gleichzeitig als Spur wahrgenommen, welche die Hand des Künstlers aufgebracht hat, man sieht ihr den Grad der Erregung an, in der sie aufgebracht worden ist, merkt, ob sie zögerlich oder entschieden aufgebracht wurde – das beeinflusst die Bildwirkung entsprechend. Linien können isoliert stehen oder als Eigenschaften von Flächen oder dreidimensionalen Darstellungen erscheinen: als Konturen von Flächen oder als Raumlinien von fluchtpunkt- oder parallelperspektivischen Projektionen. Technisch exakte Linien, z. B. solche, die mit Schablonen bzw. Lineal aufgebracht werden, wirken oft steril, starr und künstlich. Linien, die „frei Hand" gezeichnet werden, vermitteln eher einen lebendigen Eindruck, laden ein, die tastende Zeichenbewegung und den Prozesscharakter künstlerischer Artikulation nachzuvollziehen.

Farbe, Farbbezeichnung, Farbsystematik

Farben haben großen Einfluss auf die Bildwirkung. Die Farbwirkung wird durch den Farbton und den Farbauftrag bestimmt. Farben treten in aller Regel als Eigenschaft von Flächen auf. Sie können also nicht unabhängig von der Form der Fläche gesehen werden, die sie einnehmen.

BEISPIEL Ein intensives Blau als klar konturierter blauer Kreis auf einer weißen Fläche bekommt einen ganz anderen Charakter als ein gleiches Blau, das als verlaufender Klecks auf einer weißen Fläche sitzt.

Will man die Wirkung von ***Farbtönen*** beschreiben, muss man sich auf Bezeichnungen für Farben und Farbunterscheidungen einigen. In aller Regel orientiert man sich dabei an eingeführten Farbensystematiken.

Farbkreis

Ein verbreitetes Schema zur Ordnung der bunten Farben ist der Farbkreis. Er bringt ***Grundfarben*** (Primärfarben, die nicht gemischt werden können: Rot, Gelb, Blau), ***Mischfarben*** erster Ordnung (Sekundärfarben, die aus je zwei Grundfarben gemischt werden: Grün, Orange, Violett) und weitere Mischfarben in ein übersichtliches System: Zwischen den drei auf dem Kreis verteilten Grundfarben werden die jeweiligen Mischfarben erster Ordnung angeordnet. So steht also Orange zwischen Rot und Gelb, Grün zwischen Gelb und Blau und Violett zwischen Blau und Rot. Zwischen diesen werden wiederum die jeweiligen Mischfarben zweiter Ordnung eingefügt usw.
Die auf dem Farbkreis jeweils gegenüberliegenden Farben unterscheiden sich sehr eindringlich (Gelb-Violett, Rot-Grün, Blau-Orange). In diesem doppelten Sinne nennt man sie ***Komplementärfarben.***
Farbrichtung meint die Richtung, in der eine Farbe von einer anderen Farbe auf dem Farbkreis erreicht werden kann. Blaugrün etwa liegt vom Blau aus in Richtung Grün, vom Gelb aus in Richtung Blau.

Farbkugel

RUNGE entwarf 1810 ein Modell, welches die verschiedenen Nuancen von Farben auf der Oberfläche eines Globus ansiedelte. An die beiden Pole setzte er Schwarz und Weiß, sodass die Polachse alle Varianten des Grau zeigt. Rund um den Äquator verteilte er die rein bunten Farben, auf den Breitengraden dazwischen unterschiedliche Grade der Grau-Trübung und im Innern verschiedene Grade der Farbreinheit. Mit diesem System lassen sich die Unterschiede von Farben räumlich beschreiben.

Farbkontraste – Johannes Itten

Ein Farbordnungsschema, das häufig verwendet wird, ist das von Itten. Als Bauhauslehrer entwickelte er ein Raster zur Kennzeichnung von Möglichkeiten, Farben zu unterscheiden. In der Fachsprache werden diese Unterscheidungsarten Farbkontraste genannt:

Kontrasttyp	Beschreibung	Wirkung
Farbe-an-sich-Kontrast	Farbunterscheidung durch Buntheit	Wirkt bunt, lebendig, intensiv
Hell-Dunkel-Kontrast	Farbunterscheidung durch Helligkeitsgrad	Die Wirkung hängt von dem Ausmaß des Helligkeitsunterschiedes ab: z. B. zwischen Schwarz/Weiß und Grau/Grau
Komplementärkontrast	Unterschied von Farben, die sich auf dem Farbkreis gegenüberliegen	Sehr heftige Wirkung bis hin zum Flimmern
Mengenkontrast	Unterscheidung durch Ausdehnung von Farbflächen	Entweder bestimmt die überwiegende Farbe die Wirkung oder die kleinere Farbfläche als deutlich hervortretender Akzent. Bei gleicher Menge dominiert die intensivere Farbe.
Kalt-Warm-Kontrast	Unterscheidung nach relativer Position auf dem Farbkreis	Deutliche Unterscheidung, oft in Verbindung mit dem Eindruck unter schiedlicher Wärmeempfindung
Simultankontrast	Kombination sehr unterschiedlicher Farbflecke oder Farbflächen auf engem Raum	Flimmern, Flirren, Pulsieren: Mikrobewegungen des Auges und chemische Reaktionen im Grenzbereich benachbarter Farbzonen auf der Netzhaut verstärken die Farbwirkung.
Intensitätskontrast	Farbunterscheidung durch Trübung	Hervortreten oder Zurückdrängen; intensive Farben heben sich von trüberen ab.

Farbklang und Farbharmonie

Große Bedeutung für die Wirkung der Farbigkeit von Kunstwerken hat die Zusammenstellung verschiedener Farbtöne zu Farbklängen, Farbharmonien oder Disharmonien.
Harmonie bezeichnet dabei die Beziehung von Farben, die sich zwar deutlich unterscheiden (Helligkeit, Buntheit), die aber gleichzeitig das Empfinden einer innigen Wechselbeziehung, einer Einheit auslösen. Disharmonie verweist auf die Wirkung zweier Farben, die so abgestimmt werden, dass sie sich abzustoßen scheinen und unvereinbar wirken (die sich „beißen" oder „schrill" aussehen). Farbklänge sind Zusammenstellungen harmonischer oder disharmonischer Farbselektionen mit jeweils charakteristischem Wirkungsgehalt. HÖLZEL, KÜPPERS und andere entwickelten Systeme zur gezielten Bestimmung und Zusammenstellung harmonischer Farbklänge durch unterschiedliche Mischverhältnisse bunter und unbunter Farbanteile.

Farbsymbolik

Neben der unmittelbaren sinnlichen Wirkung von Farben schwingt immer auch ihre symbolische Bedeutung mit. Im Wesentlichen handelt es sich dabei um vereinbarte Bedeutungen, die sich in verschiedenen Kulturen im Laufe der Zeit etabliert haben.
Dies betrifft z. B. Grün, das in der islamischen Welt besondere Bedeutung hat, Weiß, das in China als Trauerfarbe gilt, Rot, das mal für Liebe, mal für Revolution steht und dann wieder als Verkehrssignal dient. Um die symbolische Bedeutung einer Farbe in einem gegebenen Kontext (Revolutionsplakat, Heiligenbild usw.) richtig zu bestimmen, muss man also meist auf die Nachschlagewerke der Ikonografie zurückgreifen (▶ S. 20 f.).

Farbauftrag

Der Farbauftrag hängt vom gewählten Farbmaterial (insbesondere von dessen Viskosität = Dünn- oder Dickflüssigkeit), vom Werkzeug (Pinsel, Feder, Schwamm usw.), vom Untergrund

(Leinwand, Papier usw.) sowie von der Bewegung und der Intensität im Andruck des Zeichen- oder Malwerkzeugs des Malers oder Zeichners ab.
Der Farbauftrag kann verschiedene Ausdruckswerte vermitteln:
- die Spur der Mal- oder Zeichenbewegung des Künstlers
- die Schärfe oder Unschärfe der Kontur einer Form
- die Einheitlichkeit oder Differenziertheit einer Farbfläche
- die Leuchtkraft der Farbe (matt, glänzend, leuchtend usw.)
- die Schichtung von Farben (Lasuren, Übermalungen usw.)
- die Beschaffenheit einer Oberfläche (rau, glatt, körnig, usw.)
- den Materialcharakter der Farbsubstanz
- plastische Qualitäten durch reliefartige, pastose Modellierung der Farbmasse

Gegenstandsfarbe – Erscheinungsfarbe
Als Gegenstandsfarbe wird die Farbe bezeichnet, die einem Körper anhaftet – das Gelb des Briefkastens, das Rot der Kirsche, das Blau der Niveadose. Erscheinungsfarbe wird die Farberscheinung genannt, welche der Betrachter unter gegebenen Lichtverhältnissen wahrnimmt. Diese wird beeinflusst durch
- die Farbe des Lichts aus einer oder mehreren Lichtquellen (gelbes Sonnenlicht, rotes Kunstlicht, bläuliches Dämmerungslicht),
- die Art des Lichteinfalls (Streu-, Schlag- und diffuses Licht),
- Schatteneffekte,
- Trübung (Dunst, Sfumato, Luftperspektive),
- Reflexe,
- die Konstitution des Betrachters (Blendeffekte, Flimmern, Nachbilder, Konturverstärkung).

Technisch exakte Farbtondefinition
Im CIE-System, 1931 durch die Commission Internationale de l'Éclairage eingerichtet, kann jede Farbe mit einer Nummer genau identifiziert werden. Das System ist allerdings wenig an-

schaulich und beim Einsatz in den Künsten nicht gebräuchlich. Dem CIE-System stellt Küppers ein regelmäßiges Modell des Farbraumes gegenüber, welches die Verteilung der Buntqualitäten Orange, Gelb, Grün, Cyanblau, Violett und Magenta in einer Sechseckfläche mit unbuntem Mittelpunkt zeigt. Für das Verständnis von Kunstwerken ist insbesondere seine Definition der „Qualitätsmerkmale von Farbnuancen“ hilfreich: So unterscheidet Küppers Farben danach, ob sie bunt oder unbunt sind und differenziert sie nach ***Buntart***, dem ***Buntgrad*** und nach ***Helligkeit***.

- Unbunt: Grautöne zwischen Weiß und Schwarz
- Buntart: Farbton, Buntton
- Buntgrad/Unbuntgrad: Sättigung, Buntheit
- Helligkeit: Helligkeitsgrad

Mit seinem System lassen sich Farbbeziehungen klarer definieren oder wiedergeben als mit den älteren Systemen, es ist allerdings noch nicht weit in den Kunstunterricht und in die Ateliers vorgedrungen. Im Zweifelsfall empfiehlt es sich, die im Unterricht eingeführten Begriffe zu verwenden, aber auf die neue Theorie von Küppers hinzuweisen.

Volumen, Raum

Räume bieten in ihren drei Dimensionen ein Regelsystem, in welches eingebrachte Elemente wie Gegenstände, Figuren, Licht und Farbe eingebettet und dadurch gedeutet werden können (Deutungsraum): Was steht im Zentrum? Was rückt an die Peripherie? Was erscheint ganz oben, was tief unten? Was wird dem Betrachter ganz nah präsentiert, was verschwindet dagegen in weiter Ferne?

Der Raum selbst kann näher charakterisiert werden durch Weite (Landschaft) oder Enge (Interieur), Überschaubarkeit (Leere) oder Unübersichtlichkeit (dicht aufgefüllte Staffage), durch Gliederung und Begrenzung (Fluchtlinien) oder durch Unbestimmtheit (Leere).

Mittel zur Verdeutlichung von Räumlichkeit

Raum wird erlebbar durch Gegenstände, Atmosphäre und sichtbare Strukturen:

Staffelung – Durch Überschneidung wird das Vor- und Hintereinander von Figuren, Objekten oder Formen festgelegt. Raum ist dann die Sphäre zwischen diesen Objekten und dem Umraum, der die Objekte einschließt.

Staffage – Durch Verteilen von Figuren, Objekten oder Formen in einem wirklichen oder imaginären Raum wird dieser ausgelotet: Indem das Auge des Betrachters die verschiedenen Objekte und Sichtgrenzen erfasst, empfindet er Distanzen, Zwischenräume und Umraum.

Verkürzung – Entfernte Dinge erscheinen kleiner. Durch Verteilung gleich geformter, aber unterschiedlich großer Figuren, Objekte oder Formen auf einer Bildfläche wird der Eindruck von räumlicher Tiefe erweckt: Je kleiner das Objekt, desto größer die Entfernung zum Betrachter.

Fluchtpunktperspektive – Durch Fluchtpunkte wird ein tiefenräumliches Raster definiert, an dem sich die Konstruktion von Fluchtlinien orientiert. Dabei unterscheidet man Zentralperspektive, mit einem zentralen Fluchtpunkt auf der Horizontlinie, Übereckperspektive mit zwei Fluchtpunkten auf der Horizontli-

Abb. 1: Staffelung

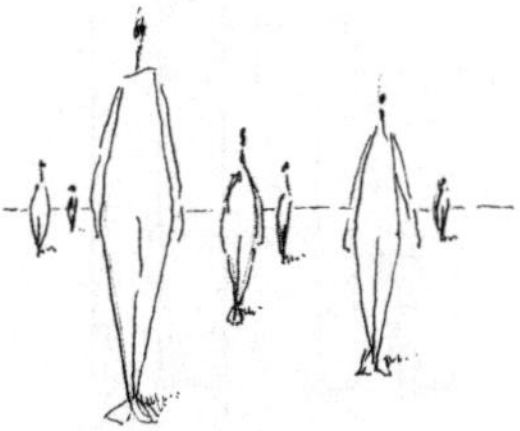

Abb. 2: Staffage und Verkürzung

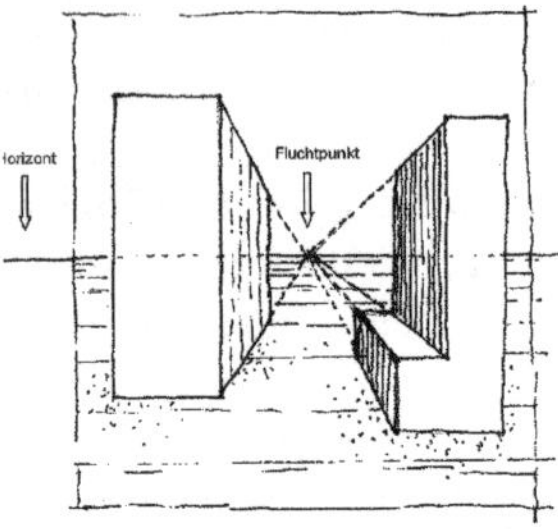

Abb. 3: Zentralperspektive

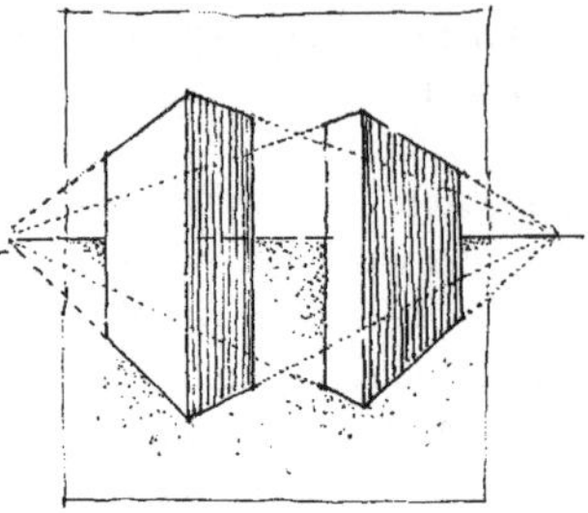

Abb. 4: Übereckperspektive

nie und der Dreipunktperspektive mit zwei seitlichen Fluchtpunkten und einem hoch oben platzierten.
Parallelperspektive (auch Axonometrie) – Darstellung dreidimensionaler Objekte durch Verlängerung von parallelen Seitenlinien oder Kanten eines Grundrisses (Militärperspektive) oder Aufrisses (Kavaliersperspektive).
Luftperspektive – Durch atmosphärische Trübung erscheinen weit entfernte Objekte unscharf, trübe und oft auch bläulich. Wird dieser Effekt in einer Darstellung nachgebildet, entsteht der Eindruck räumlicher Tiefe.

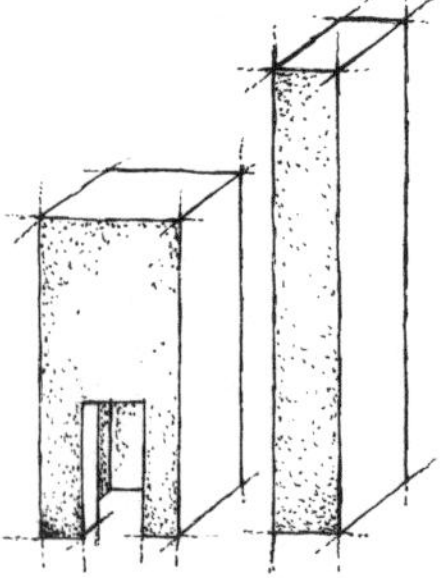

Abb. 5: Kavaliersperspektive

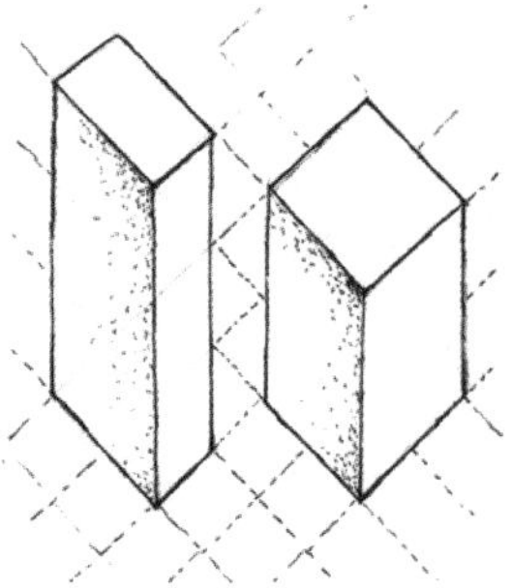

Abb. 6: Militärperspektive

Farbperspektive – „Warme" Farben (auf dem Farbkreis Rot, Orange und die benachbarten Mischfarben) erscheinen näher als „kalte" (auf dem Farbkreis Blau, Grün und die benachbarten Mischfarben).
Blickwinkel – Die Wirkung des Raumes ändert sich mit dem eingenommenen Blickwinkel: *Froschperspektive* (die Sicht von unten), die durch niedrig liegenden Horizont gekennzeichnet ist, lässt alles im Raum groß erscheinen. Die *Vogelperspektive* (der Blick von oben), ausgedrückt durch einen hoch liegenden Horizont, lässt Gegenstände klein und unbedeutend wirken.
Falsche Perspektive – nennt man Formen der Raumdarstellung, bei der zwar Elemente einer perspektivischen Projektion erkennbar sind, die aber nicht systematisch angewendet werden – z. B. werden verschiedene Ansichten und Aufsichten gemischt wie in der Malerei und Reliefkunst des Mittelalters.

Mittel zur Verdeutlichung von Volumen und Relief
Plastizität wird deutlich durch die Tastbarkeit ihrer Oberflächenschicht oder am Licht- und Schattenverlauf auf der äußeren Oberfläche dreidimensionaler Körper.

Das ***Volumen*** von Körpern ist gekennzeichnet durch deren Proportionen (Höhe, Breite, Tiefe), durch die Gestalt ihrer äußeren Hülle (konvex, konkav, glattflächig, zylindrisch oder kugelförmig gewölbt, kantig-kubisch oder formlos-amorph).
Bei transparenter Außenhaut des Körpers spielt auch das Voluminnere mit, das dann durch seine Inhalte näher charakterisiert wird: hohl oder gefüllt, strukturiert oder ungegliedert.
Die Oberfläche von Körpern gewinnt Ausdrucksqualität durch ihr ***Relief*** (Bearbeitungsspuren, Grate, Wulste, Vorsprünge, Höhlungen, Risse, Fugen usw.) und ihre ***Textur*** (Materialbeschaffenheit oder Bearbeitungsspuren und Farbigkeit).
Plastizität wird sichtbar durch die Wahl des Blickwinkels auf das darzustellende Objekt und den Verlauf von Licht und Schatten. Deshalb hängt die Sichtbarkeit plastischer Eigen-

schaften vor allem auch von der Beleuchtung ab, also der realen oder erdachten Platzierung der Lichtquelle. Fotografen, Zeichner oder Maler wählen sich zunächst einen geeigneten Blickwinkel und dann eine geeignete Beleuchtung (z. B. schräg von der Seite).

Mit Hilfskonstruktionen, meist dreidimensionalen Modellskizzen oder Rastern kann die Form zunächst als Zeichnung auf dem Papier konstruiert oder rekonsturiert werden (Proportionen, tiefenräumliche Ausdehnung). Dann werden Licht und Schatten auf der Oberfläche angelegt. Versierte Zeichner antizipieren diese Arbeitsschritte während des Zeichenprozesses. Sie können plastische Körper dann scheinbar aus dem Nichts aufs Papier zaubern.

Komposition

In der ***Komposition*** (lat. compositio = Zusammenstellung) verbinden sich verschiedene Ausdrucksmittel der Formensprache. Der Begriff wird mit unterschiedlichen Bedeutungen verwendet. Komposition im weiteren Sinne bezeichnet die Ganzheit aller Wechselwirkungen von Elementen eines Werkes. Im engeren Sinne ist die Anordnung der wesentlichen Elemente eines Kunstwerks (insbes. in Malerei, Grafik, Skulptur, Fotografie) gemeint und umfasst Verteilung, Lage, Ausrichtung und Gewichtung der Elemente eines Kunstwerks.

Verteilung, Lage und Ausrichtung beziehen sich in Malerei, Grafik und Fotografie auf die Bildfläche, in Plastik und Skulptur auf den Umraum. Gewichtung bezieht sich auf die Wirksamkeit der einzelnen Bildelemente, die durch Größe, Farbigkeit oder durch andere Eigenschaften bestimmt sein kann.

Jede Komposition hat ihre Eigenart, dennoch gibt es bestimmte Kompositionsmuster, deren sich Künstler bedienen. Sie sind durch eine charakteristische Anordnung und Ausrichtung der

Bildelemente gekennzeichnet und vermitteln eine unterschiedliche Grundstimmung.

Kompositionsmuster dürfen aber nicht mit der eigentlichen Komposition verwechselt werden. Gerade die individuelle Abweichung vom Muster kann den Reiz der Komposition eines Kunstwerkes ausmachen:

- So kann gerade die Unterbrechung einer ***Reihung*** von Gegenständen in einem Stillleben Spannung erregen und die Aufmerksamkeit wecken (s. u.).
- Auch ist es möglich, dass sich in der Komposition mehrere Kompositionsmuster überlagern: z. B. kann eine symmetrisch angelegte Architekturszene – eine Straße – von einer Streuung in Form einer Figurenansammlung überlagert sein.

Anordnung	Wirkung	Grafik
Figurale Ordnung: Dreieck, Kreis, Oval usw.	Je nach Art der figuralen Ordnung: Ruhe, Bewegungstendenzen, Ausrichtung auf ein Zentrum, auf Achsen	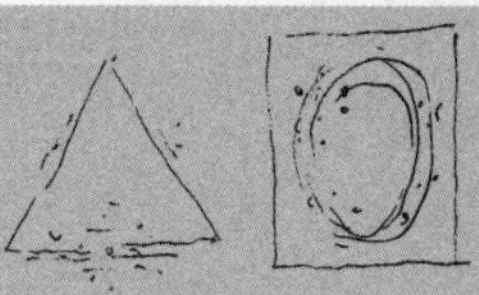
Teilungsschemata (halbieren, dritteln, vierteln usw.)	Entschiedenheit, Übersichtlichkeit, Richtungstendenzen: horizontal, vertikal, diagonal	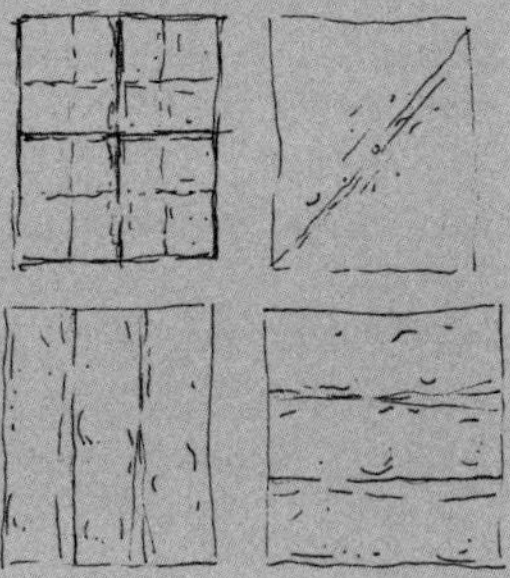

Kompositionsmuster – Anordnung

Anordnung	Wirkung	Grafik
Reihung, gleichmäßig	Klarheit, Übersichtlichkeit, Ordnung, Vorsatz	
Reihung, rhythmisch	Klarheit, Unruhe, Störung, Irritation, Spannung	
Reihung, dramatisiert	Lenkung der Aufmerksamkeit, Überraschung, Neugier, Eindruck eines Geschehens	
Streuung	Durcheinander, Chaos, Bewegung	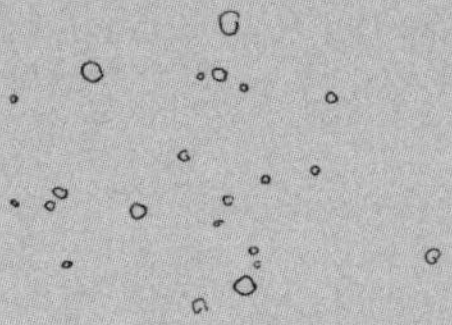
Ballung, Häufung, Verdichtung	Konzentration, Anziehung, Bewegung auf ein Zentrum hin oder von ihm weg	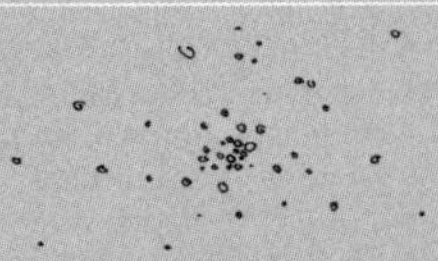
Gruppierung	Multipolare Vielfalt, Verwandtschaft, Anziehung, Nähe und Ferne	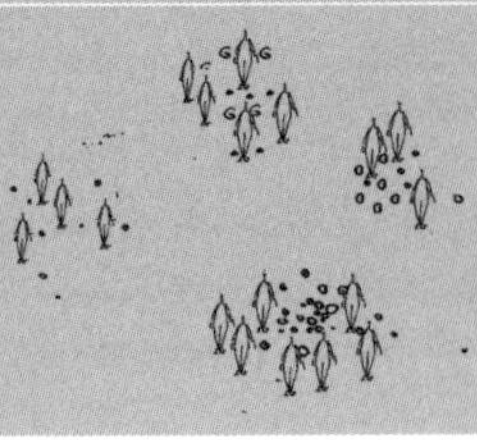

Anordnung	Wirkung	Grafik
Raster	Ordnung, Sterilität, Langeweile, Klarheit	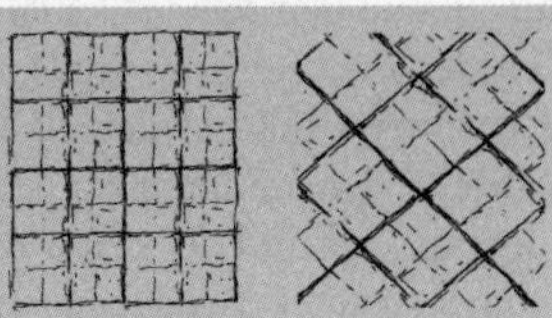

Kompositionsmuster – Anordnung

Ausrichtung	Wirkung
symmetrisch	Ruhe, Dominanz, Gleichgewicht, Stabilität
asymmetrisch	Unruhe, Ungleichgewicht, Labilität
diagonal	Dynamik, Bewegung, Erregung
parallel	Zielgerichtete Bewegung, Dominanz
orthogonal	Ordnung, Klarheit, Übersichtlichkeit
horizontal	Weite, Stabilität, Liegen, der Schwerkraft erliegen, Passivität
vertikal	Höhe, Dynamik, Aktivität, Aufrichten, der Schwerkraft trotzen

Kompositionsmuster – Ausrichtung

Blick- oder Augenführung

Blickführung lenkt den Blick des Betrachters auf der Fläche, im Tiefenraum und um Körper herum. Künstler, Architekten oder Designer bedienen sich verschiedenartiger formaler und inhaltlicher Ausdrucksmittel, um den Blick zu lenken: Mittel der Raumdarstellung, der Farbkontrastierung, der Linienführung, der Flächenverteilung, aber auch inhaltlicher Akzente wie symbolische Gehalte oder das Arrangement von Motiven z. B. durch die Ausgestaltung von Figuren und Figurengruppen mittels Gesten, Blickrichtungen und ihrer Positionierung im Raum.
Durch entsprechende Akzente kann die Aufmerksamkeit des Betrachters gelenkt werden. Allerdings können sich verschie-

dene Pfade der Blickführung überlagern. Auf diese Weise können auf ein und demselben Gemälde, Plakat oder Foto mehrere Bahnen der Blickführung angelegt sein. So kann es sein, dass ein Betrachter zunächst dem Wechselspiel der Farbakzente folgt, während dem anderen zuerst die Buchstabenfolge des Texts ins Auge springt und der dritte zunächst den Tiefenraum des Bildmotivs auslotet. Bei genauerer Betrachtung erschließt sich mit der Zeit das Wechselspiel dieser verschiedenen Bahnen der Blickführung – der Betrachter „liest sich ein“ und gewinnt ein immer intensiveres Verständnis des Werkes.

In welcher Folge der Betrachter die verschiedenen Zugänge zum Werk aufgreift, hängt von seiner persönlichen Stimmung, seinen individuellen Vorlieben und auch von seiner Kenntnis künstlerischer Ausdrucksformen ab. So wird er in der Regel z. B. mit einem älteren Kunstwerk anders umgehen, wenn er das kulturelle Umfeld kennt und mit anderen, ähnlichen Werken vertraut ist; ein zeitgenössisches Plakat wird sich leichter erschließen lassen, wenn man sich klarmacht, an welche Zielgruppe es sich wendet und welche Ziele es verfolgt.

Naturalismus

Naturalismus bezeichnet eine Form der bildnerischen Darstellung in Malerei und Plastik, die auf genaue Wiedergabe des Erscheinungsbildes von Gegenständen und Räumen abzielt. Dazu gehört die konsequente Anwendung der verschiedenen Regeln der Raumdarstellung, der Darstellung von Plastizität und Erscheinungsfarbe. Beispiele: ***Porträtmalerei*** der ***Hochrenaissance,*** die ***Stilllebenmalerei*** des ***Barock*** und der ***Hyperrealismus*** oder ***Fotorealismus*** des 20. Jahrhunderts.

Merkmale naturalistischer Darstellung wurden von GEORG SCHMIDT herausgearbeitet:

1. Drei Illusionen – Räumlichkeit (korrekte Perspektive), Körperlichkeit (stimmige Plastizität, Licht/Schatten), Stofflichkeit (Eindruck von der Oberflächenbeschaffenheit)

2. Drei Richtigkeiten – zeichnerische Richtigkeit, anatomische Richtigkeit, farbliche Richtigkeit (Einfluss der Beleuchtung auf die farbliche Erscheinung von Gegenständen).

Werden alle diese Gesichtspunkte bei der Darstellung konsequent berücksichtigt, ergibt sich ein täuschend genaues dokumentarisches Abbild.

Formensprache der Malerei

Farbmaterial, Pigmente

Im Wesentlichen bestehen Farben aus zwei Bestandteilen: aus dem Pigment und aus dem Bindemittel. Teilweise werden noch nichtfärbende Füllstoffe hinzugesetzt – auch, um die Farbe dicker, cremiger, pastoser zu machen.
Pigmente sind pulverisierte Grundbestandteile der Farbe. Es sind farbige Kristalle, die heutzutage chemisch hergestellt werden (z. B. Titanoxid als Weiß) oder aus verschiedenen Naturstoffen gewonnen werden (z. B. aus Erde (Siena = Rotbraun), aus Edelsteinen (Lapislazuli für Ultramarinblau), aus Pflanzenfarbstoffen oder tierischen Ausscheidungen (Purpurschnecken), aus Metallablagerungen (Grünspan) oder aus Verkohlungen (Umbra/grüne Erde gebrannt = Dunkelbraun mit leichtem Grünstich).
Vielfach geben die Pigmente der Farbe ihren manchmal merkwürdig erscheinenden Namen. So bezeichnet Elfenbein ja an sich einen weißen Elefantenzahn, dennoch wird unter Elfenbeinschwarz ein sattes Schwarz verstanden, das man aus dem Ruß von verkohltem tierischen Elfenbein gewinnt.

Farbkonsistenz, Bindemittel

Um die Pigmente nun überhaupt untereinander und mit dem Malgrund haltbar zu verkleben, ist ein Bindemittel nötig.
Viele Eigenschaften der Farbe werden durch das gewählte Bindemittel (z. B. Leinöl, Kunststoffdispersion/Acryl, Kautschuk, Ei) bestimmt. Entsprechend werden Farben auch nach dem Bindemittel benannt: z. B. Ölfarbe, Acrylfarbe, Eitempera. Leinöl blickt

auf eine lange Tradition zurück, bereits seit dem 6. Jh. wurde es zum Firnissen (Versiegeln gegen Veränderungen) benutzt. Ab dem 15. Jh. verbreitete sich die Malerei mit Ölfarben recht schnell – u. a. durch die BRÜDER VAN EYCK oder auch DÜRER. Die bis dahin verbreitete Temperatechnik blieb aber ebenfalls noch lange in Gebrauch.
Je nach ausgewähltem Malgrund (Wand, Holz, Metall, Leinwand), nach Grundierung (Kreide, Gold, Putz), nach der gewünschten Bearbeitungsform (schnell trocknend für eine flotte, gestische Malweise mit Borstenpinseln oder trocknungsverzögernd bei feinster Schichtenmalerei mit Haarpinseln) und/oder nach der beabsichtigten Wirkung (reliefartiger oder transparenter Farbauftrag, leuchtende, stumpfe oder durchscheinende Farbwirkung) entscheidet sich ein Maler für ein geeignetes Bindemittel.

Malwerkzeuge

Die Wahl der Malwerkzeuge hat einen entscheidenden Einfluss auf die Bildwirkung: Neben den Fingern ist beim Malen der Einsatz von Pinseln, von Spachteln, Mal- oder Palettmessern, Rakeln, Schwämmen, Lappen, flächig arbeitenden Stiften, Spritzwerkzeugen und Sprühdosen möglich. Pinsel werden heute noch aus Naturhaaren von Tieren (Eichhörnchen, Schweinen, Rindern, Bären und Rotmardern) in diversen Formen (spitz/rund, flach/breit, fächerförmig, stumpf) hergestellt. Inzwischen sind aber mit den Kunstfaserpinseln auch ökonomisch wie ökologisch interessante Alternativen auf dem Markt.
TIPP Übersichten über Pinselvarianten finden sich in kostenlosen Katalogen des Künstlerbedarfshandels.
Im Wesentlichen unterscheidet man zwei Kategorien von Pinseln: ab einem Haarkörper-Durchmesser von 0,2 mm sprechen wir von Borsten, bis zu einer Stärke von 0,15 mm von einem Haar. Die Verwendung dieser beiden Pinselarten hängt mit den Intentionen des Malers zusammen: Es ist logisch, den breiten Borstenpinsel eher gestisch und für pastosen, flächigen Farbauftrag (z. B.

für das Grundieren) zu benutzen, während ein Haarpinsel der Erzeugung feiner, präziser Konturen oder hauchzarter Lasuren dienen kann. Malanfänger sind nicht selten verwundert, wie stark beim Grundieren von „tragenden Flächen" sich die Spur eines spitzen Haarpinsels abzeichnet: der so erzeugte farbige Grund erscheint dann nämlich oft unruhig, weil die Haarpinselspur ungewollte Konturen hervorbringt.
Die Vorlieben für ein Malwerkzeug hängen nicht selten mit dem Temperament des Künstlers zusammen: Die Präzision einer Malerei von CRANACH ist nur mit feinen Haarpinseln zu erreichen, während die expressive Malerei eines BACON den Gebrauch des Borstenpinsels voraussetzt.

Das entscheidende Kriterium für die Qualität (und den Preis) des Pinsels ist die Spannkraft des Haarkörpers, seine Schuppenstruktur sowie die Anzahl der Haare und die Art ihrer Bindung; sie bestimmen wesentlich die Saugfähigkeit und Farbabgabefähigkeit des Pinsels. Der Nachteil der Synthetikpinsel liegt in ihrer vergleichsweise schnellen Farbabgabe, da ihnen die natürliche Schuppenstruktur des echten Haares fehlt. Hohe Spannkraft und gute Haltbarkeit der Kunstfaser gleichen diesen Mangel aber wieder aus.
Mit Spachtel und Rakel kann die Farbe pastos aufgetragen und wieder abgezogen werden, dabei entstehen sehr eindrucksvolle Farbschlieren und zufällige Farbverwischungen, mit denen z. B. RICHTER in einem Teil seiner Werke experimentiert hat. Als ausschließliche Technik wird diese Arbeitsweise aber selten verwendet.

Farbauftrag, Spuren von Ausdrucksbewegungen

Eindrucksvolle Beispiele für einen pastosen Farbauftrag zeigen die Gemälde VAN GOGHS. Er verwendet seine Farben oft pastos und zäh, zudem satt und cremig – ja hin und wieder finden sich sogar noch Reste der ausgedrückten Tuben im Relief der Bilder wieder. Dieser Farbauftrag verleiht seinen Bildern im Zusammenspiel mit dem oft groben, stark strukturierten Malleinen

eine energische Präsenz. Unterstützt wird die Kraft seiner Malerei noch durch die schnelle, zuweilen stürmische Arbeit vor der Leinwand, welche als Ausdrucksspur die seelische Anspannung und emotionale Unmittelbarkeit des Malers verrät.
Die feine lasierende Malweise der altmeisterlichen VERMEER oder CARAVAGGIO, später auch DALI oder HAUSNER unterscheidet sich davon in Vorgehensweise und Wirkung entscheidend. Minutiös haben die genannten Maler hier ihre Werke durchgearbeitet und sind dabei planvoll, kalkuliert und sehr (zeit-)aufwändig vorgegangen. Viele ihrer Werke wirken daher manchmal eigentümlich still, ungemein detailgetreu und der Betrachter fühlt sich zur kontemplativen Andacht und zur eingehenden Erkundung eingeladen.

Formensprache der Plastik

Als Plastik im weiteren Sinne werden verschiedene dreidimensionale Ausdrucksformen bezeichnet, die sich unterschiedlicher Materialien bedienen. Früheste Zeugnisse sind über 35 000 Jahre alt (Tübinger Pferdekopffigurine).

Additive und subtraktive Verfahren

Im engeren Sinne bezeichnet ***Plastik*** eine Sonderform dreidimensionalen Gestaltens, bei dem Modelliermaterial (Ton, Gips, Wachs) angetragen, aufgeschichtet, umgeformt (additives Verfahren) und dann häufig abgeformt und abgegossen (Metall, Kunststein, Kunststoff) wird. Dabei werden oft skelettartige Gerüste (Armierungen) verwendet, um der weichen Modelliermasse von innen her Halt zu geben. Demgegenüber basiert die ***Skulptur*** auf dem Prinzip des Abtragens von Material eines kompakten Körpers mittels Hammer und Meißel oder Messer und Holzbeitel (subtraktives Verfahren). Wird Stein bearbeitet, spricht man von ***Bildhauerei,*** wird Holz bearbeitet, von ***Schnitzerei.***
Die traditionellen Formen werden in der modernen Kunst durch ***Materialmontagen,*** aufgefundene Objekte oder durch bewegliche Bestandteile ergänzt.

Die verschiedenen Techniken eröffnen unterschiedliche Ausdrucksmöglichkeiten. Beim ***Modellieren*** auf einem statischen Gerüst (Armierung) zum Beispiel können ausladende, weit in den Raum hineingreifende Bewegungen gestaltet werden, denn das Modelliermaterial wird durch das Gerüst gestützt. Auf diese Weise kann ein dynamischer Bewegungseindruck entstehen. Bei der Steinskulptur würden zu ausladende Bewegungen hingegen aufgrund der Materialschwäche abbrechen. In Stein geschlagene Objekte wirken so oft blockhafter, schwerer als die vielfach feingliedrigen Bronzeplastiken.

Die Modellierung von Plastiken ist während des Gestaltungsprozesses meist reversibel, d. h., man kann auch nachträglich Verbesserungen anbringen. Bei der Arbeit in Stein verhält sich dies ganz anders. Einmal abgeschlagen, kann das Material nicht einfach wieder angebracht werden. Naturstein kann auseinanderspringen, daher muss darauf geachtet werden, dass der Stein durch seine Adern ein gewisses Eigenleben hat. Weitblick, sorgfältige Planung und/oder dauernder Überblick über den Gesamtblock sind notwendig, um keinen Fehler zu begehen.
Die Arbeitstechniken in der Bildhauerei sind vielfältig: Raspeln, Sägen, Hauen, Bohren, Antragen, Schweißen, Treiben usw.

Rundplastik, Vollplastik, Relief

Rundplastiken sind dreidimensionale Werke mit mindestens drei Sichtseiten. Vollplastiken sind Objekte oder Figuren, die frei stehen, auch wenn sie nur von einer Sichtseite aus betrachtet werden können. Reliefs als plastisch gestaltete Flächen vereinigen Prinzipien der Flächengestaltung wie flächige Raumprojektionen (Staffelung, Fluchtpunktkonstruktionen) mit Formen plastischen Gestaltens (Modellierung, Spiel von Licht und Schatten auf der Oberfläche). Bei vollplastischen Reliefs ***(Hochrelief)*** treten die Figuren, Objekte oder Formbildungen dreidimensional aus der Fläche heraus, bei halbplastischen wölben sie sich lediglich hervor ***(flachplastisches Relief)***. Beim ***Durchbruchrelief*** wird die hinterste Reliefschicht, die Grundplatte, durchbrochen.

Zwischen Körper und Raum

Ob Stahl, Bronze, Gips, Holz oder Marmor, die Spannung zwischen dem Kern einer geschlossenen Figur und ihrem Ausgreifen in den Raum bildet die Grundlage für ihre Wirkung auf den Betrachter. Es ist das ästhetische Spiel zwischen Kern, Oberfläche und Umfeld, durch welches die Plastik zum Leben erweckt wird. Es kann dabei ganz beim Blockhaften bleiben (BRANCUSI), zur Lochplastik führen (MOORE, ARP), Raumplastik werden (KRICKE) oder hin zur kinetischen Plastik, welche die Dimension der Bewegung einbezieht, gehen (TINGUELY).

Die so entstehende tiefenräumliche Komposition lebt von dem Spiel mit Ausdehnung, Raumgreifen, Verharrung, Aus- und Einwölbung, Löchern, Geraden, Gewicht, Gegengewicht, Statik, Last, Stütze, Balance, Ungleichgewicht, Zug, Schub und Druck.

Von der Umgebung wird die Plastik oft durch Sockel oder Plinthe (Bodenplatte) abgehoben. Häufig wird die Plastik durch Platzierung und Proportionierung in Architekturzusammenhänge eingebettet (romanische und gotische Kathedralen, barocke Plätze und Brunnenanlagen, zeitgenössische Denkmale und „Kunst am Bau“).

Oberfläche

Die Oberfläche der Plastik (auch ihr Relief) wirkt durch Werk- und Arbeitsspuren wie Aufrauung (RODIN), Glättung (MARINI), Polierung (CANOVA) und den eigenen Materialreiz (Metall, Holz, Stein usw.). Plastiken können Werkspuren aufweisen, nicht erst in der Moderne geschieht dies absichtlich, um den prozesshaften Charakter des Werkes zu betonen (Spuren von Meißel und Hammer, Schleifspuren, herausschauende Stützdrähte, usw.). Sie geben dem Aussehen eine spontanere Wirkung und schaffen eine gewisse Nähe zum Gestaltungsakt des Künstlers, die den meisten Betrachtern den Zugang zum Werk erleichtern soll, anstatt die Skulptur auf ein Podest zu heben.

Häufig wird die Oberfläche durch Bemalung akzentuiert. Je nach Art der Farbigkeit wird dadurch der realistische Eindruck unterstützt (z. B. Hautfarbe, Augen bei Figuren aus ***Antike, Renais-***

sance, Barock oder auch im zeitgenössischen ***Hyperrealismus*** von HANSON) oder Verfremdungseffekte ausgelöst (DE ST. PHALLE, TINGUELY).
Wichtigstes Moment in der Betrachtung der Plastik ist der Nachvollzug ihrer Komposition. Sie gibt Aufschluss über die Massenverteilung, die Spannung im Wechsel der Volumina, die Dramaturgie der Bewegungsabläufe, über Höhepunkte, Kulminationsstellen des Werkes. (s. auch: Blickführung ▶ S. 40)

Formensprache der Grafik

Grafik (von altgriechisch graphein = schreiben) kennzeichnet ein Teilgebiet der bildenden Kunst und umfasst Zeichnen und Drucken als künstlerische Ausdrucksformen sowie in neuerer Zeit auch künstlerische Computergrafik. Künstlerische Grafik wird unterschieden von Gebrauchsgrafik und Grafikdesign.

Zeichnung

Unter Zeichnungen versteht man Bildwerke, die auf einer Bildfläche mittels ***Linien, Schraffuren, Schattierungen, Farbflächen*** und vielfältigen Farbspuren (Lavuren, Spritzer usw.) beobachtete oder erdachte Formen wie flächige Umrisse, räumliche oder plastische Darstellungen kennzeichnen.
Die Zeichnung bedient sich trockener (Blei- und Farbstifte, Kreiden, Kohle) und flüssiger Farbsubstanzen (Tusche, Tinte, Sepia, Aquarell- und Gouachefarben), die auf flächige Materialien wie Papier, Karton und andere glatte Oberflächen aufgebracht werden. Der Aufwand beim Zeichnen ist relativ gering: Es genügen Papier und Bleistift. Die Gestaltungsmöglichkeiten sind hingegen unbegrenzt: Naturstudium, Entwurf, Konstruktion, spielerische Formbildungen, Skizzen – bezogen auf Fläche, Raum oder Plastizität – lassen sich festhalten. Entsprechend breit ist das Spektrum der Ausdrucksmittel:
Linien, Spuren, Flächen, Mittel der Raumdarstellung, Mittel zur Darstellung von Plastizität; Ausdrucksmittel der Farbe haben für das Zeichnen eher eine untergeordnete Bedeutung.

Das Zeichnen bedient sich häufig ***Hilfskonstruktionen,*** welche dabei helfen, Proportionen, tiefenräumliche Konstellationen oder plastische Eigenschaften nachzuformen. Sie helfen aber nicht nur bei der naturgetreuen Wiedergabe eines Objekts oder einer Szene, sondern fördern das räumliche Vorstellungsvermögen und die Beobachtungsgabe. Erfahrene Zeichner haben diese Hilfskonstruktionen verinnerlicht und wenden sie an, ohne dass diese auf dem Zeichenblatt direkt sichtbar werden.
Schraffuren kennzeichnen Flächen oder flächige Effekte wie Schatten und Texturen. Sie verdeutlichen die räumliche Ausrichtung von Flächen und vermitteln den Eindruck einer Tönung. Sie bestehen aus Linien, die in dichter Folge und Lage parallel, kreuzförmig oder auch in freier Linienführung gesetzt werden. Oft werden Schraffuren sehr schnell aufgebracht, wodurch die einzelnen Linien brüchig wirken und der flächige Charakter der Schraffur verstärkt wird.

Druckgrafik

Unter Druckgrafik versteht man einen Bereich der Grafik, der sich der Gestaltungsmöglichkeiten bedient, die verschiedene Drucktechniken eröffnen. Dabei unterscheidet man zwischen Techniken mit einem ***Druckstock*** (Punkte 1–4) und ohne einen solchen (Punkt 5):

- ***Hochdruck*** – die erhabenen Teile des Druckstocks nehmen die Druckfarbe auf (Holz- und Linolschnitt),
- ***Tiefdruck*** – die Druckfarbe wird in die Vertiefungen des Druckstocks hineingerieben (Holzstich, Kaltnadel, Radierung, Aquatinta, Mezzotinto),
- ***Flachdruck*** – die Druckfarbe haftet nur an den entsprechend behandelten Partien des flachen Druckstocks (Lithografie und Offset),
- ***Monotypie*** – Objekte werden eingefärbt und abgedruckt,
- ***Schablonen-*** und ***Siebdruck*** – die Farbe wird über Raster oder Schablonen gedrückt und überträgt sich so auf das Papier.

Die Druckgrafik entwickelt sich in China seit dem 6. Jh. und in Europa etwa seit dem 15. Jh., um Bilder einem größeren Publikum zugänglich zu machen. Die dabei zunächst genutzten Techniken des ***Holzschnitts*** und des ***Holzstichs*** fordern eine gewisse Reduktion der Linienverläufe und der Flächen auf einfache, aber signifikante Formzüge in schwarz-weißem Kontrast (DÜRER). Das dadurch entstehende dynamische Spiel von Positiv- und Negativformen hat einen künstlerischen Reiz und führt zur Herausbildung einer eigenen Kultur der Druckkunst.

Kupferstich (seit dem 15. Jh.), scharf konturierende ***Kaltnadel*** und die weichere ***Radierung*** (Anf. 16. Jh.) ermöglichen die Reproduktion von Linien. Entsprechend erschließen sich die betreffenden Künstler die reichen Ausdrucksmöglichkeiten der Linie und eröffnen ganz eigene künstlerische Ausdrucksformen (z. B. REMBRANDT). ***Aquatinta*** (seit 1768) erweitert das Spektrum durch flächige Texturen und flüssige Verlaufsspuren, die mittels Abdecklack und anschließender Ätzung auf die metallenen Druckplatten aufgebracht werden (z. B. GOYA).

Lithografie (seit 1796) ermöglicht die Wiedergabe einer großen Fülle von Linien, Spuren, Texturen. Der künstlerische Reiz liegt im Umgang mit dem Druckstock, also dem Lithostein, denn die einmal aufgebrachten Spuren lassen sich nicht ohne weiteres rückgängig machen. Im Verlauf des 19. Jh.s werden dann Verfahren zum Vielfarbendruck entwickelt, was für den Künstler bedeutet, mehrere Druckstöcke unabhängig voneinander gestalten und das farbliche Zusammenspiel antizipieren zu müssen. Auch dies ein Anreiz insbesondere für erfahrene und virtuose Zeichner (wie TOULOUSE-LAUTREC, PICASSO).

Die ***Monotypie*** ermöglicht experimentelles Erschließen von Formen und Texturen des Druckbildes verschiedenartigster Gegenstände und Materialien. Die Drucke können weiterverarbeitet, collagiert oder montiert werden (DEGAS, ROHLFS, TANGUY).

2.4 Formensprache der bildenden Kunst im Wandel der Zeiten

seit 50 v. Chr. **0** **bis 400 n. Chr.** **500** **700**

Antike

griech. Klassik
ca. 475–330 v. Chr.

Kunst d. Römer
Kaiserzeit
27 v. Chr.–395 n. Chr.

Hellenismus
ca. 330–30 v. Chr.

Frühchristl. Kunst
ca. 300–750 n. Chr.

Byzantinische Kunst
seit 330 bis zur Plünderun
Konstantinopels 1204

Karolin
gische
Kunst
750–
A. 10. J

A. = Anfang H. = Hälfte
E. = Ende M. = Mitte

Zeitliche Abfolge von Stilen und Epochen

Die Antike

Die Kulturen des Zweistromlandes zwischen Euphrat und Tigris (Babylon), die frühen Staaten des vorderen Orients (z. B. das Reich der Hethiter) und die Nilkultur Ägyptens sind durch archäologische Ausgrabungen und durch schriftliche Überlieferungen recht gut dokumentiert. Zeugnisse anderer Kulturen, z. B. der Megalith-Kultur Nord- und Westeuropas sind schwerer zu

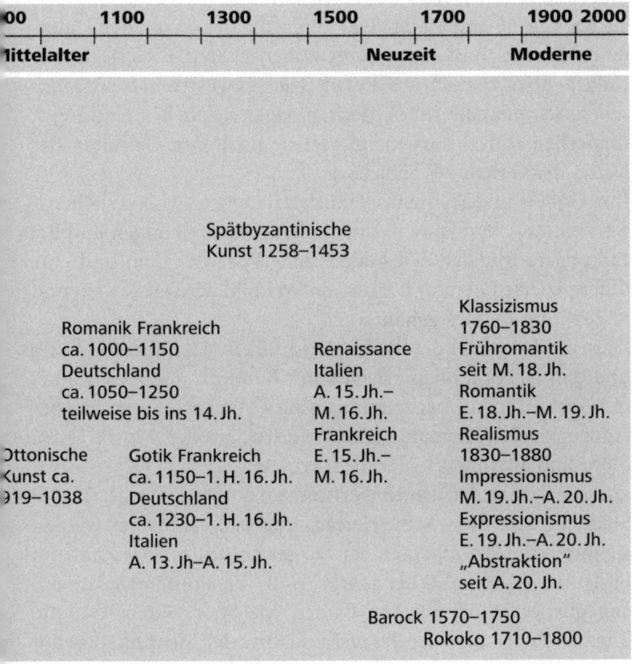

fassen, bilden aber ebenfalls wichtige Grundlagen für die Entfaltung späterer Kulturen. In der griechischen Kultur der Hellenen (seit dem 8. Jh. v. Chr.) versammeln sich verschiedene kulturhistorische Entwicklungsstränge. Anders als die von Gottkönigen oft autoritär regierten orientalischen Staaten organisieren die Hellenen sich dezentral in vielen unabhängigen Stadtstaaten (Poleis) rund um das Mittelmeer und das Schwarze Meer. In

diesen Staaten herrschen meist Adels- oder Bürgergremien, oft hat die Bürgerschaft weitgehende Mitbestimmungsrechte (Demokratie). Viele Bürger der Poleis können sich also als frei und auch als gleich empfinden. Das unterscheidet sie von den Untertanen der verschiedenen orientalischen Staaten. Die griechische Kultur entwickelt sich aus diesem Selbstbewusstsein freier Menschen: Schöne, edle, freie Griechen zeigen sich in heldenmütiger, tragischer, stolzer Auseinandersetzung mit den Gewalten der Natur, der Götter, des Schicksals.
Ihre Götter- und Mythenwelt illustriert menschliche Verhaltensweisen und Charaktere in drastischen Beschreibungen und Erzählungen. Mit der Zeit bilden sich Wissenschaften und eine differenzierte Literatur heraus, ein Weltbild wird entworfen und in Text und Bild festgehalten.
Diese Kultur findet deutlichen Ausdruck in Architektur, Plastik und den Dekorationen griechischer ***Keramik.*** Zwar kann man in verschiedenen Überlieferungen auch von berühmten und beeindruckenden Gemälden und eindrucksvoller Musik lesen, diese sind allerdings leider nicht erhalten.
Die griechische ***Architektur*** verweist auf die freien Bürger: In den Städten gibt es meist keine Herrscherpaläste, stattdessen werden sie durch die Wohnbauten der Bürger bestimmt. Das Zentrum bildet die Agora, also der Markt- und Versammlungsplatz mit angegliederten öffentlichen Bauten wie Sportstätten, Gericht, Theater, Bibliothek. Die ***Tempel*** sind Orte der Identifikation mit den gemeinsamen Ideen und Vorstellungen über den Sinn der Welt. Durch den Säulenumgang erscheinen sie nach allen Seiten hin offen, nur durch wenige, flache Stufen vom Boden abgehoben. Das unterscheidet diese Tempel deutlich von den vielfach durch gewaltige Treppenanlagen und hohe Mauern entrückten Tempelanlagen orientalischer Gottkönige, deren Residenzstädte meist ganz auf die Palastanlagen ausgerichtet waren.
In der ***Plastik*** entwickelt sich ein ganz neues Menschenbild. In der ***frühen (archaischen) Periode*** orientieren sich die Künstler noch an statischen, auf eine Schauseite hin konzipierten ägyp-

tischen Vorbildern – männliche Figuren nennt man *Kouros*, weibliche *Kore* (**BEISPIEL** *Kroisos v. Anavyssos* im Archäol. Nationalmus. von Athen).
In der ***klassischen Periode*** erschaffen sie plastische Figuren, welche die menschliche Gestalt in Rundumsicht und in freier, natürlicher Haltung und in realistischer Proportionierung zeigen (***Kontrapost*** als Körperhaltung, bei der das Standbein das Körpergewicht trägt, während das Spielbein entlastet wird und auf elegante Weise Gelassenheit und Entspannung signalisiert (**BEISPIEL** *Doryphoros* im Archäol. Nationalmuseum von Neapel). Diese Figuren zeigen das Ideal des freien Menschen, sind also nicht als Porträts gedacht und werden deshalb auch mit den entsprechenden überirdischen Götterfiguren in Verbindung gebracht: Schöne junge Männer als Apollon, schöne junge Frauen als Aphrodite, beeindruckende ältere Männer als Göttervater Zeus und erwachsene Frauen als Pallas Athene oder Hera (**BEISPIELE** *Kasseler Apoll,* Museum Kassel Wilhelmshöhe; *Aphrodite v. Fréjus,* Bronzestatuette aus Dodona, Staatl. Museen preuß.Kulturbesitz; *Athena Medici* im Louvre, Paris). PHIDIAS und POLYKLET waren die angesehensten Bildhauer und Architekten dieser Zeit.
Neben diesen fast programmatischen Idealbildern schaffen griechische Künstler eine Vielzahl von Figurenkompositionen, die sich mit historischen Ereignissen und mythologischen Überlieferungen befassen. Das Alltagsleben wird durch formenreiche und elegante Dekoration der Wohnräume und der öffentlichen Anlagen sowie durch geschmackvolle Gestaltung von Gebrauchsgütern wie Möbeln, Geschirr, Kleidung und Schmuck bereichert.
In der Spätphase der hellenischen Kultur, dem ***Hellenismus***, verliert die Kunst die weihevolle Strenge der klassischen Periode: Plastische Figuren und grafische Darstellungen erscheinen vielfach verspielt, sentimental, pathetisch und frivol (**BEISPIELE** *Schlafender Satyr,* München, Glyptothek und die *Laokoon-Gruppe,* Rom, Vatik. Museen), allerdings werden mancherorts weiterhin klassische Traditionen gepflegt. Mit der Eroberung des vorderen Orients durch Alexander den Großen verbreitet sich die

2

hellenische Kultur weit über die Siedlungsgebiete der Griechen hinaus. Das römische Reich übernimmt und absorbiert die künstlerischen Errungenschaften der griechischen Kunstwelt und des Hellenismus und etabliert sie in großen Teilen Europas, Asiens und Afrikas.
In der Folge wird die griechisch-römische Kultur zum Vorbild für die Künstler der ***karolingischen Renaissance*** (8./9. Jh.), der ***Renaissance*** (15./16. Jh.), des ***Klassizismus*** (Ende 18./Anfang 19. Jh.) und des ***Neoklassizismus*** (19./20. Jh.).

Ein Neubeginn – karolingische Kunst

Nach dem Ende des Römischen Reiches (476) und den Wirren der Völkerwanderungszeit (bis ins 6. Jh.) bot sich im neu entstandenen Frankenreich für Künstler ein ergiebiges Betätigungsfeld. Klöster, Pfalzen und Kirchen wollten gestaltet, wertvolle Handschriften illuminiert werden. Neben Vorbildern aus der Antike und von den Germanen brachten die Künstler eigene Impulse ein.
Karl der Große (Kaiserkrönung 800) und seine Nachfolger legten Wert auf Repräsentation ihres Kaisertums, die Geistlichkeit wollte die Kirche angemessen ins Licht rücken. Künstler und Bauherren griffen dabei in Architektur und Mosaikkunst zunächst auf spätantike Vorbilder zurück und zogen erfahrene Künstler aus dem ganzen Reich hinzu (insbesondere Italien). Diese Phase wird auch ***karolingische Renaissance*** genannt.

◆ Architektur

Der Baukunst wird im fränkischen Reich große Bedeutung beigemessen, die Bauformen entwickeln sich in Anlehnung an spätantike Architektur.

BEISPIEL Aachen, *Pfalzkapelle* – Details: ▶ S. 172.

◆ Plastik

Für karolingische Plastiken gibt es nur wenige Belegstücke. Vom Aufblühen des Kunsthandwerks zeugen Goldschmiedearbeiten und erzählfreudige Elfenbeinschnitzereien.

BEISPIELE *Reiterstatuette Karls des Großen,* Bucheinbände.

◆ Buchmalerei

Die Vielfalt an Bildformen und Kompositionen orientieren sich an spätantiken, frühbyzantinischen Vorbildern. Die Hofschule Karls des Großen beeinflusst Werkstätten (Scriptorien) im ganzen Reich.

BEISPIELE *Lorscher Evangeliar, Ada-Handschrift*

Ottonische Kunst

Mit der Gründung des Heiligen Römischen Reichs unter den Ottonen (919–1038) etabliert sich eine stabile und prosperierende Kultur mit einheitlichem Stil, der oft auch als Frühform der Romanik bezeichnet wird. Das neue Reich muss sich gegen äußere und innere Feinde behaupten. Das findet seinen Ausdruck im Bau von Burgen und selbstbewussten und wehrhaften Kirchen- und Palastbauten.

Die künstlerische Produktion konzentriert sich auf die Bischofs- und Pfalzstädte sowie die Klosteranlagen. So entstehen in Hildesheim, Trier, Magdeburg und Goslar einheitlich konzipierte Dome oder Domburgen, die durch Bauform und künstlerische Ausstattung das Selbstverständnis der neuen Herrschaft versinnbildlichen; Benediktinerklöster und Burgen des Hochadels sind weitere Schauplätze ottonischer Kultur.

◆ Architektur

Eine strenge Gliederung der Bauformen, Vereinheitlichung der Grundrisse, deutliche Betonung von Türmen als Kennzeichen der Kirchenarchitektur, einheitliche, flächige Seitenwände und Flachdecken in den mehr und mehr auf den Typus der Basilika hin entwickelte Kirchenbauten kennzeichnen die Architektur im Übergang zur Romanik.

BEISPIEL *Klosterkirche St. Michael* in Hildesheim ▶ S. 176.

◆ Plastik

Monumentalplastiken, wie Kruzifixe aus Holz und Bronze sowie aufwändige Holz- und Bronzeportale, die nun auch mit Reliefs geschmückt werden, kennzeichnen den Aufbruch in neue Dimensionen künstlerischer Ausdrucksmöglichkeiten.

BEISPIELE *Gerokreuz*, Köln; *Bernwardstür*, Hildesheim

◆ Malerei

In der Buchmalerei entwickelt sich ein reiches formsprachliches Repertoire und ein Fundus kreativer und lebendiger Bildgestaltungen und Figurendarstellungen.

BEISPIELE *Perikopenbuch von Heinrich II.* und *Evangeliar von Otto III.*

Die Künstlerwerkstätten und Bauhütten der karolingischen und ottonischen Zeit sind wichtige Quellen der europäischen Kunst des Mittelalters.

Romanik

Die Romanik entwickelt sich seit Anfang des 11. Jh.s in Frankreich und reicht bis ins 13. Jh.; in Zentralfrankreich wird sie bereits Mitte des 12. Jh.s durch die Frühgotik abgelöst und ist der erste sich in fast ganz Europa ausbreitende Stil mit regionalen Sonderentwicklungen. Der Name weist darauf hin, dass viele Formcharakteristika aus der römischen Antike stammen und übernommen bzw. variiert wurden.

Im Hochmittelalter zwischen 11. und 13. Jh. ändern sich Machtverhältnisse, religiöse Anschauungen und kulturelle Orientierungen im Heiligen Römischen Reich. Der Kaiser als Verkörperung der weltlichen Macht gerät in Konflikt mit dem Papst als dem Vertreter geistlicher Macht. Die Frage ist, ob der Kaiser die Hoheit über die ausgedehnten Herrschaften der Bischöfe behalten oder ob diese unter die Kontrolle der katholischen Kirche kommen sollten. Auf beiden Seiten sammeln sich Gegner und Verbündete. Die Kirche hat seit der Gründung des Frankenreiches ihre bestimmende Rolle im Kultur- und Geistesleben systematisch ausgebaut. Der christliche Glaube ist in der Bevölkerung mittlerweile fest verankert. Die Auseinandersetzung zwischen Kaiser und Papst wird vor allem auch mit kulturellen Mitteln ausgetragen. Eine wichtige Rolle spielt dabei die Architektur von Domen, Kirchen, Palästen und Klosteranlagen. Die Kirchen sind die Kommunikationszentren, in denen sich die Menschen regelmäßig versammeln. Dort veröffentlichte Informationen und Weltanschauungen – Predigten, Gesänge, Bilder, Skulpturen, Reliefs – bestimmen das Bewusstsein der Menschen ganz entscheidend, denn es gibt kein konkurrierendes Medienangebot mit ähnlicher Wirksamkeit. So werden für diese Orte Kunstwerke in großer Zahl und in hoher Qualität hergestellt.

◆ Architektur

Die gewaltigen Steinbauten, die Kaiser, Herzöge und die Kirche errichten, sind für die Bevölkerung umso eindrucksvoller, als diese in der Regel in kleinen Bauten aus einfachen Materialien lebt.

BEISPIELE Kaiserdome in Worms, Speyer, Mainz; s. Details ▶ S. 176

◆ Plastik

Im Verlauf der Romanik bilden sich Werkstätten und ***Bauhütten*** heraus, in denen sich die Künstler ein immer breiteres Formrepertoire erschließen. Plastiken und Reliefs werden in Kirchen, Klöstern und Palästen aufgestellt oder angebracht. In der Regel sind sie eingebunden in die Architektur als ***Kirchenportale, Chorschranken,*** als ***Grabmalplastik, Triumphkreuze*** bzw. ***Kopfreliquiare,*** ferner als monumentales plastisches Kultgerät, als Lesepult, Sessel und Throne oder als Leuchter.
Bereits hier entwickeln die Künstler die Fähigkeit, menschliche Figuren im Zusammenhang mit der entrückten Darstellung biblischer Inhalte und der Heiligengeschichten darzustellen. In der Blütezeit romanischer Kunst (in Südfrankreich ab zweitem Drittel 12. Jh.) bemüht man sich, der bis dahin üblichen Entkörperlichung und Entwirklichung des Plastischen und damit der

frühromanischen Auffassung vom Kultcharakter der Plastik entgegenzuwirken. Die bis dahin streng hierarchisch geordneten, frontalen Kompositionen der Figuren werden jetzt durch differenzierte Ausdruckswerte und eine größere Beweglichkeit der Figur bereichert.

BEISPIELE spätroman. *Chorschrankenfiguren* in der Liebfrauenkirche zu Halberstadt; *Dom,* Bamberg

Gotik

Seit Mitte des 12. Jh.s verbreitet sich die Gotik von Frankreich aus über weite Teile Europas. In Deutschland setzt sie sich seit ca. 1230 langsam gegenüber der Romanik durch. In Italien endet sie gegen Mitte des 15. Jh.s, in anderen Teilen Europas erst in der ersten Hälfte des 16. Jh.s.

Die Gotik umspannt die Phasen des Hoch- und Spätmittelalters. Die Kunstproduktion in den Klöstern und Pfalzen tritt langsam in Konkurrenz zu den bürgerlichen Kunstwerkstätten in den Städten. Seit ca. 1230 setzt in Deutschland eine Lawine von Städtegründungen ein. Das ökonomische, technologische und soziale Erfolgsmodell Stadt („Stadtluft macht frei“) verbreitet sich schnell über ganz Europa. Durch Handel und hoch spezialisiertes Handwerk erwerben die Städte Wohlstand. Die im Gegensatz zur Landbevölkerung freien Stadtbürger gewinnen Selbstbewusstsein, können sich bilden, finden Interesse an Kunst und Kultur. Selbstständige Künstler sind der Konkurrenz auf den städtischen Märkten ausgesetzt und müssen die Qualität ihrer Produkte stetig den wachsenden Bedürfnissen anpassen – Kloster- und Hofkünstler müssen nachziehen. Anregungen und Impulse kommen durch Fernhandel, Kreuzzüge und durch die Wanderfahrten der Handwerksgesellen.

◆ Architektur

Vor diesem Hintergrund entfaltet sich eine bislang nicht vorstellbare künstlerische Pracht. Diese zeigt sich vor allem im neuen Kirchenbau: Aus filigranen Stützensystemen aufgebaute, hoch aufragende spitzbogige Gewölbe, oft mit hauchdünnen, lichten, farbigen Glaswänden, werden kostbar mit Wandteppichen, Gemälden und Skulpturen geschmückt. Die neuen Kathedralen sind die kulturellen Zentren. Hier finden nicht nur religiöse Zeremonien statt, sondern auch Schauspiele, Diskussionen, Musikaufführungen. Die Stadtbürger identifizieren sich mit ihren Kathedralen, die zu einem großen Teil aus Spenden und Stiftungen finanziert werden. Damit verbindet sich die Hoffnung auf ein gutes Leben im Jenseits. Der Kirchenbau dauert oft sehr lang, nicht selten hundert Jahre und mehr, sodass diese Bauten ständig im Werden begriffen sind. Neben den winzigen Fachwerkwohnbauten wirken die Kathedralen wie Gebilde aus einer anderen Welt – und so werden sie auch verstanden: Sie sollen das himmlische Jerusalem, das Paradies verkörpern.

Alle Künste sind an der Gestaltung der Kathedralen beteiligt: Architekten, Bildhauer, Maler, Kunst- und Goldschmiede, Tischler, Schnitzer, Glasmaler, Kunstglaser, Teppichwirker usw. Die Bauhütten der Kathedralen werden so zu Zentren der Kreativität, des künstlerischen Know-hows und auch zu Kontaktbörsen für Spezialisten.

Die Expertenschaft und Professionalität dieser Handwerker hat Rückwirkung auf die Gestaltung von Profanbauten wie Palästen des Adels oder Wohn- und Geschäftsbauten reicher Bürger. Während die Künstler für die Kirchen vor allem Motive aus der Bild- und Formenwelt des Christentums zu gestalten haben, können sie für Paläste und Bürgerhäuser hier und da andere Inhalte umsetzen.

BEISPIEL *Kathedrale von Chartres* ▶ S. 178 f.

◆ Malerei

Im Verlauf des Spätmittelalters entwickeln sich Frühformen der Porträtkunst ***(Stifterbildnisse)***, und es werden – insbesondere in der ***Buchmalerei*** – vereinzelt Motive aus der antiken Überlieferung aufgegriffen (Mythologie, Heldensagen) oder französische Romane und deutsche Epen illustriert.

Früh- und hochgotische Malerei

Leuchtstarke, oft buntfarbige Temperamalerei auf vergoldetem Malgrund (Pergament, Holz) verdeutlicht die kostbare, himmlische Sphäre, in der sich das christliche Heilsgeschehen und die Heiligengeschichten ereignen. Riesige ***Fresken*** (Wandmalereien, die direkt in den feuchten Putz gemalt werden) schmücken die Wände von Klöstern und Kirchen. Sie sind meist nicht so buntfarbig wie die Tafel- oder Buchmalereien und leben mehr aus Linien, Konturen und Umrissen.

Maria, Christus, die Jünger und Heiligen werden stilisiert dargestellt, denn es handelt sich ja nicht um wirkliche Menschen, sondern um ideale, heilige Gestalten. Alle ins Bild gesetzten Attribute wie Gegenstände und Farben haben symbolische Bedeutung, kein Bildelement wird zufällig gesetzt.

Körperhaltung und Gesten sind ebenfalls symbolisch gemeint (z. B. Segnen, Drohen, Umarmen). Individuelle psychologische Reaktionen in Mimik oder Gestik passen nicht in dieses frühe Denken. Neben ***Altartafeln,*** welche die Gottesmutter, Christus und die Heiligen als ruhende Figuren auf dem Thron zeigen, finden sich Darstellungen, die wie in einer Bildergeschichte Szenen aus dem Leben Christi und der Heiligen darstellen. Für private Auftraggeber (Bürger, Fürsten) werden in Form von ***Buchmalereien*** auch profane Inhalte wie Romane, Heldendichtungen, Chroniken, Kalender illustriert.

BEISPIELE CIMABUE 1280, *San Trinita in Florenz;* BRÜDER VON LIMBURG, *Stundenbuch des Duc du Berry*

Spätgotische Malerei (ab ca. 1300/1350)

Aufgaben der spätgotischen Malerei waren – neben der weiterhin blühenden ***Buchmalerei*** – ***Fresken, Glasmalerei*** und vor allem ***Andachtsbilder*** und ***Tafelbilder*** für Altaraufsätze mit häufig mehreren Flügeln.

Kostbare Farben (seit dem Ende des 14. Jh.s auch Ölfarben), die raffinierte Darstellung von Stoffen (Faltenwurf) und Materialien, sowie eine ausgefeilte Darstellung von Plastizität durch Licht und

Schatten kennzeichnen das Spezialistentum der spätgotischen Maler (insbesondere Flamen wie VAN EYCK, *Genter Altar;* VAN DER WEYDEN). Neben lieblichen Bildern, welche das himmlische Geschehen in Formen des „weichen“ oder „schönen“ Stils kleiden (ca. 1400 bis 1430; auch „internationaler Stil“, z. B. in Köln LOCHNER, zierliche, biegsame Körperformen, wogende Falten, Schönfarbigkeit, vielfach im Zuge des Marienkultes) sehen wir andererseits Figurendarstellungen mit realistischen, porträthaften Zügen (VAN EYCK, CAMPIN) und individuellen psychologischen Regungen (seit GIOTTO).

BEISPIEL *Fresken der Arenakapelle* in Padua

Die biblischen Themen werden zum Anlass genommen, sich mit den sichtbaren Erscheinungen der Realität auseinanderzusetzen: Wenn Gott die Menschen nach seinem Ebenbild gestaltet, alle Pflanzen und Tiere erschaffen hat, dann sollen sich die Menschen dieses Schatzes annehmen, ihn beobachten, in Bildern festhalten! So gesehen macht es dann Sinn, wenn die Gottesmutter die Gesichtszüge der eigenen Ehefrau oder der Ehefrau des Auftraggebers bekommt, oder das Jesuskind wirklich wie ein Säugling aussieht und wenn auch scheinbar nebensächliche Gegenstände wie Geschirr und Werkzeuge liebevoll dargestellt werden, zumal wenn diese immer in ihrer religiös-symbolischen Bedeutung eingebracht werden. Statt des Goldgrundes sehen wir nun im Bildhintergrund Landschaften und Stadtansichten. Eine Szene wie die Geburt Christi findet in einem ganz normalen, einfachen Stall statt.

BEISPIELE GRÜNEWALD, *Isenheimer Altar;* RATGEB, *Fresken im Karmeliterkloster* in Frankfurt am Main; ALTDORFER, *Ruhe auf der Flucht*

Auf diese Weise demonstrieren die Künstler eine neue Sicht der biblischen Überlieferung. Diese ist für sie nicht mehr in himmlische Ferne entrückt, sondern Gott ist ganz unmittelbar in der Wirklichkeit, die alle umgibt. Durch Kenntnis der Spielregeln der Wahrnehmung sind Künstler nun auch in der Lage, Fantasiewelten ganz anschaulich und realistisch darzustellen: die Hölle, das Jüngste Gericht, den Himmel, das Paradies.

BEISPIELE MEMLING, *Triptychon des Jüngsten Gerichts;* BOSCH, *Garten der Lüste*

Neben dieser Tendenz wenden sich verschiedene Künstler anderen Themen zu, die in früheren Zeiten tabuisiert waren und die bereits auf die Renaissance verweisen: Porträts (CRANACH D. Ä.), heidnische Motive wie Hexen (BALDUNG GRIEN), antike Götter und Helden auch in Form der Tafelmalerei.
BEISPIELE CRANACH; ALTDORFER, *Alexanderschlacht*

◆ Plastik

Die gotische Plastik ist stark an die Architektur angebunden, insbesondere an die monumentalen Portale und Westfronten der Kathedralen (z. B. in Paris, Chartres, Reims, Straßburg, Bamberg, Magdeburg, Freiberg), später aber auch in Gesprenge und Fassungen der Altarretabel. Christus, Maria und die Heiligen sowie Herrscher und deren Angehörige sind Hauptmotive der Figurendarstellungen. Zeigen diese in der Früh- und Hochgotik eher stilisierte Züge, eine ruhende Körperhaltung und maßvolle Gestik, so ändert sich dies in der Spätgotik (PACHER, RIEMENSCHNEIDER, STOSS, BACKOFFEN, LEINBERGER u. a.). Die Körperhaltung der Figuren gerät bei Frauendarstellungen in eine geschwungene Form (Linea serpentinata), die sich durch den ganzen Körper zieht, betont durch ein kompliziertes Faltenspiel. In ausdrucksstarkem Realismus, gestenreich und in z. T. expressiven Körperhaltungen zeigen sich dann gegen Ende der Spätgotik bewegte, nahezu freiplastische Einzel- oder Gruppendarstellungen.
BEISPIELE Abendmahls-, Kreuzigungsszenen – RIEMENSCHNEIDER, BACKOFFEN, STOSS

◆ Reformation

Mit der Reformation (seit 1517) gehen gewaltige politische, soziale und kulturelle Erschütterungen einher. Neben völlig neuartigen Interpretationen christlicher Überlieferung, die sich auch in den Künsten niederschlagen (GRÜNEWALD, RATGEB,

Cranach d. Ä.), entwickeln sich religiöse Auffassungen, die Bilder und Schmuck grundsätzlich als Teufelszeug ansehen, das vernichtet werden müsse (Bilderstürmer, Zwingli, seit 1523). Die Reformation bietet dem Adel die Chance, sich vom religiösen Monopol der katholischen Kirche zu emanzipieren. Deshalb fördert er insbesondere Künstler, die die neuen Auffassungen überzeugend ins Bild setzen. Die katholische Kirche wird durch die Reformation grundsätzlich infrage gestellt, fördert zunächst (bis zum Konzil von Trient) traditionelle Kunst und wirkt bei der Verfolgung von Künstlern, die der Reformation nahe stehen, mit (Verfolgung von Riemenschneider und Ratgeb). Der durch die Reformation angestoßene Wunsch nach sozialer Gerechtigkeit führt zu Unruhen, insbesondere auf dem Lande (Bauernkriege, 1524–1526). Künstler, die sich auf Seiten der Bauern engagieren, werden von den weltlichen Mächten verfolgt, zum Teil zum Tode verurteilt und hingerichtet (Ratgeb).

Renaissance

Renaissance (frz. = Wiedergeburt) bezeichnet eine geistige Bewegung, die gegen Ende des Mittelalters einsetzt (ab Ende des 14. Jh.s ausgehend von norditalienischen Städten wie Florenz, Ferrara, Mailand, Venedig), in Europa große Verbreitung findet, in die Neuzeit überleitet und Ende des 16. Jh.s ausklingt. Der Begriff wird im 19. Jh. von Kunsthistorikern geprägt und kennzeichnet die Rückbesinnung auf die Kultur der Antike.
Im Verlauf des Spätmittelalters geraten überlieferte Wertvorstellungen und Autoritäten ins Wanken: der Glaube, der Kaiser, der Papst, die Kirche und auch das Bild von der Welt. Weltuntergangsstimmung kommt mit der großen Pestepidemie 1347–1352 auf, in der große Teile der Bevölkerung Europas ums Leben kommen. Neue Orientierung suchen Gebildete (v. a. in Städten, aber auch in Palästen und Klöstern) u. a. in den Überlieferungen der Antike. Sie finden hier ein anderes Weltbild, ein anderes Verständnis des Menschen, eine Philosophie, die auf Realismus und Wissenschaftlichkeit setzt – der Mensch rückt in den Mittelpunkt

des Interesses (Humanismus). Neue Erkenntnisse über die Kugelgestalt der Erde und das Sonnensystem sowie die Entdeckung neuer Seewege und Erdteile bringen jahrhundertealte Überzeugungen ins Wanken. Durch den Buchdruck (Gutenberg, um 1450) können alte und neue Texte leicht vervielfältigt und einer Vielzahl von Interessierten zur kritischen Lektüre zugänglich gemacht werden. Das heidnisch-antike Streben nach Schönheit und Lebenslust steht nicht länger unter dem Verdacht der Sünde, sondern vielfach zu Lebensziel und -inhalt.

◆ Künstlerpersönlichkeiten

Gefördert von wohlhabenden Mäzenen aus Adel (z. B. Herzöge von Este) Kirche (z. B. Papst Julius II.) und Bürgertum (z. B.die Medici in Florenz) widmen sich Künstler mit großem Eifer dem Naturstudium (z. B. in der Werkstatt von VERROCCHIO in der zweiten Hälfte des 15. Jh.s in Florenz und Venedig) und den wissenschaftlichen Schriften der Antike (z. B. des Römers VITRUV). Einige betreiben dies so intensiv, dass sie nicht nur in der bildenden Kunst, sondern auch in Naturwissenschaften und Technik Kenntnisse und Fertigkeiten erwerben, die sie zu universalen Experten machen. So konstruiert LEONARDO DA VINCI Kriegsmaschinen und Verteidigungsanlagen, und Maler und Bildhauer wie RAFFAEL und MICHELANGELO arbeiten ganz selbstverständlich auch als Architekten und Bauingenieure. Diese zentrale Rolle der Künstler verleiht ihnen großes Ansehen bei Bürgern, Adeligen und Fürsten und begründet ein neues Selbstbewußtsein der Künstler (DÜRER).

◆ Architektur

In der Architektur werden antike Vorbilder studiert, kopiert oder abgewandelt. Die Architekten begeben sich auf die Suche nach der für den Menschen idealen Stadt. Ihre Aufmerksamkeit richtet sich jetzt vermehrt auf (nicht kirchliche) Profanbauten.

BEISPIELE Bürgerpaläste (ALBERTI u. AMMANATI – Florenz, *Palazzo Pitti,* 1458), Villen (PALLADIO – *Villa rotonda,* vor 1560

▶ S. 183), aber auch öffentliche Bauten wie Waisenhäuser (Brunelleschi – *Ospedale degli Innocenti* 1419–1444 in Florenz), Rathäuser (Palladio – Vicenza, *Palazzo della ragione*) und Fürstenpaläste *(Münchener Residenz)*.

◆ Malerei

In den Künstlerwerkstätten werden Studien nach antiken Vorbildern angefertigt (z. B. 1430–1460 in den Werkstätten von Squarcione in Padua). Durch die wachsende Aufmerksamkeit für die Persönlichkeit und die äußere Gestalt des Menschen nimmt die Gattung der Porträtmalerei einen steilen Aufschwung (Bellini, Raffael, Dürer, Holbein d. J.). Das Interesse an der Natur und der Wirklichkeit weckt das Bedürfnis, durch Studien und systematische Analysen die Spielregeln der naturgetreuen Darstellung von Körper und Raum zu erschließen, wie das Künstler der Antike bereits vorgemacht hatten: Naturgetreue Proportionierung, einheitliche Raumkonzeption mittels ***Zentralperspektive*** (durch Fluchtpunktkonstruktionen – erstmals Masaccio, 1425), ***Luftperspektive*** (Trübung und Verblauung des Tiefenraums bei der Landschaftsmalerei, ***Sfumato*** (= atmosphärische Trübung in Innenräumen – da Vinci) werden jetzt in der Malerei realisiert. Die Schönheit der menschlichen Gestalt (Darstellungen von *Adam und Eva* – Cranach, Dürer und *Venus* – Botticelli, Tizian, Giorgione), von Landschaften und Bauwerken wird herausgearbeitet und ins Bild gesetzt.

◆ Plastik

Auch die Bildhauer widmen sich dem Studium des Menschen und seiner Darstellung.

BEISPIELE So erschafft Donatello mit seiner Bronzefigur des *David* die erste Akt- und Freiplastik seit der Antike (1430–1435) und hat mit dieser und anderen Figuren einen großen Einfluß auf die Auffassung von Plastizität in der Renaissance. Sein *Reiterstandbild des Kriegshelden Gattamelata* (1447–1453) setzte Maßstäbe in der Denkmalkunst. Michelangelo verfolgt mit seinem monumentalen *David* (1501–1504), den Plänen für das *Grabmal Julius' II.* und den *Grabmälern der Medici* darüber hinaus suggestive und dramatische Wirkungen in Proportionen, Körpersprache und Raumdisposition.

Barock

Barock (von portug. barucca im übertragenen Sinne etwa: regelwidrig, sonderbar) bezeichnet einen Kunststil, der sich in Europa ungefähr zwischen 1580 und 1750 entfaltete. Später werden auch andere Stilbildungen mit diesem Begriff gekennzeichnet. Der Barock wird vor allem im Kontrast zur Renaissance definiert (WÖLFFLIN, BURCKHARDT). Im Unterschied zu dieser ist er meist gekennzeichnet durch Bewegung, Dynamik und Theatralik. Er erfährt eine recht unterschiedliche Ausprägung im Zusammenhang von Gegenreformation, Absolutismus und protestantisch-bürgerlicher Stadtkultur.

Der Verfall der feudalistischen Ordnung und die Glaubenskrise, die in der Reformation ihren Ausdruck findet, führen im Verlauf des 16. und 17. Jh.s zu erbitterten Glaubenskriegen (z. B. Hugenottenkriege 1562–98, Dreißigjähriger Krieg 1618–48) und zur Herausbildung der neuartigen Herrschaftsform des Absolutismus. Vormals dominierende Kräfte wie die katholische Kirche, der Adel und die meisten Städte verlieren an Einfluss und Macht.

Auf dem Trienter Konzil (1545–63) werden ideologische Aufgaben der Kunst im Dienste der katholischen Gegenreformation und die Kontrollrechte des Klerus gegenüber Künstlern festgelegt. Kunst soll die Menschen von der Richtigkeit des katholischen Glaubens überzeugen und sie dafür begeistern. Künstler, die sich nicht an diese Vorgaben halten, werden verfolgt (z. B. VERONESE). Speerspitze dieser ideologischen Offensive, die in ganz Europa Wirkung zeigt, ist der Jesuitenorden.

◆ Gegenreformatorische Kunst

Die Kunst der Gegenreformation bedient sich vor allem dynamischer, suggestiver Ausdrucksmittel. Sie ist gekennzeichnet durch Kompositionen in Ovalen oder Diagonalen, verwirrende Streuungen von Figuren und Gegenständen, eine dramatische Farbgebung mit starken Kontrasten und delikaten Farbzusammenstellungen, bühnenmäßig-illusionistischem Bildraum, effektvollen Beleuchtungsakzenten wie Schlag- und Glanzlichtern, Leuchten, Glanz- und Dämmerlicht, Schimmern usw. Die Figurendarstellung zeigt sich gestenreich und mit theatralischem Ausdruck, oft in labiler oder gewundener Körperhaltung: schwebend, wirbelnd, taumelnd, stürzend, eingehüllt in bewegte, faltenreiche, flatternde Stoffe und Wolkenbildungen.

BEISPIELE Jesuitenklöster; Barockkirchen in Süddeutschland, Italien, Spanien und Südamerika als einheitlich konzipierte Gesamtkunstwerke, Gemälde wie Wunder-, Martyrien-, und Heiligendarstellungen von RUBENS, CARRACCI, DOMENICHINO, RENI, LEBRUN, CARAVAGGIO, TIEPOLO. Skulpturen als Komponenten der Altargestaltung z.B. der Gebrüder ASAM, MADERNO und BERNINI.

◆ Barockkunst der Reformation

Im Gegenzug setzen Auftraggeber, die sich von der katholischen Kirche distanzieren wollen, die Künste zur Stärkung der religiösen Überzeugungsarbeit in ihrem Sinne ein (so die Prostestanten Dresdens, *Frauenkirche*) und lassen sich überdies gern Überlieferungen heidnisch-antiker Götterwelten illustrieren. Auch die wohlhabenden deutschen, holländischen und italienischen Handelsstädte, die ihre Unabhängigkeit bewahren können und deren selbstbewusste Bürgerschaften lassen ihre religiösen Überzeugungen durch Kunst repräsentieren.

◆ Absolutismus

Das politische und kulturelle Zentrum des absolutistischen Staates ist der Hof (Vorbild ist vor allem der französische Hof

Ludwigs XIV.). Alles ist auf den Herrscher ausgerichtet. Der Hofstaat und alle politischen Positionen sind – anders als noch im Feudalismus – streng hierarchisch gegliedert. Kunst bringt dieses System auf vielfältige Weise zum Ausdruck. Die Architektur der Schlösser gruppiert sich um die Gemächer der Majestät, Porträts stilisieren den Herrscher als übermenschliche Macht und ordnen seine Untertanen, je nach ihrem Stellenwert präzise in das Machtsystem ein: Körperhaltung, Kleidung, Frisuren, Accessoires wie Orden und Wappen kennzeichnen den Rang der Dargestellten. Der Hof soll und muss alle in seinen Bann ziehen, deshalb werden hier die schönsten und fantasievollsten Darstellungen spannender, frivoler oder rührender Erzählungen und Überlieferungen zusammengetragen, finden hier die besten musikalischen und schauspielerischen Aufführungen statt. Die Schloss- und Gartenarchitekturen werden auf raffinierteste Weise angelegt, sodass sie eine angemessene Bühne für die Selbstdarstellung des Alleinherrschers und seines Hofstaats bieten.

Die Formensprache der absolutistischen Porträtkunst zielt auf monumentalisierende Herrscherporträts mit suggestiver Körperhaltung und Gestik, gesehen in Untersicht – oft erhaben auf Pferden, Freitreppen oder Balkonen – hervorgehoben durch Beleuchtungseffekte, prunkvolle Ausstattung wie faltenreich wallende Stoffe, Insignien sowie theatralische Raumbühnen.

BEISPIELE *Porträts Ludwigs XIV.* von RIGAUD und DE LARGILLIÈRE

Demgegenüber wirken die am Hof sehr beliebten Darstellungen der Idylle des Landlebens, des Liebesspiels oder der Mythen und Erzählungen aus fernen antiken und asiatischen Überlieferungen meist harmlos, verspielt, rührselig oder frivol. Dieser Eindruck entsteht durch Zartheit und Blässe der eingesetzten Farben, durch die Maskenhaftigkeit der geschönten Gesichter mit rosigem ***Inkarnat*** (= Hautfarbe) und puppenhafter Mimik, Gestik und Körperhaltung. Tänzeln, Schweben, elegante Wendungen vor märchenhaft lieblichen Landschafts- und Architekturhintergründen wirken künstlich, zeigen eine realitätsferne Fantasiewelt, in die sich der Hofstaat hineindenken sollte.

BEISPIELE Schloss *Versailles* (Architekt: LE VAU u. HARDOUIN-MANSART seit 1661 unter Ludwig XIV. von Frankreich), Schloss *Schönbrunn* in Wien (Architekt: FISCHER V. ERLACH 1696–1711 unter Leopold I.), weitere Schlossanlagen in Mannheim, Würzburg, Porträts und Figurenkompositionen von RUBENS und VELÁZQUEZ, ideale Landschaften von LORRAIN, fotografisch präzise ***Veduten*** (= Stadtlandschaften) von CANALETTO und illusionistische Wand- und Deckenmalerei (TIEPOLO, MAULPERTSCH).

◆ Erfahrung von Elend und Tod

Die Glaubenskriege und die Auseinandersetzungen um den Machterwerb absolutistischer Herrscher, eine neue Form der Kriegführung, Seuchen und Hungersnöte führen zu entsetzlichen Zerstörungen. So wird die Hälfte der deutschen Bevölkerung im Dreißigjährigen Krieg getötet, weite Regionen werden verwüstet. Die Erfahrung dieses Leids und der allgegenwärtigen Bedrohung durch Tod und Vernichtung wird in den Künsten auf vielfältige Weise verarbeitet: durch ***Vanitas***-Motive, die auf die Allgegenwart des Todes hinweisen (insbesondere in der Stilllebenmalerei), durch Darstellungen der Gräuel des Krieges (CALLOT, H. U. FRANCK, E. V. D. VELDE, S. VRANCX), aber auch durch Schlachten- und Triumphgemälde.

BEISPIEL VELÁZQUEZ, *Übergabe von Breda*

◆ Bürgerliche Kunst

In holländischen und deutschen Handelsstädten mit protestantischer Prägung kristallisieren sich eigene künstlerische Ausdrucksformen heraus, unabhängig von höfischer Kultur oder Glaubensauseinandersetzungen. Die Künstler arbeiten für städtische Gremien, bürgerliche Korporationen (Zünfte, Gilden, Stiftungen) und für einzelne Bürger. Gefragt sind insbesondere ***Porträt-, Genre-, Stillleben-*** und ***Landschaftsmalereien,*** oft in kleineren Formaten, die sich leicht in den Bürgerhäusern unterbringen lassen.

◆ Bildnisse

Einzelbildnisse sowie großformatige ***Gruppenbildnisse: Gildebilder, Anatomien, Schützenstücke, Familienporträts*** (REMBRANDT, HALS, JORDAENS, MOLENAER, VAN DER HELST).
Im Unterschied zu Herrscherbildnissen liegt der Ausdruck hier nicht so sehr im theatralischen Aufwand, sondern eher in der lebendigen Darstellung der Köpfe der Porträtierten, die in den Stadtrepubliken nicht mit ihrer Kleidung prunken sollten und deshalb in Schwarz, Grau, Weiß gekleidet waren und vor neutralem Hintergrund dargestellt wurden. Entsprechend legen die Künstler Wert auf die sorgfältige Darstellung der Gesichtszüge, des *Inkarnats* (Hautfarbe) und eines lebendigen Ausdrucks.
Bei den Gruppenbildnissen ergibt sich die schwierige Aufgabe, allen Dargestellten gleiche Aufmerksamkeit zu widmen und dabei nicht einfach nur Porträts aneinanderzureihen.
BEISPIEL REMBRANDTS berühmte *Nachtwache* wurde von den Auftraggebern nicht akzeptiert, weil er aus künstlerischen Gründen einige Mitglieder der Schützengilde in den Hintergrund, ein kleines aufgeregtes Mädchen aber ganz nach vorn gerückt hatte.

◆ Stillleben

(aus dem holl. still – unbeweglich / leven – Dasein, Leben) ***Blumen-, Frühstücks-, Bücher-, Markt-, Fisch-, Früchte-, Jagd-, Küchen-, Masken-, Musikinstrumente-, Waffen-*** und ***Vanitas-Stillleben*** sind eigenständige Unterarten der Stilllebenmalerei.
Der Zusammenstellung der dargestellten Gegenstände liegt immer eine ausgefeilte Symbolik zugrunde (christliche Motive, Vanitasmotive u. Ä. m.). Gleichzeitig überrascht die verblüffend naturgetreue Darstellungsweise: Augentäuschung – im Französischen als ***trompe l'œil*** und im Holländischen als ***bedriegertje*** bezeichnet. Vielfach wird die Stilllebenmalerei zum Anlass,

wertvolle und schöne Gegenstände wie teure Blumen, Delikatessen, Gläser, Geschirr, Bücher usw. im Bild festzuhalten. Entscheidend ist die Auswahl, das Arrangement und die Beleuchtung der Gegenstände. Anfangs werden diese Arrangements eher buntfarbig und in schräger Aufsicht dargestellt. Später gilt es als besonders kunstfertig, die Gegenstände in Seitenansicht (also mit vielen komplizierten Überschneidungen) und mit wenig Farbtönen ins Bild zu setzen (monochrome Stillleben).
BEISPIEL CLAESZ, BREUGHEL D. Ä., AELST, FLEGEL, CHARDIN.

◆ Seestücke und Landschaftsdarstellungen

Für den Stadtbürger sind Landschaften und Seestücke Ausdruck einer Welt der Offenheit und Grenzenlosigkeit, in der die Natur und die Elemente regieren. Damit verbinden sich Vorstellungen von Freiheit und Abenteuer. So finden sich dramatische Erzählbilder (WILLAERTS, BREUGHEL D. Ä.) ebenso wie einfühlsame Naturdarstellungen (VAN GOYEN, VAN RUISDAEL, VAN DER VELDE D. J.).
Neben der richtigen Auswahl des Bildausschnitts (Berücksichtigung der verschiedenen Raumebenen, durch die das Auge geführt werden sollte – Vorder-, Mittel- und Hintergrund – durch Marken wie Bäume, Häuser, Schiffe, Vögel usw.) legten die holländischen Künstler im Verlauf des Barock immer mehr Wert auf eine reduzierte Farbigkeit, um die Einheitlichkeit des Bildraums zu betonen ***(Monochromie)***. Atmosphärische Effekte wie Wolkenbildungen, Wellenbewegungen, Brandung wurden durch virtuose Beherrschung des Farbmaterials (Ölfarbe und Malmittel) und des Malgeräts (Pinsel, Tücher, Handballen) realisiert.

◆ Genremalerei

Genremalerei, also die Darstellung alltäglicher Szenen und Ereignisse war sehr beliebt. Fast alle Bereiche des Alltagslebens wurden im Bild festgehalten: Hausarbeit, Musizieren, Lesen, Essen und Trinken, Flirt, Verführung usw. Entsprechend dem Ausschnitt des Alltagslebens, der dargestellt wurde, unterscheidet man z. B. zwischen ***bürgerlichem Genre*** (VERMEER, TERBORCH, DE HOOCH, METSU) und ***Bauerngenre*** (BREUGHEL, BROUWER, VAN OSTADE) usw. Oft nutzen die Künstler die Genredarstellungen zur kritischen, ja bissigen Kommentierung des Alltagslebens (z. B. BREUGHEL D. Ä., *Sprichwörter, Der Sturz der Blinden*). Neben Genredarstellungen unter freiem Himmel, die sich v. a. auch der Mittel der Landschaftsdarstellung bedienten, finden sich viele Interieurs, also Darstellungen von Innenräumen. Hier kam es den Künstlern besonders auf das geschickte Arrangement in dem begrenzten Raum an: Gruppierung, Hin- und Abwendung sowie Gestik und Mimik der Figuren, Akzentsetzung durch dezente Lichteffekte. Neben Elementen, die auf den ersten Blick ins Auge springen, verbergen sie in ihren Bildern Hinweise und Andeutungen, die erst beim zweiten oder dritten Hinsehen auffallen. Auf diese Weise erzählen sie kleine Anekdoten aus dem Alltagsleben in einer kalkulierten Abfolge (Blickführung).

◆ Rokoko

Die Spätform des Barock löst während des 18. Jh.s in verspielten Formbildungen wie der namensgebenden „Rocaille“ (einem schnörkelreichen, muschelförmigen Ornament), niedlichen Menschenfiguren und exotischen Pflanzenranken die Strenge und Dynamik der barocken Formensprache auf. Viele Bildmotive der Rokokomalerei verweisen auf antike Mythologien und auf das idyllische Chinabild der Zeit ***(Chinoiserien)***.

BEISPIELE Herausragende Beispiele sind das *Schloss Sanssouci* Friedrichs des Großen in Potsdam (VON KNOBELSDORFF), *Schloss Amalienburg* in München (CUVILLIÉ) und süddeutsche Rokokokirchen wie die *Wieskirche* (BRÜDER ZIMMERMANN) sowie die Malerei WATTEAUS, BOUCHERS und FRAGONARDS.

2.5 Aufbruch in die Moderne – Avantgarden, Manierismen, Vielfalt

Als moderne Kunst im engeren Sinne werden Stile und Ausdrucksformen seit Anfang des 20. Jh.s bezeichnet, in denen sich ein Bemühen um das Aufspüren neuartiger, „fortschrittlicher" kunstphilosophischer Positionen, Themen und Ausdrucksmittel zeigt. Avantgarde ist der Überbegriff für die Künstlerinnen und Künstler oder Künstlergemeinschaften, welche die jeweils neueste und „fortschrittlichste" Entwicklung vorantreiben. Die Wurzeln moderner Kunst reichen allerdings weiter zurück und gründen letztlich in den kulturgeschichtlichen Umbrüchen am Ende des 18. Jh.s:

- der kritischen Erkenntnistheorie der Aufklärung, die in der Philosophie Kants gipfelt,
- der amerikanischen und Französischen Revolution und
- der industriellen Revolution

Klassizismus und Aufklärung

Der Klassizismus als Stilepoche, zwischen 1750 und 1830 v. a. in Europa und Nordamerika (u. a. ***Louis seize, Directoire, Empire*** und ***Biedermeier***), setzt sich durch eine an der Kunst der Antike orientierte, strenge und einfache Formensprache von den verspielten Formen des Spätbarock und Rokoko ab. Unter dem Begriff versteht man teils auch verwandte Stilbildungen anderer Epochen.

Unter dem Motto: Sapere aude! (Habe Mut, dich deines eigenen Verstandes zu bedienen!) entfaltet sich seit dem 18. Jh. in England, Frankreich und Deutschland die Aufklärung und gerät bald in Konflikt mit Absolutismus (Gottesgnadentum und Alleinherrschaft) und theologischem Dogmatismus der Gegenreformation. Barocke Kunstwerke passen nicht zu dieser neuen Geisteshaltung. Kunst und Architektur aus den vergleichsweise aufgeklärten Zeiten der griechischen und römischen Antike werden nun zu Vorbildern einer Kunst der Aufklärung. Damit steht an den Wurzeln der Moderne ein Rückgriff auf die Antike.

◆ Antike als Vorbild

Die Kenntnis antiker Kunstwerke verbreitet sich vor allem durch Bücher und Kunstdrucke. Aufsehen erregende Funde in Pompeji und Herculaneum wecken die Aufmerksamkeit gebildeter Schichten. Ganz im Sinne der Aufklärung katalogisiert und analysiert WINCKELMANN systematisch die vorhandenen Bestände antiker Kunst in italienischen Sammlungen und wird damit zum Begründer der Kunstwissenschaft: Im Unterschied zu früheren Kunstforschern untersucht er nicht lediglich einzelne Künstler, sondern identifiziert übergreifende Merkmale des Stils antiker Kunstwerke und setzt diese in Beziehung zur Philosophie und zum Selbstverständnis der Menschen dieser Epoche, insbesondere der Hellenen des alten Griechenlands. Er entdeckt dabei ästhetische Qualitäten, die er in seiner eigenen Zeit vermisst und empfiehlt die griechische Kultur als Vorbild. Intellektuelle und Künstler greifen solche Gedanken auf. Im revolutionären Frankreich und den USA dient eher das antike republikanische Rom als Vorbild, in Deutschland und Skandinavien die Kultur der griechischen klassischen Periode. Architekten, Bildhauer, Maler, aber auch Modeschöpfer, Friseure und Goldschmiede bilden Formen der Antike nach oder versuchen sich an kongenialen Neuschöpfungen.

◆ Architektur

Staats-, Kirchen- und Profanbauten nach Vorbildern der Antike (▶ S. 186)

◆ Bildhauerei

Klare Ordnung, einfache Komposition, deutliche Charakterisierung der dargestellten Formen durch genaue Konturen und geglättete ebenmäßige Oberflächen; Idealisierungen und Typisierungen prägen Bildhauerei und Malerei. Porträts und Figurendarstellungen im Stil der Antike; frei stehende Plastiken, Denkmalsskulpturen und Reliefs, auch als Elemente der Architektur (*Arc de Triomphe* 1806–36).

Die Bildhauer waren fasziniert von der ebenmäßig weißen Marmoroberfläche antiker Skulpturen. Sie wussten nicht, dass diese ursprünglich bunt bemalt waren. Die Makellosigkeit klassizistischer Skulpturen spiegelt gleichermaßen diesen Irrtum wie auch das Streben dieser Kunst der Aufklärung nach Reinheit und Klarheit wider.

2

BEISPIELE CANOVA, SCHADOW, DANNECKER, THORVALDSEN.

◆ Malerei

Porträts und andere Menschendarstellungen erscheinen als Sinnbilder des schönen, edlen, heldenmütigen oder tragischen Menschen. Die Modelle sind in Mode und Frisuren mit Stilmerkmalen der Antike ausgestattet, und auch Körper und Gesichter werden im Sinne griechischer Schönheitsideale stilisiert. Da das Bild vom Menschen der Antike v. a. anhand von Skulpturen geformt wurde, wirken die Figurendarstellungen leicht skulptural – ruhend, fest, gebannt, oft wie eingefroren.

BEISPIELE DAVID, KAUFFMANN, MENGS, CARSTENS, PRUD'HON.

Die Landschaftsmalerei bevorzugt idealtypische Landschaftsausschnitte, meist in abendlich mildem oder mediterranem Licht und ruhiger Stimmung; sorgfältige Differenzierung verschiedener Formationen wie der Berge, der Ebenen, der Gewässer und eingestreuter antiker Architekturbestände und Ruinen, oft auch belebt durch Figurendarstellungen zu Szenen aus antiken Überlieferungen.

BEISPIELE HACKERT und KOBELL; in Frankreich MOREAU.

Romantik

Die Epoche (ca. 1790 bis 1840) umfasst verschiedene Kunstströmungen insbesondere der Literatur und der Malerei v.a. in Deutschland, Frankreich, England und den USA. Gemeinsam ist ihnen die Abkehr von Rationalismus und Vernunftdenken.
Nachdem Anfang des 19. Jh.s zunächst die Hoffnung auf universelle Menschenrechte, Mitbestimmung und persönliche Freiheit gescheitert ist und mit der Restauration absolutistische Herrschaftsformen wiedererstehen, wenden sich Bürger, Intellektuelle und Künstler in der Romantik der Innerlichkeit, der Welt der Gefühle und des Naturerlebens zu. Der Begriff hat sich bereits seit Mitte des 18. Jh.s herausgebildet, wird aber nun sorgfältig programmatisch definiert (z. B. A. u. F. SCHLEGEL, *Über schöne Kunst und Literatur* 1802–05). Subjektivität, Spontaneität und Authentizität werden nun als Quellen alles Guten und Erstrebenswerten gefeiert.

◆ Malerei

Sie bedient sich der Formensprache der figurativen Tafelmalerei in verschiedensten, scheinbar widersprüchlichen Ausprägungen. Es lassen sich Ausdrucksmittel der Malerei des Barock (hier: Dramatik, Bewegung, dynamische Komposition in Diagonale, Kreis oder Oval; Farbauftrag und Duktus, welche Spuren des Malens als akzentuierende Pinselzüge sichtbar belassen; Figurendarstellung mit teils bewegter teils verhaltener Körpersprache: CONSTABLE, GÉRICAULT, TURNER, DELACROIX), der Frührenaissance (Klarheit, Strenge; Farbauftrag: z. B. in der Malerei der Nazarener, z. B. OVERBECK, PFORR) und des Klassizismus (idealisierte Landschaften: teilweise bei FRIEDRICH, RUNGE und im Frühwerk TURNERS) nachweisen.
Künstler wie FRIEDRICH und TURNER erweitern das Spektrum künstlerischer Ausdrucksmöglichkeiten durch spannungsgeladene Kompositionen, neuartige Dispositionen (Rückenfiguren FRIEDRICHS, Darstellungen atmosphärischer Bewegung bei TURNER) und durch neue Formen der Strukturierung und Auf-

ladung von Farbflächen (FRIEDRICH, *Mönch am Meer,* TURNER, *Rain, Storm and Speed*). Andere Künstler tragen durch systematische Untersuchung künstlerischer Ausdrucksmittel dazu bei (DELACROIX, RUNGE).

◆ Themen und Motive

Konflikt Mensch-Natur: Schiffe in Gefahr, Schiffskatastrophen, Menschen am Abgrund, am Meer, auf Berggipfeln. Menschen erscheinen oft als Rückenfigur, also nicht als betrachtetes Objekt sondern als betrachtendes Subjekt.

Dramatische Landschaftsdarstellungen: Sonnenauf- und -untergänge, Vollmond, Sturm, Vulkanausbrüche.

Gefühle: Einsamkeit, Sehnsucht, Fernweh, Trauer.

Symbolik: Vanitasmotive, christliche Ikonologie, Symbolwelt des Volkstums, Motive aus der Welt der Märchen und Sagen.

Historismus

Historismus bezeichnet in der Kunstwissenschaft das Aufgreifen von Ausdrucksformen und Stilelementen vergangener Epochen. Im Verlauf des 19. Jh.s werden alle nur denkbaren Stile der Vergangenheit reproduziert.

Mit der Industrialisierung kommt es seit Anfang des 19. Jh.s zu dramatischen Umbrüchen in Gesellschaft, Wirtschaft und Kultur. Die damit verbundene Verunsicherung führt zur Rückbesinnung auf alte Werte und Formen. Das tonangebende, aufstrebende, kapitalistische Bürgertum bemüht sich um einen gehobenen Lebensstil und greift dabei auf die altehrwürdigen Bauformen und Bildprogramme des Feudalismus und des Absolutismus zurück. Ganz nach individueller Neigung baut der eine sein Wohnhaus in barockem Stil, der andere sein Fabrikgebäude im Stil einer mittelalterlichen Festung, Stadt- und Kirchenräte lassen sich Rat- und Gotteshäuser im gotischen oder romanischen Stil errichten.

Der Historismus gerät seit Mitte des 19. Jh.s in die Kritik, weil die massenhafte Imitation das Bemühen um die Ausbildung eines eigenständigen Stils der Moderne behindert. Andererseits liegt im künstlerisch-spielerischen Umgang mit historischen Überlieferungen auch eine Distanzierung, die später durch Kombination von Stilelementen verschiedener Epochen im Sinne des ***Eklektizismus*** auf die Spitze getrieben wird: Da werden dann Stilemente aus verschiedenen Epochen und Kulturkreisen wild gemischt. So können auf Fassaden Architekturelemente verschiedenster Epochen versammelt werden.

BEISPIELE

Malerei: PILOTY, MENGS, INGRES, CARSTENS
Skulptur: RUDE
Architektur: ***Neoromanik*** (Kirchen- und Synagogenbau); ***Neogotik*** (Kirchenbau, Fabrik- und Markthallen, Rathäuser) – SCHINKEL, VIOLLET-LE-DUC; PUGIN: London, *Houses of Parliament;* ***Neorenaissance*** – VON KLENZE, SEMPER (Opern, Theater und andere öffentliche Bauten); ***Neobarock:*** (Öffentliche Bauten)

Realismus und Impressionismus

Realismus bezeichnet eine Geisteshaltung, die sich bemüht, die Wirklichkeit unmittelbar zu vermitteln. Realismus im engeren Sinne bezeichnet eine Bewegung von Schriftstellern (Flaubert, Zola) und Künstlern (COURBET, MANET, DEGAS, MENZEL), die sich seit Mitte des 19. Jh.s entscheiden, romantische Idylle und verklärenden Historismus hinter sich zu lassen und die Erscheinungen ihrer eigenen Lebenswirklichkeit unmittelbar und schonungslos darzustellen.

◆ Themen und Motive

Statt Märchen, Mythen oder Heldentaten der Vergangenheit wählen sie Motive aus der Arbeits- und Alltagswelt und aus dem Leben der sozial Deklassierten. Das ist für die Zeitgenossen skandalös und führt zur Ablehnung dieser Kunst auf dem etablierten Kunstmarkt und in den Feuilletons der Zeitungen. Langfristig setzt sich ihre Sichtweise jedoch durch und wirkt später in den Impressionismus, die Neue Sachlichkeit sowie den sozialis-

tischen Realismus hinein und ist noch in Formen aktueller realistischer Kunst spürbar.
Um die Wirklichkeit unmittelbar wiedergeben zu können, schulen sich diese Künstler an der hochentwickelten Formensprache von Barockmalern wie VELAZQUEZ, REMBRANDT, CARAVAGGIO, HALS und RIBERA. An diesen Künstlern fasziniert sie einerseits die genaue Kenntnis naturalistischer Darstellungsmittel (▶ S. 42) und andererseits die unverkrampft freie und virtuose Pinselführung, in der sich Unmittelbarkeit und Frische ausdrückt.
Im Unterschied zu diesen Barockmalern erkennen die Realisten aber auch in zeichnerischen und malerischen Studien sowie fragmentarischen Bild-Entwürfen bereits eigenständige Kunstwerke. Obwohl solche Werke die dargestellten Motive nicht erscheinungsgetreu wiedergeben, sind sie realistisch, indem sie das Ringen der Künstler mit der Wirklichkeit anschaulich zum Ausdruck bringen.

Impressionismus ist eine Spielart realistischer Malerei, die sich seit ca. 1860 in Frankreich entwickelt und als Neoimpressionismus bis in die Gegenwart hinein praktiziert wird.
Ganz im Sinne des Realismus und angeregt durch MANET ziehen die Impressionisten DEGAS, MONET, RENOIR, MORISOT, denen sich später PISSARRO, SISLEY und BAZILLE anschließen, das unmittelbare Naturstudium und das Studium alter Meister dem traditionellen Akademieunterricht vor. Nach Erfindung des künstlichen Farbstoffs und der Tubenfarbe (seit 1865) können sie nun auch spontan vor Ort, draußen in der Natur malen ***(plein air)***.
Neben Formen der Malerei, die auch im Realismus Anwendung fanden, praktizieren die Künstler eine von COROT bereits zwanzig Jahre zuvor erprobte Form des Farbauftrags, bei dem die Farbe nicht auf der Palette gemischt wird, sondern fleckhafte oder tupfenförmige Farbspuren, die auf die Leinwand aufgetragen werden, sich erst im Auge des Betrachters mischen. Das enge

Nebeneinander der Farbflecke bewirkt im Auge ein leichtes Flimmern, eine gewisse Erregung, welches die Wirkung des unruhigen Lichts unter freiem Himmel nachbildet. Entsprechend geht es den Impressionisten weniger um konturgenaue kleinteilige Wiedergabe ihrer Bildmotive als um die frische, natürliche und authentische Gesamtwirkung. Das Schimpfwort „Impressionisten", das ihnen der Kunstkritiker LEROY 1872 nachwirft, machen sie zum Programm: Sie nehmen sich vor, die Lebendigkeit und Frische des unmittelbaren Eindrucks (frz. impression) einzufangen. Kunstkritik und öffentliche Meinung lehnen diese Kunst zunächst als Schmiererei ab. Das an die historistisch-akademische Malerei der Salonkunst gewöhnte Publikum empfindet die neue Formensprache als Provokation. Erst am Ende des 19. Jh.s entwickelt sich unter dem Einfluss Zolas und CAILLEBOTTES in der Fachöffentlichkeit ein Verständnis für die Bedeutung des Impressionismus.

Selbstverständnis der Künstler: In der selbstbewussten Haltung der Realisten und Impressionisten spiegelt sich ein Wandel im Selbstverständnis des Künstlers. Er ist nicht länger auf akademische Weihen angewiesen, arbeitet im eigenen Auftrag ***(l'art pour l'art)*** und verteidigt seine künstlerische Freiheit gegen gesellschaftliche Konventionen.

◆ Genres

Landschaft, auch Vedute, Porträt, Gruppenbilder, Genreszenen jeweils aus der Lebenswelt der Impressionisten.

Expressionismus

Expressionismus ist im weiteren Sinne eine künstlerische Haltung, die zugunsten subjektiven und irrationalen Ausdrucks auf vernunftbezogene und um Objektivierung bemühte Gestaltungsformen wie z. B. naturgetreues Darstellen im Sinne des Naturalismus (▶ S. 42) verzichtet. Im engeren Sinne handelt es sich um eine künstlerische Strömung, die in Europa zwischen 1905 und 1925 ihren Höhepunkt erreichte und im weiteren Verlauf der Kunstgeschichte die Kunstszene immer wieder inspirierte ***(abstrakter Expressionismus, Actionpainting, art informel, Tachismus, Junge Wilde)***. Die Wurzeln liegen in den 80er-Jahren des 19. Jh.s, insbesondere im Schaffen VAN GOGHS, GAUGUINS, CÉZANNES, MUNCHS und ENSORS.

Neue Erkenntnisse der Psychologie (Wirksamkeit des Unbewussten), aktuelle Positionen der Philosophie (Nietzsche), ein gewisser Überdruss an der überkommenen Kultur des 19. Jh.s (Spengler) führen um die Jahrhundertwende zu den verschiedensten Reform- und Protestbewegungen, welche dem subjektiven Anteil des menschlichen Wesens in Kunst und Kultur (Spontaneität, Authentizität) mehr Raum verschaffen wollen. In dieser Situation schließen sich verschiedene, oft sehr junge Künstler zusammen ***(Die Brücke, Der Blaue Reiter)***, die meist nicht an Kunsthochschulen ausgebildet worden sind, sondern als Autodidakten arbeiten.

Die Kunst der Expressionisten setzt darauf, dass der Betrachter in den Werken künstlerische Gesten (Pinselspuren, Spuren des Modellierens), rauschhafte Zustände (dramatische Farbkontraste und Farbspuren) und zugespitzte Wahrnehmungen (maskenhafte Gesichter, kulissenhafte Landschaften, dramatische Materialeffekte) erkennt. Um dieses Ziel zu erreichen, setzen die Künstler deutliche Kontraste ein: in Formen, Proportionen, Farben, Bewegungstendenzen. Spuren der Materialbearbeitung (Farbe, Ton, Stein) werden genutzt, um die Unmittelbarkeit des künstlerischen Ausdrucks anschaulich zu machen.

Die Expressionisten wenden sich bewusst gegen den Zeitgeschmack. Sie finden sich in Gruppen Gleichgesinnter zusammen und halten sich vom offiziellen Kunstbetrieb fern. Aber gerade diese Haltung macht sie zur Avantgarde unter gleichaltrigen, ähnlich empfindenden Intellektuellen, die Zug um Zug eine autonome Szene begründen. Erstmals kommen hier auch systematisch weibliche Kunstschaffende ins Spiel.

Bereits seit den 80er-Jahren des 19. Jh.s bilden sich z. B. in Paris, Berlin (u. a. BECKMANN, BARLACH, KOLLWITZ), Wien, München (VON STUCK, VON UHDE, SLEVOGT, CORINTH, BEHRENS) sog. ***Sezessionen***, d. h. unabhängige Künstlergruppen oder Kreise Gleichgesinnter, die sich vom etablierten Kunstbetrieb absetzen wollen:

Fauves 1905–1909 in Frankreich – MATISSE, BRAQUE, CAMOIN, DERAIN, DUFY, DE VLAMINCK u. a.;

Futuristen seit 1909 in Italien – BOCCIONI, CARRÁ, RUSSOLO, BALLA, SEVERINI;

Die Brücke 1905–1913 in Deutschland – KIRCHNER, HECKEL, SCHMIDT-ROTTLUFF, MUELLER, PECHSTEIN, NOLDE;

Der Blaue Reiter 1912–1915 in Deutschland – CAMPENDONK, MARC, KANDINSKY, DELAUNAY, EPSTEIN, MACKE, MÜNTER, NIESTLÉ, KUBIN, KLEE, NOLDE, TAPPERT, MORGNER, VON WEREFKIN, MELZER, VON JAWLENSKY;

Kubisten seit 1907 in Frankreich – PICASSO, BRAQUE, GRIS, LÉGER.

Der Expressionismus wird von vielen Zeitgenossen harter, z. T. vernichtender Kritik unterzogen. Sie verstehen die schrille, respektlose, plakative Formensprache und Themenwahl als In-Frage-Stellung der bestehenden Werte und Ordnungen. Aus Kritik wird unter der NS-Herrschaft Verfolgung und Unterdrückung. Expressionistische Kunst gilt als „entartet“, krank und schädlich. Viele deutsche Expressionisten gehen deshalb in den Untergrund, die innere Emigration oder fliehen ins Ausland.

◆ Genres und Motive

Porträt, insbesondere auch ***Selbstporträt*** und ***Gruppenbilder*** oft in stark überzeichneter Form, mit bis ins Groteske gewandelten Formen. ***Landschaft*** als heroische Landschaft oder als Schauplatz des Konflikts zwischen Natur und Zivilisation bzw. Technik. ***Genreszenen,*** häufig mit überraschenden Motiven aus exotischen Lebenswelten wie der Welt des Theaters, des Kabaretts oder des Zirkus sowie ferner Welten wie des Orients.

Kubismus, Suprematismus, Konstruktivismus

Von frz. cubes, gemeint als geometrische Grundformen, die sich hinter der Erscheinung beobachteter Gegenstände verbergen. Obwohl der Kubismus in seiner Zeit zum Expressionismus gezählt wird, unterscheidet er sich doch grundsätzlich von der Hauptströmung expressionistischer Kunst.
Der Kubismus wird von PICASSO und BRAQUE begründet, und man unterscheidet zwei Formen.

◆ Analytischer Kubismus

Durch Analyse der äußeren Form und der inneren Struktur von Gegenständen soll deren Wesen erfasst und dann auf der Bildfläche rekonstruiert werden. Teilbeobachtungen werden auf überraschende Weise zusammengefügt und sollen Eigenschaften von Gegenständen verdeutlichen, die ihr normales Erscheinungsbild nicht offenbart. So komponiert PICASSO ***Porträts,*** in denen gleichzeitig verschiedene Ansichten der dargestellten Person zu einer einheitlichen Gestalt synthetisiert werden. BRAQUE gestaltet ***Stillleben,*** auf denen Musikinstrumente kubistisch rekonstruiert werden, wobei er ebenfalls verschiedene Ansichten und Merkmale zusammenbringt. DELAUNAY und befreundete Künstler entwickeln aus dem Ansatz des analytischen Kubismus den ***Orphismus,*** der sich vor allem der prismatischen Zerlegung beobachteter Farberscheinungen und der Rekombination in kontraststarken Farbkompositionen widmet.

◆ Synthetischer Kubismus

Später gingen PICASSO und BRAQUE dazu über, aus kubischen Fragmenten und aufgefundenen Materialresten und Objekten kubistische Gestalten synthetisch neu zu schöpfen.

Formfragmente (cubes) beobachteter Gegenstände werden mittels Malerei, Grafik oder Formen der Plastik und Skulptur so kombiniert, dass gewisse Formzüge der dargestellten Objekte dem Betrachter deutlich präsent sind, die einzelnen Formfrag-

mente aber darüber hinaus weitere Qualitäten dieser Gegenstände deutlich werden lassen, die sich sonst in einer einzigen Ansicht nicht verknüpfen lassen. So zeigt Picasso in einer Porträtdarstellung gleichzeitig ein Profil, eine Seiten- und eine Frontalansicht, verschränkt alle drei Darstellungsarten zu einer Gesamtform in der Umrissgestalt eines Frauenkopfes und veranschaulicht so sonst verborgene Strukturen.
Der Kubismus spürt eine Formenwelt hinter den Erscheinungen auf und bildet eine ganz neue Formensprache heraus.

Der ***Suprematismus*** verfolgt diesen Gedanken weiter: Die Welt der reinen Formen (z. B. der cubes) verträgt sich letztlich nicht mit der wirren Formenflut der natürlichen Erscheinungswelt. Deshalb sucht Malewitsch die Reinheit vollkommener Formen in Kompositionen einfacher geometrischer Elemente. Wie in der Musik soll sich die Ästhetik dieser Formensprache ohne störende Anklänge an Vor- oder Abbilder entfalten. Malewitsch bahnt damit einer Auffassung den Weg, die Künstler bis in die Gegenwart hinein nicht in Ruhe lässt – dem Konstruktivismus.

Konstruktivismus kennzeichnet ein Denken, das seine Strukturen aus sich selbst heraus entwickelt. Konstruktivistisches Nachdenken gewinnt sein Weltbild nicht aus der Beobachtung und Analyse der äußeren Erscheinungen der sichtbaren und greifbaren Welt, sondern konstruiert sich seine Wirklichkeiten selbst. Es bedient sich dazu elementarer Grundbegriffe und Spielregeln des Denkens: in der bildenden Kunst der Sprache der Formen. Entsprechend suchen Konstruktivisten Grundbegriffe und Spielregeln der Formensprache zu identifizieren und zu verstehen (Malewitsch, El Lissitzky, Moholy-Nagy, Mondrian, v. Doesburg, – De Stijl, Schwitters, Baumeister). So experimentieren Mondrian und Moholy-Nagy ähnlich wie Malewitsch mit ganz einfachen geometrischen Grundformen. Der künstlerische Reiz liegt dabei in der asketischen Reinheit des spannungsreichen Wechselspiels dieser Elemente, in der Variation ihrer Lage auf der Bildfläche, ihrer Staffelung, ihrer Proportionierung und Farbigkeit. Künstler wie SCHWITTERS, EL LISSITZKY, HEARTFIELD und andere experimentierten demgegenüber mit verschiedenen Formen der Material- und Fotocollage. In der ***Collage***, d.h. der Rekombination von Formelementen wie Fotoausschnitten oder Materialresten, zeigt sich die Emanzipation des konstruktivistischen Denkens von traditionellen Bildmotiven oder konventionellen Techniken – durch Auseinanderschneiden, Zusammenkleben und Montieren – ganz handgreiflich und augenfällig.

Bauhaus und Konstruktivismus

Das Bauhaus und seine Lehrer (wie MOHOLY-NAGY, SCHLEMMER, KANDINSKY, KLEE) versuchen mit ihrer Formenlehre und ihren Entwicklungswerkstätten erstmals eine systematische Analyse der Grundbegriffe und Spielregeln der Sprache der Bilder und und Formen. Sie bemühen sich um die Etablierung einer universalen Formensprache. Nach dem Zweiten Weltkrieg setzen andere Hochschulen (z.B. Stuttgart, Kassel, Berlin, Halle) dies fort, was zuletzt die Erforschung eigener kunstwissenschaftlicher Forschungsfelder inspiriert und die Bildwissenschaften befördert.
Künstlerischen Einfluss hat der Konstruktivismus auch auf den ***Funktionalismus***, auf ***Konkrete Kunst, Kinetik*** (Künstlergruppen: NUL, E. A. T.), ***Objektkunst, Minimal Art*** und ***Op-Art.*** Die künstlerisch-konstruktivistische Vision einer Welt im Kopf wird im 21. Jhdt. durch Experimente mit der virtuellen Welt digitaler Bildräume weiterverfolgt.

Abstraktion oder nicht-figurative Kunst?

Der Begriff ***Abstraktion*** wird nicht immer ganz überzeugend verwendet. An sich bedeutet er das Vermögen des Menschen, aus der Fülle der Wahrnehmungen wesentliche Regeln und Gesetze ableiten und übergeordnete Begriffe bilden zu können. In der bildenden Kunst bedeutet Abstraktion entsprechend die Ableitung anschaulicher und ästhetisch einleuchtender Gestaltungen und Formungen

aus einer Fülle von Wahrnehmungen und Beobachtungen. So ist ein gutes Porträt immer abstrakt, indem es Teilwahrnehmungen und Beobachtungen des Künstlers auf die signifikanten und treffenden Formzüge reduziert, die das Wesen der porträtierten Person anschaulich zum Ausdruck bringen.
Nicht ganz überzeugend ist so gesehen die übliche Verwendung des Begriffes „abstrakt" als Bezeichnung ***nicht-figurativer Kunst.*** Damit ist eine künstlerische Auffassung gemeint, die sich seit Anfang des 20. Jh.s etablierte (KANDINSKY, MALEWITSCH) und die ganz bewusst auf das Formrepertoire realistischer und naturalistischer Darstellung verzichtet. Stattdessen entfalten die Künstler eine Welt von Formen und Kompositionen aus geometrischen Formen, Farbspuren, Farbnebeln, Texturen oder Materialmontagen in unüberschaubarer Vielfalt und großem Ideenreichtum. Damit wollen sie sich endgültig von den Fesseln historistischer und eklektizistischer Stildiktate der etablierten Salonkunst (Neoklassizismus, Neoimpressionismus, Neoromantik usw.) des 19. Jh.s befreien. Ihren Schritt verstehen sie als Befreiung ihres künstlerischen Ausdruckswillens von den Vorgaben und Vorschriften naturgetreuer Darstellung von Gegenständen, Tiefenraum und Erscheinungsfarbe. Ihre Kunst soll – ähnlich wie die Musik – nur durch Farbtöne und Formen, durch Rhythmus, Klang und Dynamik wirken.

Nach den beiden Weltkriegen entfaltet sich die nicht-figurative Kunst in sehr vielfältiger Weise. Neben den entscheidenden Impulsen des Konstruktivismus entstehen Formen eines subjektiv geprägten, nicht-figurativen Expressionismus ***(abstrakter Expressionismus, Actionpainting, Tachismus).*** Gegen Ende der 60er-Jahre führt der Gedanke einer immer konsequenteren Reduktion des Formrepertoires die Vertreter dieser Richtung letztlich zur scheinbar leeren Leinwand (documenta 6), zur Zerstörung der leeren Leinwand (FONTANA) und schließlich zum Verzicht auf die Leinwand und zum Verzicht auf Kunstwerke als materiellen Gegenständen überhaupt.

Dada und Surrealismus

In der ***Dada-Bewegung*** in Zürich, Paris, New York und Berlin seit Ende des Ersten Weltkrieges bündelt sich der Überdruss der Avantgardekünstler gegenüber dem etablierten Kunstbetrieb und dem verbohrten Spießertum. Die Künstler dieser Bewegung (SCHWITTERS, ARP, ERNST, MAN RAY, DUCHAMP, PICABIA) experimentieren mit allen Formen künstlerischen Ausdrucks. Immer geht es darum zu provozieren, sich lustig zu machen, zu überraschen. Insoweit bedient sich Dada der seit dem Mittelalter überlieferten Formen des Narrenspiels, des Streichs, der Gaukelei und der Farce. Neu ist der Anspruch, durch ihre Aktionen Kunst zu etablieren, der sich letztlich durch die nachhaltige Erschütterung überkommener Wertvorstellungen und Qualitätsbegriffe des Kunstpublikums legitimiert. An diesen Anspruch und diese Haltung knüpfen nach dem Zweiten Weltkrieg verschiedene Künstlerinitiativen und Kunstaktivitäten an, insbesondere ***Fluxus***, ***Aktionskunst*** und ***Happening*** (▶ S. 103 ff.).

Surrealismus – seit 1922/23 setzte sich die Gruppierung der Surrealisten durch programmatische Texte der Literaten Breton, Éluard, Aragon Zug um Zug von der Dada-Bewegung ab. Inspiration zogen die Surrealisten u. a. aus der ***pittura metafisica*** DE CHIRICOS und PICASSOS mit ihren kulissenartigen, von befremdlichen Figuren bevölkerten Traumwelten. Ganz im Unterschied zu den Konstruktivisten setzten die Surrealisten nicht auf Konstruktion, sondern auf Inspiration, Wirksamkeit des Unbewussten und das automatische Niederschreiben des Geträumten oder Halluzinierten ***(écriture automatique)***. Die Surrealisten vertieften den Gedanken einer Ablehnung alles Überkommenen und wendeten sich mit Sarkasmus und Ironie gegen das herrschende gesellschaftliche und kulturelle System und dessen Mythen, insbesondere gegen die etablierten Institutionen Familie, Schule, Kirche. Im *Manifest des Surrealismus* (1924) charakterisierte Breton die Prinzipien ihrer Lebensphilosophie und Kunstproduktion. Die Surrealisten forderten die Aufhebung aller Antinomien, wie z. B. den Unterschied zwischen Objektivität und

Subjektivität, Realität und Traum, Vernunft und Wahnsinn usw. Zu diesem Zweck setzten sie auf konsequente Bewusstseinsveränderung, Wahrnehmungserweiterung und auf die Wirksamkeit des Unbewussten. Ihre eigenen Theorien und Werke verstanden sie nicht als endgültig, sondern als Zwischenergebnisse unablässigen Experimentierens.

Die Surrealisten setzten ganz auf die Erforschung und Erkundung ihrer eigenen Subjektivität. Entsprechend sind sie ausgesprochene Individualisten, bis hin zu Exzentrik und Verschrobenheit.

BEISPIELE Dalí, Ernst, Magritte, Arp, Giacometti, Man Ray, Duchamp, Picabia, Calder, Tanguy, Delvaux, Oppenheim

◆ Genres, Motive

Traumbilder, Halluzinationen, verwirrende Kombinationen von Gegenständen, Figuren und Räumen. Monströse, paradoxe, obszöne und Ekel erregende Zusammenstellungen, Irritation und Provokation; Vexierbilder; Integration von Elementen der Landschafts-, Porträt- und Stilllebendarstellung, in Malerei, Fotografie, Film und Skulptur; objets trouvés (aufgefundene Gegenstände wie Fahrkarten, Drahtstücke, Textilreste).

◆ Malerei

Gerade durch sorgfältige Anwendung der Spielregeln naturalistischer Darstellungsweise (Dalí, Magritte, Ernst) springen die Verfremdungen, Überraschungen und Brüche der Traumbilder und Halluzinationsdarstellungen deutlich ins Auge. Im Einzelnen werden Proportionen, Raumkonstellationen und Texturen verfremdet.

Nutzung der Ausdrucksmittel realistischer und naturalistischer Malerei, Grafik und plastischer Kunst, angereichert und konterkariert durch zufällige Formbildungen der ***Frottage, Grattage*** und ***Decalcomanie*** (Abklatsch- und Durchreibeverfahren), ***Collagen*** und ***Materialcollagen*** sowie ***Objektkunst.*** Gegenstände und Figuren werden auf vielfältige Weise verfremdet monumentalisiert, in (Traum-)Landschaften versetzt oder miniaturisiert und in Stilllebensituationen projiziert.

Figurativer Realismus vor dem Zweiten Weltkrieg

Neue Sachlichkeit (auch *Neorealismus*) bezeichnet eine künstlerische Richtung in Deutschland, die sich seit den 20er-Jahren sehr nüchtern der Welt der Gegenstände, also der äußeren Welt zuwendet (KANOLDT, HOFER, NÄGELE, SCHRIMPF, DISCHINGER, RÄDERSCHEIDT, SCHAD, DÖRRIES). Sie knüpft dabei an Tendenzen eines sachlichen Realismus der Vorkriegszeit (MENZEL, LEIBL, THOMA) an. Sorgfältiges Naturstudium und realistisch-figurative, ja naturalistische Darstellungsweisen (▸ S. 42) prägen die Bildwelt der Neuen Sachlichkeit. Vorherrschendes Merkmal ist der Eindruck von Ruhe, ja meditativer Schau. Gegenstände werden so eindringlich dargestellt, als seien sie belebt und aus sich heraus wirkungsmächtig. So wundert es nicht, dass gewisse Tendenzen dieser Kunstrichtung auch als ***magischer Realismus*** bezeichnet werden. Eine Gruppe sozialrevolutionärer Künstler aus Hannover nutzt die Stilmittel der Neuen Sachlichkeit zur Darstellung politischer Motive (Arbeiteraufmärsche, soziale Missstände) im Sinne eines ***sozialistischen Realismus*** (JÜRGENS, OVERBECK-SCHENK, THOMS, WEGNER).
Eine andere Spielart der Neuen Sachlichkeit ist der ***Verismus***. Hier wird die reale Erscheinungswelt bissig, sarkastisch und ironisch dargestellt, Figuren und Gegenstände werden ins grelle Licht gerückt und dramatisch in Szene gesetzt.
BEISPIELE DIX, *Großstadt-Triptychon;* GROSZ, *Die Stützen der Gesellschaft*

◆ Genres und Motive

Stillleben: Arrangements aus dem Alltagsleben, Pflanzen, Gefäße, Kleidungsstücke, Werkzeuge, Maschinen
Stadtlandschaften: Gebäude, Fensterausschnitte, Hinterhöfe, Industrielandschaften

Verismus: Schrille Genreszenen in Bar, Kabarett, Bordell, Kneipe; Darstellungen des Krieges; bissige und schrille Porträts; erotische und pornografische Darstellungen

◆ Formensprache

Ausdrucksmittel ist häufig die naturalistische Darstellung bis hin zu altmeisterlicher Könnerschaft. Vereinfachung der Formen auf das Charakteristische, ein strenger Bildaufbau und gedämpfte Farbigkeit betonen die distanzierte Haltung der Künstler.
Verismus: Karikaturartige Überzeichnung und Überspitzung der dargestellten Figuren, grelle Farbkontraste, exaltierte Körpersprache, extravagante Kleidung

Kunst im Dienst der Propaganda

Mit der Machtergreifung Hitlers, der sich anschließenden systematischen Ausgrenzung bis hin zur Vernichtung unliebsamer Kunst und der Einrichtung einer Reichskulturkammer wird im Dritten Reich eine Kunst gefördert, die auf monumentale Darstellung „arischer" Helden, kriegerischer Kameraden, „rassisch reiner" und „erbgesunder" Männer, Frauen und Kinder setzt. Die Skulptur als Kunstform, die im öffentlichen Raum präsent ist, hat dabei einen besonderen Stellenwert. Aber auch Malerei und Grafik sind in Ausstellungen und öffentlichen Bauten allgegenwärtig.
Der *Stalinismus* fördert ebenfalls monumentale heroische Darstellungen und propagiert sein Menschenbild des revolutionären Arbeiterstaates durch entsprechende Skulpturen, Wandmalereien und andere Darstellungsformen.

◆ Formensprache

Die Skulptur bedient sich der Formensprache eines vom *Neoklassizismus* geprägten Realismus mit bis ins Kitschige reichenden Formen der Idealisierung. Die Skulpturen werden teilweise in gigantischer Monumentalität realisiert. Der ideologische Dogmatismus der Zeit spiegelt sich in einer verkrampften und

überspannten Körpersprache der Figuren und einer maskenhaften Mimik der Gesichter.
Malerei und Grafik stützen sich auf die Formensprache der ***Spätromantik*** sowie verschiedener Spielarten des ***Neohistorismus*** und bedienen sich naturalistischer Darstellungsmittel, die z. T. dem Formvokabular der ***Neuen Sachlichkeit*** entlehnt werden.

◆ Genres und Motive

Idealfigur, Porträt, Gruppendarstellung und Massenszene, Genre- und Kriegsdarstellung sind typische Genres totalitärer Kunst. Malerei und Skulptur transportieren ideologische Dogmen wie das Menschenbild des ***Stalinismus*** bzw. des ***Nazismus*** oder seiner Protagonisten – so in den Porträtdarstellungen Hitlers und Stalins, den Darstellungen von Helden der Arbeit auf dem Lande und in der Fabrik, Helden des Krieges (THORAK, BREKER) und Heldinnen der Mutterschaft und der Familie.
Künstler werden unter diesen Verhältnissen zu Illustratoren der dogmatischen Überzeugungen der Diktaturen, in deren Auftrag sie tätig werden. Abweichler werden ausgeschaltet. Das schließt nicht aus, dass einige Künstler ihre Handschrift in die Gestaltung einfließen lassen oder auch insgeheim ihre eigene Kunst produzieren – immerhin spielte sich die künstlerische Sozialisation der NS-Künstler weitgehend in der Zeit vor 1933 ab. So wundert es auch nicht, dass nach dem Kriege dem Werk so exponierter NS-Künstlerinnen und Künstler wie BREKER (Skulpturen), PEINER (Monumentalmalerei) oder RIEFENSTAHL (Film) Könnerschaft und ästhetische Qualität nicht gänzlich abgesprochen wurde.

Kunstschaffen nach dem Zweiten Weltkrieg

Nach der Tragödie des Krieges und der Ächtung des Totalitarismus in seinen verschiedenen Spielarten im Westen (Stalinismus, Faschismus) spaltet sich die Welt unter den Vorzeichen des Kalten Krieges in die stalinistisch dominierten Einflussbereiche des Ostblocks und des „freien Westens“. Während im Ostblock ***sozialistischer Realismus*** als strenge Staatskunst propagiert wird,

bildet sich im Westen (z. T. mit Hilfe massiver staatlicher Förderung , z. B. einer Sonderabteilung der CIA) eine Kunstszene und ein Kunstmarkt heraus, in dem die ***Internationale Moderne*** alsbald eine Vormachtstellung erringt (documenta II und III): Formen nicht-figurativer Malerei und Plastik gelten nun als Verkörperung des liberalen, nicht-autoritären, dem Fortschritt zugewandten Lebensgefühls im demokratisch und rechtsstaatlich geprägten Westen.
Das hat paradoxerweise zur Folge, dass insbesondere deutsche Künstler, die in den 50er- und 60er-Jahren an die Traditionen der figurativen Malerei der Zeit vor 1933 anknüpfen wollen ***(Neue Sachlichkeit, Verismus, Expressionismus)***, in Presse und Kunstszene in den Verdacht geraten, alten Zeiten nachzutrauern, nicht fortschrittlich zu sein, dem sozialistischen Realismus oder gar dem Pseudorealismus der NS-Kunst anzuhängen. Umgekehrt werden im Ostblock Künstler, die nicht-figurative Kunst praktizieren wollen, spätbürgerlicher Beliebigkeit und ideologischer Indifferenz verdächtigt („Formalismus oder Realismus?"-Debatte nach 1945).
In Anknüpfung an entsprechende Schulen und Traditionen der Vorkriegszeit ***(Bauhaus, Konstruktivismus)*** entwickeln sich in der westlichen Kunstszene in schneller Folge verschiedene Spielarten nicht-figurativer (abstrakter) Kunst.
Seit Ende der 40er-Jahre loten ***Informel*** und ***Tachismus*** (frz. la tache = der Fleck) Möglichkeiten aus, mittels Farbspuren unterschiedlich choreographierte Ausdrucksbewegungen von Künstlern festzuhalten und den Malakt impulsiv zu vollziehen. So sollen sich lyrisch geprägte, der Musik verwandte Farb- und Forminszenierungen entfalten, Reize des Materials und der Texturen ausgekostet und dargeboten werden.

BEISPIELE Mathieu, Hartung, Fautrier, Riopelle, Wols, Dubuffet, Poliakoff, Tàpies, Saura, Millares, Hoehme, Götz, Sonderborg, Schultze, Schumacher, Thieler, Dahmen, Vedova

◆ **Formensprache**

Pinselhiebe, gewischte, getupfte oder abgeklatschte Flecke, Spritzer und Verlaufsspuren machen Bewegungen nachvollziehbar und miterlebbar. Sie halten die Bewegungen und den steuernden Einfluss von Hand und Körper des Künstlers fest. Deshalb ist es wichtig, den besonderen Charakter einer schnell gewischten Pinselspur oder eines langsam zerfließenden Farbflecks deutlich herauszuarbeiten. Dies geschieht, indem die verschiedenen Spuren durch kontrastierende Farben voneinander abgehoben und durch die Position auf der Malfläche sowie durch ihre Ausrichtung individuell betont werden. ***Actionpainting*** bzw. ***abstrakter Expressionismus*** entstehen Anfang der 50er-Jahre in den USA. Auch hier steht die Inszenierung von Farbspuren im Zentrum. Im Unterschied zu ***Informel*** und ***Tachismus*** geht es hier aber um die ungezügelte, spontane Aktion des Aufspritzens und Auftropfens der Farbe (Dripping) in verwirrender Streuung und flimmernder Vielfalt, eine Vorgehensweise, die u. a. durch den Gedanken der ***écriture automatique*** des ***Surrealismus*** angeregt wurde. Die Bildfläche dient nicht der Darbietung vom Künstler arrangierter Formen, sondern wird zum Schauplatz einer Aktion. Die großflächigen Arbeiten ziehen den Betrachter ganz in den Bann, verwickeln ihn in das Geschehen, lassen ihn das turbulente Farbgeschehen nachempfinden und miterleben.

BEISPIELE POLLOCK, DE KOONING, TOBEY, MOTHERWELL, REINHARDT, KLINE, FRANCIS u. a.

Aus dem Ansatz des Actionpainting leiten NEWMAN und ROTHKO ihr ***Colour-Field-Painting*** ab, eine großflächige Farbfeldmalerei, bei der es aber nicht um die flirrende Vielfalt von Farbspritzern oder den spontanen Gestus farbiger Spuren, sondern um das Ruhen, das Schweben und den Klang weich konturierter Farbflächen geht. Die Künstler der Gruppe ***Zero*** verfolgen diesen Gedanken weiter, indem sie die unmittelbare Wirksamkeit zur Schau gestellter Farbflächen oder Texturen wie Nagelfelder, Glasstrukturen, Rauch- und Farbspuren herausarbeiten.

Signal-Malerei, ***Neue Ornamentik*** und ***Op-Art*** erkunden das Feld scharf konturierter Formen und einfacher Ordnungsmuster wie Symmetrien sowie überraschender optischer Effekte (Vexierbilder, Flimmern, Interferenzen), die sich aus der grafischen Übersetzung teils technisch exakter Rasterstrukturen oder einfacher ornamentaler Formbildungen ergeben.

BEISPIELE NOLAND, STELLA, RILEY, HUNDERTWASSER, VASARELY

Neorealismus und figurative Kunst nach '45

Während im Ostblock nach 1945 in verschiedenen Spielarten des sozialistischen Realismus figurative Kunst kultiviert wird, verliert sie im Westen an Boden. Obwohl beispielsweise auch in der Bundesrepublik viele Künstler der ***Neuen Sachlichkeit***, des ***Verismus*** und des ***Expressionismus*** in den 40er- und 50er-Jahren an Inhalte und Formensprache des Realismus der Vorkriegszeit anknüpfen und jüngere Künstler neuartige Ansätze für figurativen Ausdruck finden (z. B. ***Junge Realisten***, Düsseldorf, 1956: WIRTH, BECERRA, CREMERS, HÄFNER, KÖHLER), können sie sich in der Öffentlichkeit und am Kunstmarkt nicht dauerhaft durchsetzen. Abstrakte – nicht-figurative – Kunst gilt als authentischer Ausdruck der liberalen Kultur des freien Westens, figurative Kunst gilt als altmodisch und ideologisch verdächtig. Darin liegt eine gewisse Tragik, da eine Reihe dieser Künstler in der NS-Zeit als „entartete“ Künstler verfolgt worden und ihre Kunstwerke vielfach zerstört waren. Nun fanden sie sich zwischen den Fronten des Kalten Krieges wieder, ignoriert oder verkannt (HOFER, PANKOK, DIX, SCHAD, RÄDERSCHEIDT).

Sozialistischer Realismus

Unter den Vorzeichen des Stalinismus wurde seit 1945 im gesamten Ostblock Sozialistischer Realismus zur einzig richtigen und sinnvollen Kunstform im Dienste des Klassenkampfes erklärt. Figurative Kunst sollte Arbeitern und Bauern in anschaulicher Weise die Vorstellungswelt des historischen Materialismus und die erstrebenswerte Utopie des Sozialismus vermitteln. Hierzu bedienten sich die Künstler der unterschiedlichsten Ausdrucksmittel figurativer Kunst zwischen ***Renaissance, Barock, Klassizismus, Realismus, Expressionismus*** bis hin zu Elementen des ***Surrealismus.***

◆ Genres, Themen und Motive

Gruppenbilder, Historienbilder, Genreszenen und Bildnisse schöpfen ihre Motive aus verschiedenen historischen Situationen, aus der Welt der Arbeit und dem Klassenkampf. Auch Verbrechen des Faschismus, Kriegsverbrechen, Anklage des Kapitalismus und des US-Imperialismus werden zum Thema.

◆ Malerei

In Deutschland zeigt sich das vielfältige Panorama in der Kunst der vier Hauptvertreter der DDR-Kunstszene. TÜBKE versenkt sich ganz in die Motiv- und Formenwelt der ***Spätgotik*** und der ***Renaissance,*** die für ihn zum Gleichnis für die Gegenwart wird, wobei ihm ganz erstaunliche kongeniale Schöpfungen gelingen, bis hin zum gigantischen Panoramabild des Bauernkrieges in Bad Frankenhausen. MATTHEUER bewegt sich in der Bild- und Formsprache der Neuen Sachlichkeit, findet aber Themen und Motive, deren Symbolismus an die Gedankenwelt des ***Surrealismus*** erinnern. HEISIG praktiziert eine ***expressive Malerei,*** die meist dramatische Themen und Motive aus Geschichte und Gegenwart aufgreift und deren Formvokabular und Kompositionsstrukturen an Bewegungskompositionen des ***Barock*** erinnern. SITTE experimentiert mit ganz verschiedenen Formen figurativer Kunst – von der reduzierten Formenwelt des ***Kubismus*** bis hin zu barocker Fülle reicher Figurenkompositionen reicht das Spektrum seiner Studien und Auftragsarbeiten.

◆ Skulptur

Als Kunst im öffentlichen Raum gewinnen Freiplastiken und Reliefs in der Funktion von Denkmalen oder als Baudekoration große Bedeutung. Cremer (*Buchenwaldmahnmal* 1952–58), Engelhardt (*Lesender Arbeiter* 1961), Förster (*Erschossener* 1968).

Figurative Kunst im Westen

Während die figurative Kunst es in den 50er-Jahren trotz berühmter und angesehener Künstler (Leger, Fuhr, Goller, Balthus, Matisse, Maillol, Rouault, Bacon, Zadkine, Hamilton, Giacometti, Picasso, Pankok, Schmidt-Rottluff, Hofer, Marcks, Scheibe, Heiliger, Mataré, Hopper, Levine, Wyeth) schwer hat, sich zu behaupten, stellt sich mit dem Gesinnungs- und Kulturwandel der 60er-Jahre auf breiter Front ein Pluralismus ein, der ein Nebeneinander verschiedener künstlerischer Strömungen ermöglicht.

- **Strömungen**
- ***Realismus*** als figurative Kunst: Seitz, Grzimek, Kralik, Bettermann und Colberg.
- ***fantastischer Realismus*** (Wien): Verbindet Ausdrucksformen der ***Neuen Sachlichkeit,*** des ***Fotorealismus*** und des ***Surrealismus:*** Fuchs, Hausner, Brauer, Hutter, Janschka, Lehmden
- Individuelle Positionen: Janssen, Antes, Oelze, Wunderlich

Pop-Art

Von engl. popular art = Populäre Kunst; im Französischen auch ***Nouveau realisme.*** Etabliert sich seit 1960 zunächst in England und den USA als Bezeichnung einer Kunstrichtung, die an Formensprache und Inhalte der Welt der Waren und der Werbung anknüpft und diese ironisierend überhöht und zur Schau stellt. Anknüpfend an Gedanken der ***Dada***-Bewegung wenden sich Pop-Art-Künstler gegen eingefahrene Konventionen, wollen überraschen, provozieren, irritieren. Die suggestive und plakative Formensprache der Pop-Art (starke Farbkontraste, auffällige

Motive: Gewalt, Sex, Überraschungen, effektvolle Inszenierungen) nutzt gattungsübergreifend Vokabular und Repertoire des Grafikdesign, des Produktdesign, der Malerei, der Druckgrafik und der Plastik in allen Spielarten: Grafiken aus der Welt des Comic, Verpackungen (Konservendosen), Verkaufsarrangements (Regale und Auslagen), Schaufensterdekorationen ***(readymades)***, Plakat (Siebdruck-Variationen WARHOLS) oder Objektgestaltung (OLDENBOURG).

2

Zum Teil werden die betreffenden Objekte einfach nur aus ihrem gewohnten Kontext herausgenommen und durch Platzierung in einer ungewohnten Umgebung verfremdet (Campbell's-Konservendosen – WARHOL, ***readymades***, z. B. von RAUSCHENBERG) oder eine eigene Umgebung wird definiert wie in den ***Environments*** von SEGAL, zum Teil werden sie monumentalisiert (Vergrößerung von Comic und Zeitungsgrafiken), z. T. seriell verfremdet (Porträtfotografien in serieller Farbvariation – z. B. Marilyn Monroe von WARHOL). Durch ***Happenings*** wird der provokative Ansatz und der Wechsel des Blickwinkels inszeniert (KAPROW). Dabei scheuen die Künstler auch nicht vor dem In-Frage-Stellen angesehener Symbole zurück (z. B. *stars and stripes* – JOHNS). Die Pop-Art-Künstler arbeiten mit Popmusikern, Filmproduzenten und anderen Protagonisten der Medienszene.

BEISPIELE DINE, RAUSCHENBERG, WESSELMANN, BLAKE, HOCKNEY, JONES, KITAJ, PAOLOZZI

Fotorealismus

Die auch ***Hyperrealismus*** genannte Spielart realistisch-figurativer Malerei und Plastik widmet sich in den USA und Europa in einem peniblen Naturalismus v. a. Genreszenen, Stillleben und Porträt.

Ähnlich wie bei der Fotografie spielen die Wahl des Blickwinkels auf das Motiv und Krümmungseffekte wie bei der Weitwinkelfotografie sowie Lichtführung und naturalistische Effekte wie Spiegelungen eine große Rolle.

Wie die Stilllebenmaler des ***Barock*** setzen die Künstler auf verblüffende ***Trompe-l'œil***-Effekte. Ähnlich wie die Künstler des

Realismus im19. Jh. wählen sie sich Themen und Motive aus der Alltagswelt, welche durch die sorgfältige und detailreiche Darstellungsweise die Aufmerksamkeit des Betrachters erwecken und den Alltag aus ganz eigenartiger Distanz vorführen.

BEISPIELE BECHTLE, CLOSE, COTTINGHAM, GERTSCH, ESTES, FLACK, MCLEAN, MORLEY, GRUPPE ZEBRA, HANSON, ANDREA

Neoexpressionismus

Bereits seit den 60er-Jahren praktizieren BASELITZ, LÜPERTZ und Gleichgesinnte und seit den 70er-Jahren CHIA, CLEMENTE und die weiteren Anhänger der ***Arte Cifra*** in Italien eine gestisch geprägte, teils symbolisch, teils figurativ inspirierte, kontrastreiche Malerei in groben Pinselzügen und plakativen, chiffreartigen Formbildungen.

Hier setzen in den 80er-Jahren die ***Jungen Wilden*** an: Ihr Neoexpressionismus, die unbefangene einfallsreiche Thematisierung und Interpretation von Mythen, Emotionen, Situationen finden beim Publikum spontane, teils enthusiastische Resonanz. Bildaufbau, Farbkomposition und Farbauftrag orientieren sich dabei nicht selten am Expressionismus vor dem Ersten Weltkrieg, z. B. des Blauen Reiters.

BEISPIELE FETTING, SALOMÉ, MIDDENDORF, DAHN, DOKOUPIL, BÖMMELS, OEHLEN, BACH

2.6 Nach der Utopie der Moderne

Der Abschied vom Tafelbild

Gegen Ende der 60er-Jahre vollzieht sich in der Kunst der westlichen Welt ein Umbruch, der einen vorläufigen Abschied vom traditionellen Kunstbegriff nahelegt und die Programmatik der Moderne, besonders die Abstraktion, vehement in Zweifel zieht. Die Grenzen des Begriffs „Kunstwerk“ beginnen sich dabei nahezu aufzulösen.

Wie ist dieser Wandel zu erklären? Bereits DUCHAMP hat mit seinen ***readymades*** zu Beginn des 20. Jh.s einen Schritt gewagt, der das übliche Verständnis vom Kunstwerk als Leinwandbild oder Skulptur grundlegend auf den Kopf stellte. Durch seine provokativen Ausstellungsbeiträge (z. B. *Brunnen,* Urinoir als ***readymade*** 1917) wirft DUCHAMP die Frage nach dem Kunstwerk als solchem auf: Wie wird Kunst überhaupt zur Kunst? Liegt das Geheimnis in den Dingen selbst oder waren und sind Kunstwerke eventuell als das Produkt einer letztlich willkürlichen Entscheidung zu begreifen, die Künstler, Galeristen, Museumsleute oder aber der Betrachter treffen?

2

Dadaisten und Surrealisten haben mit den Techniken der Collage und Montage zuvor den Anfang gemacht und bereits den banalen Alltagsgegenstand, das Fundstück oder den Zeitungsschnipsel zum Werkstoff erkoren. In den 60er-Jahren folgt dann die Fortsetzung des „Ausstiegs aus dem Bild“ (GLOZER).

Dabei gilt es zu bedenken, dass diese Abkehr von der Malerei keinesfalls als willkürlicher Modetrend zu verstehen ist. Nach dem Zweiten Weltkrieg haben viele westliche Künstler an die Gedanken der Moderne angeknüpft und sich in ihrer Malerei der Abstraktion zugewandt. Figürliche und gegenständliche Malerei war wegen ihres Missbrauchs durch totalitäre Herrschaftssysteme vielfach in Misskredit geraten. Die Abstraktion versinnbildlicht somit die vor dem Krieg entstandene Hoffnung, die Kunst könne eine von Grund auf humane, herrschaftsfreie und demokratische Universalsprache entwickeln.

Nach 1945 führten Kriegserfahrung und sich anbahnender Kalter Krieg zur Desillusionierung und Ablehnung gesellschaftlicher Utopien, für die die Moderne ebenfalls steht. Bald ist mit der konsequenten Abstraktion zudem eine Grenze erreicht, an der es scheinbar nicht mehr weitergehen kann. Alles scheint schon da gewesen, alles ist schon ausprobiert und bis zur völligen „Leere des Bildes“ als letzter Konsequenz, bis zur gänzlichen Verneinung des Erzählerischen und Figürlichen im Bild reduziert worden. Wozu also noch Farbe auf Leinwände auftragen?

Weiterhin wird Ende der 60er-Jahre die Frage nach der fehlenden Lebensnähe abstrakter Kunst diskutiert. Das autonome Kunstwerk und hier allen voran das klassische Tafelbild als Medium der Malerei gilt als vom Alltag losgelöster Gegenstand, der lediglich der stillen, in sich gekehrten Betrachtung im Museum dient – und sonst zu nichts nütze ist.
Für viele Künstler hat sich die Kunst durch die Abstraktion somit jeglicher inhaltlicher Aussagekraft entledigt. In ihren Augen bezieht sie sich nur noch auf formalästhetische Aspekte, die keine politisch, gesellschaftlich oder individuell relevanten Inhalte mehr transportieren. Somit müssen auf Seiten der Künstler neue Wege gefunden werden, die jenseits der Institutionalisierung und der Vermarktungsstrategien des gängigen Kunstbetriebes liegen sollen.

Die Auflösung der Gattungskategorien

Bis Mitte der 50er-Jahre hat sich die Kunstproduktion hauptsächlich – von den Soireen und Objekten der ***Dadaisten*** und ***Surrealisten*** oder SCHWITTERS' Materialmontagen einmal abgesehen – in den klassischen Gattungen Grafik, Malerei und Plastik abgespielt. Auch die ***Pop-Art*** ist zu weiten Teilen diesen Kategorien verhaftet, auch wenn hier bei z. B. WARHOL oder RAUSCHENBERG bereits eine ironische Brechung der Gattungsbegriffe zu verzeichnen ist.
Inzwischen lassen sich stringente Kunststile in der zeitgenössischen Kunst nur noch schwer ausmachen, zumal mehrere Generationen von Künstlern gleichzeitig tätig waren und sind und auch die einzelnen Künstler sich häufig mit unterschiedlichen Kunstgattungen auseinandersetzen. Stattdessen sind sie oftmals in mehreren Bereichen – von der Zeichnung bis hin zur interaktiven Computerkunst – tätig bzw. experimentieren mit gattungsübergreifenden Kunstformen. Somit orientieren sich kunstgeschichtliche Kategorisierungen in Bezug auf aktuelle Kunst kaum mehr an Gattungsbegriffen, vielmehr rücken inhaltliche Themenkomplexe in den Vordergrund.

Kunst als Kritik am autonomen Kunstwerk

Die Auseinandersetzung mit dem autonomen Kunstwerk und die Kritik an vor allem profitinteressierten Galerien und kaum innovativen Museen als Kunstschauplatz wird zum übergreifenden Thema der Kunstproduktion. Kritisiert wird auch die Ausgrenzung des Betrachters, das ehrwürdige Verharren vor dem Tafelbild oder der Kernplastik mit dem Hinweisschild: „Bitte nicht berühren". Somit wird der Betrachter beispielsweise im Rahmen der ***Happenings*** der 60er- und 70er-Jahre zu einem Teil des Kunstwerkes gemacht, seine aktive Beteiligung am Geschehen – und auch Verunsicherung und Irritation – ist intendiert. Der Amerikaner KAPROW hat diese Kunstform, in Anlehnung an die Aktionen der japanischen Künstlergruppe GUTAI Mitte der 50er-Jahre, entwickelt, indem er seine Materialbilder vor Publikum herstellte und es aufforderte, „sich in die Kunst hineinzubegeben".

2

In einem ähnlichen Zusammenhang stehen die Fluxuskonzerte, in denen das Absurde zur Kunstform erhoben und jegliche Erhabenheit und Fetischisierung, z. B. durch das Festnageln jeder einzelnen Klaviertaste in MACUNIAS *Piano Piece No. 13* ins Lächerliche gezogen wurde. Fluxuskünstler stellen darüber hinaus so genannte Multiples her, die durch serielle Herstellung für jedermann erschwinglich sind. Sie führen so die Forderung nach der Einzigartigkeit von Kunstwerken ad absurdum. Angeboten werden beispielsweise Koffer oder Boxen mit allerlei alltäglichem ironisch verfremdeten Krimskrams, der eben nicht zum versonnenen Betrachten gedacht ist, sondern zum Spielen und Ausprobieren. Somit versteht sich ***Fluxus*** als eine Antikunst, die die schöpferische Idee in den Vordergrund rückt und sich den wirtschaftlichen Mechanismen des Kunstbetriebes entziehen will.

Der erweiterte Kunstbegriff

BEUYS gilt im Zusammenhang seines erweiterten Kunstbegriffs als ein letzter Utopist des 20. Jh.s. Mit seiner Idee von der sozialen Plastik, in der er die Gesellschaft quasi als formbaren, zu verän-

dernden Werkstoff begreift, geht er über Versuche seiner Zeitgenossen hinaus, die Grenzen der Kunst aufzubrechen. Das Utopische, also die Suche nach einer anderen, besseren Welt, wird BEUYS deshalb attestiert, weil er von der Kunst fordert, sie dürfe „nicht etwas Retinales bleiben", d. h., die Kunst dürfe sich nicht allein auf das Sehen beschränken. Vielmehr fordert er von der Kunst einen gesamtgesellschaftlichen Umbruch, der die Menschen zu einer Rückbesinnung auf humanistische Werte und ein Leben jenseits der Ausbeutung der Natur bewegen soll, ein Leben, in dem Rationalität und Kreativität wieder miteinander in Einklang gebracht werden könnten.
BEUYS zufolge kann „jeder Mensch ein Künstler" sein. Jede von einem Menschen getane Arbeit könne Kunstcharakter haben, sofern das Produkt oder aber dessen Entstehungsprozess auf sinnhafte und reflektierte Weise gestaltet werden.
BEUYS entwickelt in seinen Arbeiten eine individuelle Ikonografie, die sich dem Betrachter ohne Kenntnis dieses speziellen Zeichensystems nicht erschließt (z. B. Fett = Wärme und Energie; Filz = Uniformierung; Honig = kreatives Denken, geistige Energie). BEUYS will die verwendeten Materialien jedoch nicht rein symbolisch verstanden wissen, vielmehr sieht er in den Werkstoffen ein Energiepotenzial, nach dem die Dinge durchgängig eine innere Substanz haben.
Die für BEUYS' Kunstschaffen zentralen Aktionen haben oftmals liturgischen Charakter und erinnern an die mystischen Riten eines Schamanen, der durch magische Handlungen eine Verbindung zum Übersinnlichen sucht, um Heilkräfte zu erlangen. Dabei inszeniert er sich selber als Visionär, als Lehrer und Deuter einer unsichtbaren Wirklichkeit.

Materialität als Thema

Das Gestaltungspotenzial verschiedenster Materialien entwickelt sich zu einem weiteren eigenständigen Thema in der Kunst der 2. Hälfte des 20. Jh. Dabei lassen sich zwei unterschiedliche Herangehensweisen unterscheiden.

Einerseits erforschen Künstler das Material als solches und versuchen in ihren Arbeiten dessen Beschaffenheit und Raumwirkung im experimentellen Umgang zu veranschaulichen und das Material als das aufzufassen, was es ist. Material wird hier als ästhetischer Eigenwert begriffen und nicht symbolisch verwendet, vielmehr steht der frei assoziative und gleichsam poetische Charakter der Werkstoffe im Vordergrund (z. B. Werke von MORRIS oder HESSE).

Die *Arte Povera* nutzt demgegenüber Inszenierungs- und Installationsformen, die eine symbolische Aufladung der präsentierten Gegenstände zum Ziel haben und damit auf außerbildliche Zusammenhänge verweisen. Zuerst beschränkte sich die Arte Povera auf Italien, der Begriff wird heute jedoch auch für Arbeiten von Künstlern aus anderen Ländern verwendet, die die symbolhafte Verwendung nicht nur vorrangig armer Materialien, wie Holz, Pappe, Reisig, Leinensäcke oder Erde einsetzen. Die Unterscheidung zwischen edlen Materialien wie Gold, Marmor oder Seide und wertlosen wie Stroh, Erde oder Abfall wird aufgehoben, sodass eine Kritik am Konsumdenken und am bürgerlichen Kunstbegriff mitschwingt (z. B. ANSELMO, FABRO, KOUNELLIS, MERZ).

Idee und Verweigerung des Kunstwerks – Konzeptkunst

Ein Paradebeispiel für Vorgehensweise und Ziel in der Konzeptkunst oder *Conceptual Art* stellen die Arbeiten von KOSUTH dar: 1965 präsentiert er der Öffentlichkeit einen Stuhl, neben dem zum einen ein Foto desselben hängt, sowie eine vergrößerte Kopie eines Lexikoneintrages zum Stichwort chair. Was ist nun das Kunstwerk, das Objekt selbst, dessen fotografisches Abbild oder die Definition, also die durch Schrift repräsentierte geistige Idee des Gegenstands?

Die Verweigerung des einmaligen Kunstwerks in der Konzeptkunst wirft die Frage auf, ob Kunst sich im Visuellen und Objekthaften abspielen muss, oder ob nicht die Reflexion und die Vollendung des Kunstwerks im Kopf des Betrachters den eigentlichen Kern von Kunst ausmacht. Im Rahmen der Konzeptkunst können Entwürfe, Skizzen und Texte von letztlich nicht realisierten oder noch zu realisierenden Objekten oder Aktionen das ausgestaltete Kunstwerk ersetzen.

In einem erweiterten Sinn findet der Begriff Konzept in nahezu allen Bereichen der Kunst der letzten Jahrzehnte seinen Niederschlag. Danach ist jede Kunst konzeptionell, die vom Betrachter nicht nur konsumiert, sondern auch reflektiert und hinterfragt werden will, indem sie keine endgültige oder allgemeingültige Aussage liefert, sondern ein offenes Angebot bleibt, das den Betrachter zu subjektiv-assoziativem und letztlich freiem Denken auffordert (z. B. DARBOVEN, WEINER).

Dies erfordert die aktive Teilnahme des Betrachters oder des Publikums und verlangt diesem ab, sowohl Initiative zu ergreifen als auch mitzudenken.

Fernab vom Atelier, weit weg vom Museum – Land Art

Die amerikanischen Künstler der Land Art sind einerseits gegenüber dem Markt und dem Warencharakter von Kunst kritisch eingestellt. Andererseits suchen sie nach neuen künstlerischen Gestaltungsräumen jenseits der Großstädte wie New York und nach authentischer Naturerfahrung jenseits der Trends der urbanen Szenekultur der ausgehenden 60er-Jahre. Die Landschaft selbst wird zum Material für Künstler wie DE MARIA oder SMITHSON, die bevorzugt verlassene Landstriche aufsuchen, um dort anfangs kleinere Aktionen und später Projekte von gigantischen Dimensionen zu realisieren. Die entstandenen Werke muten oft wie vorgeschichtliche mythische Kultstätten an (SMITHSON, *Spiral Jetty 1970*, eine 457 Meter messende Spiralaufschüttung; DE MARIA, *Lightning Field 1977*, eine Installation aus 400 Stahlstangen, die Blitzeinschläge provozieren).

Durch ihre übermächtige Dimensionierung und ihre Einbettung

in den weiten Naturraum zeugen die Werke der Land Art über die Gestaltung der Natur hinaus vor allem von der Suche nach der Erfahrung des Erhabenen, nach quasi-religiöser Erkenntnis und Sinn.

Spurensicherung – Erinnerung als Auseinandersetzung mit dem Erzählerischen

Der Kunsthistoriker METKEN prägt Anfang der 70er-Jahre den Begriff der Spurensicherung, der eine neu aufgekommene Tendenz in der westeuropäischen Kunst unter einem Oberbegriff zusammenfassen soll: künstlerische Praxis als Erinnerungsarbeit, d.h. Kunst verstanden als Auseinandersetzung mit biografischer oder politisch-gesellschaftlicher Vergangenheit. Künstler wie OPPERMANN, BOLTANSKI, GERZ oder LANG suchen neue Ausdrucksformen, die das Erzählerische im Sinne einer individuellen oder gesellschaftlichen Standortbestimmung nutzbar machen sollen.

Das Sammeln, Archivieren und Kategorisieren von Fundstücken, Alltagsgegenständen oder Fotografien erinnert dabei an quasi-wissenschaftliche Verfahren. Mittels der Inszenierung fiktiver Biografien wird die Funktion künstlerischer oder wissenschaftlicher Archive selbst infrage gestellt. Die gesellschaftlichen Bedingungen von Wahrnehmung und Geschichtsverständnis – wie auch unbewusste Verdrängungsmechanismen, die unsere Erinnerung beim Organisieren und Auswählen von zu bewahrenden Spuren unsere Vergangenheit überlagern, verfremden und verfälschen können – werden hierbei hinterfragt.

Bei der Auseinandersetzung mit den Themen Vergänglichkeit und Tod stehen die Werke der Spurensicherung in der jahrhundertealten künstlerischen Tradition der Vanitasdarstellung. Das Wissen um die Gräuel des Holocaust oder des Vietnamkrieges verleihen der Thematik im 20. Jh. eine neue Dimension, die insbesondere in BOLTANSKIS düsteren Installationen ihren Niederschlag findet.

Exzesse, Ekel und Trauma – Kunst als Schocktherapie

Nahezu zeitgleich mit den ersten Aktionen von Joseph Beuys, d. h. zu Beginn der 60er-Jahre, sorgen die ***Wiener Aktionisten***, allen voran MÜHL, NITSCH und BRUS, mit ihren Aktionen in der Kunstwelt für öffentliches Aufsehen. Die Künstler dieser Gruppe inszenieren Veranstaltungen und Aktionen, die ganz bewusst mit der Verletzung gesellschaftlicher Tabus, der anarchistischen Kraft des Exzessiven, mit Ekel und Selbstverletzungen als gewollten Grenzerfahrungen operieren. Ausgangspunkt für die spektakulären Aktionen beispielsweise von HERMANN NITSCH ist die gestische Malerei, jedoch rückt die von Nitsch intendierte kathartische Wirkung des Geschehens selbst bald in den Vordergrund.

Während die Wiener Aktionisten die Schockwirkung ihrer Aktionen zu einem künstlerischen Gruppenprogramm erklären, taucht dasselbe Moment – d. h. die Inszenierung von Ekel, pervertierter Sexualität und Gewalt – auch bei anderen Künstlerinnen und Künstlern wie z. B. NAUMAN, SHERMAN oder HIRST auf, die neben künstlerischen Aktionen auch inszenierte Fotografie oder Installationen einsetzen.
HOLZER veröffentlicht unter dem Titel *Lustmord* im Magazin der Süddeutschen Zeitung fotografische Nahaufnahmen menschlicher Haut, die mit unterschiedlichen Satzfetzen von Opfern, Tätern und Beobachtern beschrieben waren. Auf die Titelseite heftet sie ein mit Blut bedrucktes Kärtchen, mit dem der Betrachter direkt in Berührung kommt. HOLZER operiert hier mit den Mitteln der Massenmedien und kritisiert dabei sowohl die gängige Berichterstattung als auch die Abstumpfung der Gesellschaft gegenüber medial vermittelten Bildern von Gewalt, Krieg und Tod. Damit nimmt sie eine Perspektive ein, die mit der von den ***Wiener Aktionisten*** beabsichtigten Schockwirkung von Kunst als Befreiung von bürgerlichen Zwängen nichts mehr gemein hat.

Performative Kunst – das Kunstwerk als Handlung

Performative Kunst bezeichnet alle künstlerischen Ausdrucksformen von der Malerei über die Skulptur bis zur Aktion selbst, die nicht ein statisches, in sich geschlossenes Kunstwerk, sondern einen veränderlichen Prozess umfassen.

So geht es in der ***Aktionsmalerei*** nicht mehr um das Abbilden der äußeren Welt oder abstrakte Formkompositionen sondern um den Malprozess selbst und die dabei entstehenden Spuren. KLEIN setzt z. B. 1958 in einer Aktion einen lebenden Pinsel ein: ein nacktes Modell, das mit blauer Farbe bestrichen war, rekelt sich auf einer Papierbahn und hinterlässt dabei Körperabdrücke, weshalb dem Künstler teilweise laszives Entertainment, also Sexismus vorgeworfen wurde.

Auch ***kinetische Objekte,*** die nicht wie klassische Skulpturen statisch im Raum stehen, sondern sich, evtl. durch in das Objekt integrierte Motoren, bewegen und daher ständig verändern, wie beispielsweise TINGUELYS Zeichenmaschinen aus den 50er- und 60er-Jahren, werden dem performativen Bereich zugeordnet. Aber auch hier entstehen Arbeiten, die Kunstwerken im traditionellen Sinne ähneln: Es bleiben die Körperabdrücke auf KLEINS Papierbahnen, TINGUELYS Maschinen produzieren naive Zeichnungen und werden letztlich als Maschinen selbst zu Ausstellungsobjekten.

In der ***Performance*** rückt die Produktion eines materiellen Kunstwerks als Ziel der künstlerischen Handlung in den Hintergrund, die Konzentration auf den Prozess überführt die Aktion selbst zur eigenständigen Kunstform. Performancekünstler inszenieren eine künstlerische Auseinandersetzung, deren Material in erster Linie der eigene Körper ist. Das Handlungsspektrum reicht dabei von Extremsituationen körperlicher Selbstgefährdung bis hin zu ironischer Selbstdarstellung (z. B. Arbeiten von NAUMAN, EXPORT, ABRAMOVIĆ und ULAY, KUSOLWONG, FISCHER).

Die Gender-Debatte

Der Begriff Gender wird zuerst in der Literaturwissenschaft und Filmtheorie diskutiert und hat bald auch in der Kunstwissenschaft einen relevanten Stellenwert. In Abgrenzung zum biologisch festgelegten Geschlecht versteht man unter Gender das soziale Geschlecht eines Menschen, d. h. die geschlechtsspezifischen Verhaltensweisen und Normen, die als gesellschaftliche Zuschreibungen gesehen werden und demnach willkürlich sein können. Die Genderforschung betreibt auch eine intensive Auseinandersetzung mit dem Feminismus der 70er-Jahre, der sich vehement gegen männlich dominierte Machtstrukturen in der Gesellschaft auflehnt und eine Reduzierung der Frau auf die Mutterrolle oder auf ein gefügiges Sexualobjekt anprangert.
Die Gender-Debatte findet in der Kunst bis heute ihren Niederschlag, wobei einerseits die Benachteiligung von Frauen im institutionalisierten Kunstbetrieb kritisiert wird und andererseits das Thema Geschlechtsidentität von Künstlerinnen – wie auch einigen Künstlern – aufgegriffen und bearbeitet wird.
BEISPIELE Guerilla Girls, *Do women have to be naked to get into the Met. Museum?* Plakataktion 1989; Orlan, *The Reincarnation of Orlan*. Schönheitsoperationen nach dem Vorbild alter Meister, die die Künstlerin als Performanceserie seit 1990 an sich selbst durchführen lässt; Arbeiten von Annie Sprinkle und Beth Stephens.

Film – Medienreflexion und die Renaissance der Erzählung

Die Grenzen zwischen ***Performance*** und ***Videokunst*** gelten heute als fließend. Aus der ursprünglichen Nutzung des Videofilms als Dokumentationsmittel entwickelte sich eine eigenständige Kunstform. So haben beispielsweise Künstlerinnen wie Rist oder Mori ihre Wurzeln in der Performance. Sie nutzen Aufnahmen von Aktionen für ihre eigenständigen fotografischen und filmischen Werke, die in Anlehnung an die Ästhetik von Videospielen und Comics eine ironische bis beklemmende

Analyse der heutigen Medienwelt zum Thema haben.
Um mit der perfektionierten Bilderwelt der elektronischen Medien authentisch und wirksam konkurrieren zu können, entwickelte sich ein Ansatz, der das Medium selbst zum Thema machte und seine Wirkungsweisen auf den Betrachter hinterfragte. Künstlerische Aktionen wie auch verschiedene Möglichkeiten der Präsentation von filmischen Bildern werden beispielsweise im Rahmen von ***Videoinstallationen*** in die experimentelle Medienkunst mit einbezogen.

NAM JUNE PAIK entlarvt z. B. Ende der 70er-Jahre in *TV-Cello* und *Living Buddha* auf ironische Weise den Zuschauer als blinden Medienkonsumenten, der zu direkter Kommunikation nicht mehr fähig ist. Seine Arbeiten sind dabei zwischen Medienkritik und Medienfaszination anzusiedeln.
Während PAIK als Pionier der ***Medienkunst*** gesehen werden kann, der mit einfachsten technischen Mitteln operierte, experimentieren Videokünstler heute auf unterschiedlichste und zum Teil hochprofessionelle Weise mit filmischen und installativen Gestaltungsformen.

BEISPIELE Arbeiten von AHTILA, OURSLER, PLESSI, BARNEY, TAYLOR-WOOD, VIOLA

Identität im virtuellen Zeitalter

Der Mensch ist seit jeher ein zentrales Thema künstlerischen Schaffens gewesen, auch wenn im Rahmen der Entwicklungen der abstrakten Kunst dieses Genre zeitweilig in den Hintergrund getreten war. Das Subjekt als Thema künstlerischer Reflexion wirft die Frage auf, wie sich Identität in einer Zeit konstituiert, in der Lebensentwürfe nicht mehr gesellschaftlich festgeschrieben und vorhersehbar sind und vormals fremde Welten in Echtzeit auf dem heimischen Bildschirm jederzeit verfügbar werden.
Die biotechnischen Möglichkeiten der Genmanipulation eröffnen darüber hinaus Szenarien, die, seien sie auch ethisch fragwürdig und aufs Heftigste umstritten, bislang nicht vorstellbar waren. Digitalen Bildmedien kommt im Rahmen der Kunst in

diesem Zusammenhang ein besonderer Stellenwert zu, da sich am Computer durch die Manipulierbarkeit jedes einzelnen Bildpunktes Veränderungen simulieren lassen, die im Genlabor (noch?) nicht durchführbar sind.

BEISPIELE Arbeiten von VAN LAMSWEERDE, AZIZ und COUCHER, COTTINGHAM, STELARC

Postkoloniale Kunst und Transkulturalität

Die gängige Kunstgeschichtsschreibung befasste sich lange nahezu ausschließlich mit Vertretern europäischer oder nordamerikanischer Kunststile und -tendenzen. Kunst aus Mittel- oder Südamerika, Afrika, aus dem asiatischen oder dem arabischen Raum spielt meistenteils lediglich im Rahmen einer Auseinandersetzung mit dem kuriosen Fremden oder dem Anderen im Kunstkontext eine Rolle. Die voranschreitende internationale Vernetzung auch in der Kunstwelt bringt es mit sich, dass seit Beginn des 21. Jahrhunderts sowohl die Auseinandersetzung mit den Einflüssen der ehemaligen Kolonialisierung von Dritte-Welt-Ländern als auch die Auswirkungen der voranschreitenden Globalisierung in die Definition von Kultur mit einfließen. Dabei wird Kultur nicht mehr als etwas Statisches, eindeutig zu Definierendes verstanden, das rein länder- oder nationalitätenabhängig ist. Vielmehr wird von wechselseitigen Einflüssen und gegenseitiger Bedingtheit verschiedener Kulturen ausgegangen. In der Kunstwelt findet diese Auseinandersetzung beispielsweise im Rahmen der documenta XI ihren Niederschlag.

Die „Zweite Moderne" – Und wieder Malerei?

Die Begriffe ***Klassische Moderne, Spätmoderne*** und ***Postmoderne*** werden in der Kunstgeschichte nicht völlig einheitlich verwendet. Grob lässt sich sagen, dass die ***Klassische Moderne*** in der Zeit vor dem ***Impressionismus*** ansetzt und bis zum Zweiten Weltkrieg reicht, der im kunstgeschichtlichen Kontext wie im Weltgeschehen einen massiven Einschnitt darstellte. Die ***Spätmoderne*** bezeichnet vor allem die Kunst des ***Abstrakten Expres-***

sionismus und des ***Informel.*** In etwa mit der ***Pop-Art,*** dem ***Nouveau Réalisme*** und der ***Fluxusbewegung*** wird der Beginn der Postmoderne zeitlich verortet. Inwiefern die ***Postmoderne*** eine eigenständige Epoche darstellt oder sich lediglich als Reaktion auf die Maxime der ***Moderne*** und somit als Endzeitphänomen herauskristallisieren wird, ist aufgrund der mangelnden historischen Distanz noch nicht endgültig einschätzbar. Zumindest lässt sich feststellen, dass die ***Postmoderne*** die Darstellung, d. h. das Erzählerische gegenüber der Abstraktion wieder in die Kunst integriert hat.

2

Der Kunsthistoriker KLOTZ prägte in diesem Zusammenhang den Begriff der ***Zweiten Moderne.*** Seiner These zufolge ist das Ergebnis der ***Postmoderne*** keinesfalls die unwiderrufliche Abkehr von der Abstraktion, vielmehr sei am Ende des 20. Jh.s eine Rückbesinnung auf die Wurzeln der ***Moderne*** und somit auch auf die Abstraktion zu verzeichnen, die neben einer erzählenden Kunst weiterhin fortbesteht. Diese neue Form der ***abstrakten Malerei*** entziehe sich damit einer linearen Geschichtsschreibung, die mit dem leeren Bild das Ende der Abstraktion proklamiert hatte. Dabei bezieht sich KLOTZ auf die Bilder von Künstlern wie SCULLY, KIRKEBY, RICHTER oder FÖRG, die sich allesamt mit großformatiger abstrakter Malerei beschäftigen und somit den malerischen Gestus oder die ästhetische Wirkung der reinen Farbe in der Farbfeldmalerei wieder zum zentralen Gegenstand ihrer Kunst machen. Als erzählerische und somit der Malerei als konträr gegenüberzustellende Medien sieht KLOTZ zum einen die inszenierte Fotografie, z. B. von WALL, und darüber hinaus die ***Videokunst,*** die sich mit einer Weise der Darstellung der Wirklichkeit auseinandersetzen könne, die in der Malerei unwahr oder nichtssagend geworden sei. Das Nebeneinander von ***Medienkunst*** und Malerei bedeutet nach dem von KLOTZ entworfenen Begriff der ***Zweiten Moderne*** auch die Versöhnung von abstrakter und erzählerischer Kunst, die gleichwertig nebeneinander Bestand haben.

3 Bildmedien als Kommunikationsmittel

3.1 Fotografische Darstellungsformen

Im Prinzip finden sich viele der o. g. künstlerischen Darstellungsmittel auch in der Fotografie wieder:

- Wahl des Bildausschnitts, Bildkomposition (▶ S. 38 f.)
- Perspektive, Blickwinkel (▶ S. 35 ff.)
- Farbkomposition, Farbsymbolik (▶ S. 31 ff.)
- Lichtführung usf.

Darüber hinaus gibt es typisch fotografische Gestaltungsmittel, die im Folgenden erklärt werden sollen.

Wahl des Bildausschnitts, Bildkomposition
Schon bei der Wahl des zu fotografierenden Wirklichkeitsausschnitts legt sich der Fotograf fest und wählt aus der Fülle seiner visuellen Eindrücke einen Teil aus, der nach seiner Vorstellung die gegebene Situation am besten wiedergibt und damit ver-(sinn-)bildlicht.
Diese Wahl des Ausschnitts kann man zeitlich gesehen als das Einfangen des richtigen Moments bezeichnen oder bildhaft-räumlich als Auswahl eines signifikanten Wirklichkeitsausschnitts. Mittels *Kameraobjektiv*, welches die Weite des Ausschnitts festlegt und eine Raumebene fokussiert oder mittels Blendenwahl, die sich auf die *Schärfentiefe* eines Bildes auswirkt (▶ S. 118), kann er aus der Fülle optischer Reize weitere Elemente und Effekte herausarbeiten, die ihm wichtig erscheinen. Mittels Wahl des Filmmaterials, der Steuerung der Filmentwicklung und der Korrektur durch *Retusche* ergeben sich weitere Gestaltungsmöglichkeiten.

Wie in der Malerei trägt die Anordnung der Objekte auf der Bildfläche, also die Komposition (▶ S. 38 ff.) auch in einer Fotografie entscheidend zur Wirkung auf den Betrachter bei.

Perspektive, Blickwinkel, Handlungsachse

Die ***Kamerahöhe*** legt den Blickwinkel fest, aus welchem das Motiv erfasst wird. Sie agiert wie das Auge des Betrachters. Man unterscheidet Positionen

- auf Augenhöhe – dies entspricht unserer normalen Sichtweise, wir fühlen uns einbezogen,
- von unten ***(Froschperspektive)*** – das Objekt wirkt übermächtig, wir fühlen uns ihm unterlegen,
- von oben ***(Vogelperspektive)*** – das Objekt wirkt unterlegen und wir als Betrachter fühlen uns der Sache / dem Motiv gegenüber überlegen.

Entsprechende Neigungswinkel der Kamera unterstützen die Dramatik der Kameraposition entsprechend: Je steiler der Winkel aufwärts oder abwärts verläuft, desto dramatischer die Bildwirkung.

Die Perspektive auf ein Bildmotiv wird entscheidend durch das ***Kameraobjektiv*** beeinflusst: dieses nämlich ermöglicht unterschiedlich weite Blickwinkel auf das Motiv. Ein ***Weitwinkelobjektiv*** z. B. bündelt die in die Kamera fallenden Lichtstrahlen sehr stark, ermöglicht einen erweiterten Blick auf ein Panorama und kann z. B. bei nahem Kameraabstand zum Motiv zu starken Verzerrungen führen (▶ S. 119). Ein ***Teleobjektiv*** verengt demgegenüber den Blickwinkel und bewirkt den Eindruck einer engen Staffelung der dargestellten Raumebenen (so können weit hintereinander entfernte Objekte auf einer Fotografie dargestellt werden, als seien sie flach zusammengerückt).
Im Zusammenhang mit der Blickführung spielt auch die ***Handlungsachse*** eine bedeutende Rolle. Das Beispiel eines fotografierten Bogenschützen mag diesen Begriff verdeutlichen. Zielt der

Schütze aus dem Bild heraus, so bilden wir als Betrachter das direkte Ziel seiner Aktivität. Wir sind von seiner Handlung unmittelbar betroffen. Visiert dagegen der Schütze mit dem Rücken zu uns eine Zielscheibe in der Bildmitte an, so sehen wir, was er sieht und wir fühlen uns fast schon als sein Komplize. Dies kann natürlich auch bei beschaulicheren Bildszenen der Fall sein – die Rückenfiguren des romantischen Malers FRIEDRICH (▶ S. 78 f.) laden auf ähnliche Weise zur Kontemplation in der Natur ein.
Am wenigsten spannungsreich erscheint uns eine Handlungsachse, die horizontal im Bild verläuft: Schießt der Bogenschütze von links nach rechts, so spielt sich die Handlung zwar vollständig vor unseren Augen ab und wir haben den Überblick, doch sind wir als Betrachter weniger betroffen, weil die Aktion an uns vorbeigeht.

Farbkomposition, Farbsymbolik

Farbe kann in der Fotografie auf verschiedene Weise eingesetzt werden. Die Wahl des Lichts, des Farbfilmmaterials, von ***Farbfiltern*** vor dem Kameraobjektiv, die ***Kolorierung*** von Positiven oder die Nachbearbeitung im Computer können wirksam werden. Farbe kann die Bildwirkung verstärken durch Lenkung der Aufmerksamkeit, durch ***Verfremdungseffekte*** oder symbolische Dimensionen. S/W-Fotografien hingegen betonen die grafischen Strukturen der Bilder, wirken oft sachlicher, formkonzentriert, verfremdend.

Licht, Beleuchtung

Licht ist in der Fotografie eines der elementaren Gestaltungsmittel: Neben der Tatsache, dass es die Fotografie überhaupt erst ermöglicht, kann es auf vielfältige Art als Gestaltungsmittel eingesetzt werden. Die unterschiedlichen Stimmungen, Färbungen und Kontraste des Tageslichtes, die gezielte Beleuchtung (wie auch der Einsatz von Schatten) in Studiosituationen oder verfremdende nächtliche ***Lichteffekte*** sind nur einige wenige Beispiele für den Einsatz von Licht beim Fotografieren.

Allein die Unterschiede in der Ausrichtung von Licht können viele verschiedene Wirkungen hervorbringen. Wird ein Kopf z. B. nur mit einem Spot von unten beleuchtet, so wirkt er mystisch-geisterhaft. Dagegen kann eine Beleuchtung von hinten einen Lichtsaum um den Kopf hervorrufen, der dem Porträtierten einen Nimbus verleiht.
Die Qualität des Lichts bringt ebenso viele Wirkungen hervor: Streulicht (ob als Tageslicht oder aus einer Studio-Softbox) erhellt eine Szene gleichmäßig und natürlich. Das parallele Licht von Spots kann ungewöhnliche Akzente setzen. Licht kann zudem hart/kalt wirken (mit hohem Weiß- und Blau-Anteil) oder weich/warm (mit leichtem Gelb-Orange-Anteil und leichter Streuung).

Kameratechnische Grundlagen

Jede Form der Fotografie (auch Digitalfotografie) ist von den technischen Vorrichtungen der Kamera abhängig:

- Größe eines Lochs, durch das Licht in die lichtgeschützte Blackbox fällt = ***Blende,***
- Bündelung des Lichts, Brechungswinkel mittels Linsensystem = ***Objektiv,***
- Dauer, in der Licht in die Kamera einfällt, geregelt durch einen Verschluss = ***Belichtungszeit,***
- eine lichtempfindliche Ebene, auf der die fotochemische oder elektrostatische Reaktion festgehalten wird = ***Filmebene*** oder ***digitale Aufzeichnungsebene.***

Diese kameratechnischen Elemente bringen in ihrem Zusammenspiel eine Fülle von fotografischen Gestaltungsmöglichkeiten hervor. Einige werden hier entfaltet werden können. Manches dazu finden Sie auch im fotohistorischen Teil (▶ S. 119 ff.).

Damit auf dem Filmmaterial ein Bild entstehen kann, muss ausreichend viel Licht in die Kamera eindringen. Die Lichtmenge wird gesteuert mit ***Blende*** und ***Belichtungszeit.*** Bei großer Blende und kurzer Belichtungszeit dringt genauso viel Licht ein wie bei kleiner Blende und langer Verschlusszeit. Die Bildwirkung ist aber völlig anders, das machen Fotografen sich zunutze:

- Wird ein Objekt bei ***großer Blende mit kurzer Belichtungszeit*** belichtet, erscheint der Bildhintergrund tendenziell unscharf aufgelöst, das Objekt scharf. So wirkt das betreffende Objekt als Handlungsträger vor einem atmosphärisch spürbaren Hintergrund stärker auf uns.
- Bei ***längerer Belichtungszeit und kleiner Blende*** sieht die Fotografie ganz anders aus: Hier wirkt der Hintergrund nun eher scharf, die Bildelemente gleichartig scharf, aber es besteht die Gefahr, dass durch Verwackeln Unschärfen und Konturverwischungen ins Bild kommen.
  Die resultierende „tiefenscharfe" Aufnahme wirkt eher starr, weil Konturen von Gegenständen in Vorder- und Hintergrund gleichermaßen scharf wirken.

	wenig Licht	mittleres Licht	viel Licht
Blendeneinstellg.	groß 1,8–4	5,6–11	klein 16–22
Belichtungszeit	lang: 1–1/30 Sekunde	1/60–1/250 Sekunde	kurz: 1/500–1/1000 Sek.
ISO-Wert Film	Für sehr trübe Lichtsituationen 1600–3200	Für helle Innenräume ohne Blitz: 400–800	Tageslicht, Blitzlicht: 100–200

Einstellgrößen in exemplarischen Zahlenwerten

Große Blende 1,8–4	Mittlere Blende 5,6–11	Kleine Blende 16–22
Weniger Schärfentiefe, viele Unschärfen. Bei entsprechendem Objektiv kann eine Raumebene scharf eingestellt werden.	Mittlere Schärfe, auch hier kann bei entsprechendem Objektiv eine Raumebene scharf eingestellt werden.	„Schärfentiefe" = Schärfe bis weit in den Bildhintergrund. Alle Objekte erscheinen gleichwertig.

Faustregeln zu Bildwirkungen von Einstellungen und Blendeneinstellungen

Brennweite Tele: 70–300 mm	Normal: 50 mm	Weitwinkel: 28mm
große Nähe zum Objekt, keine Verzerrung bei Porträts, weniger Lichtdurchlässigkeit	entspricht unserem Blickwinkel	erweiterter Blickwinkel, Verzerrung im Nahbereich

Belichtungszeit lang: 1–1/30 Sek.	1/60–1/250 Sek.	kurz: 1/500–1/1000 Sek.
verwischte Konturen bei Bewegungen von Kamera oder Objekt	natürlicher Eindruck eines Standbildes	bewegte Objekte wirken wie eingefroren

Filmmaterial Hoch empfindlich iso 1600–3200	mittlere Empfindlichkeit iso 800–400	geringe Empfindlichkeit iso 200–100
Körnigkeit, wirkt wie gerastert, ermöglicht Aufnahmen ohne Blitz	Filmmaterial für alle Fälle und mittlere Belichtungssituationen	feinkörnig, hohe Auflösung

Faustregeln zu den Bildwirkungen der Einstellgrößen bei Kleinbildkameras

3.2 Geschichte der Fotografie

Der Wunsch des Menschen, ein Spiegelbild des Lebens im Bild festzuhalten oder ein Porträt zu erhalten und weitergeben zu können, ist sicher schon sehr alt. Beides konnte über Jahrtausende hinweg nur die bildende Kunst leisten. Nach 1800 aber reift die Zeit für das neue Medium Fotografie heran, die Beschäftigung mit Phänomenen der Optik, der Mechanik und der Chemie schafft die Bedingungen.

Vorgeschichte

Das Prinzip der ***Lochkamera (Camera obscura)*** zählt zu den ältesten Errungenschaften aus der Vorgeschichte der Fotografie. Sie beruht auf dem Effekt, dass Lichtstrahlen, die man durch ein

sehr kleines Loch in einen völlig abgedunkelten Raum schickt, auf der dem Loch gegenüberliegenden Wandseite all das klar abbildet, was sich außen vor dem Raum im Licht befindet.
Dieses Wissen hat schon ARISTOTELES, doch erst DA VINCI schafft die Voraussetzungen für eine Apparatur *(Camera lucida)*, durch die dieses Phänomen praktisch, z. B. als Zeichenhilfe für Künstler anwendbar wird.
Viele andere ähnlich illusionistisch arbeitende Apparaturen – z. B. die so genannte ***Laterna magica*** und das ***Panorama/Diorama*** (erste Vorfahren unseres Diaprojektors), stellten im 18. und 19. Jh. beliebte Formen der allgemeinen visuellen Unterhaltung dar.
Auf wissenschaftlicher Seite gelangt die Optik bei der Herstellung von Linsen zu guten Ergebnissen, und Chemiker der Zeit finden die Lichtempfindlichkeit der Silbersalze bereits um 1727 heraus. Doch sucht man noch fast 100 Jahre nach Fixiermitteln für den Schwärzungseffekt, bis TALBOT(▶ S. 121) entsprechende Wege findet.

Frühe Verfahren

NIEPCE zählt zu den drei Forschern, denen die Erfindung der Fotografie zugesprochen werden kann. Von ihm stammt 1826 die erste erhaltene fotografische Aufnahme der Welt, die einen Blick aus seinem Arbeitszimmer zeigt. Dieses 16,5 x 21cm große Bild (von ihm ***Heliographie*** genannt) entsteht auf einer lichtempfindlich asphaltbeschichteten Zinnplatte mit einer Belichtungszeit von über 8 Stunden. Entwickelt wird sie mit Lavendelöl, das die nicht durch das Licht gehärteten Bildstellen wieder von der Metallplatte löst.
Etwa zeitgleich entwickelt DAGUERRE ein weiteres, besonders praktikables Verfahren: Seine mit einer lichtempfindlichen Jodsilberschicht überzogenen Kupferplatten werden in eine ***Camera obscura*** gelegt und brauchen dort nur einige Minuten belichtet zu werden. Das nicht sichtbare Bild wird dann in einem anderen verschließbaren Kasten durch Quecksilberdämpfe entwickelt,

fixiert wird in einem lauwarmen Salzwasserbad. Lange Zeit beeindrucken diese silbrig glänzenden, seitenverkehrten Unikate ***(Daguerreotypien)*** die Bürger so sehr, dass andere Verfahren sich nicht recht verbreiten. Der geschäftstüchtige DAGUERRE sorgt für eine rasche Verbreitung seiner Erfindung. 1839 schließt der französische Staat mit beiden Pionieren der Fotografie einen Vertrag, der ihnen eine lebenslange staatliche Versorgung zusichert. Der Vertrag ermöglicht aber vor allem die allgemeine Nutzung der Erfindung. So kann sich die neue Technik schnell verbreiten und stetig verbessert werden.
In England erfährt ein weiterer Forscher auf dem Gebiet der Fotografie von den Entdeckungen: TALBOT hat bereits 1834 erste Versuche mit lichtempfindlich beschichtetem Papier gemacht, bis er 1840 jenes Positiv-/Negativ-Verfahren ***(Kolotypie/Talbotypie)*** entwickelt, auf dessen Grundlage alle späteren modernen Aufzeichnungsverfahren beruhen. TALBOT findet geeignete Substanzen zur Sensibilisierung des Fotopapiers, welche die Belichtungszeit auf wenige Sekunden senken, und er erfindet eine Methode, mit der er aus dem entstandenen Papiernegativ in einer Art Abklatschverfahren positive Kontaktkopien ziehen kann.
Begünstigt durch die begeisterten Presseberichte, verbreitet sich die Fotografie rasend schnell. Der soziale Aufschwung des Bürgertums, die neue Ästhetik der Fotografie und die Möglichkeiten ihrer massenweisen Verbreitung beeinflussen die weitere Entwicklung positiv.

In der Jahrhundertmitte steht das ***nasse Kollodiumverfahren*** von ARCHER am Anfang einer neuen Ära der Entwicklung. Dieses Verfahren setzt zwar im Außenbereich immer die Mitführung einer schweren, sperrigen Dunkelkammerausrüstung voraus, weil darin die feuchte Beschichtung der Glasplatten vorbereitet wird und nach der Aufnahme direkt die Entwicklung vonstatten gehen muss. Doch der Vorteil, Momentaufnahmen mit Belichtungszeiten unter einer Sekunde in bester Schärfe zu fertigen, gilt als so revolutionär, dass er die Mühen buchstäblich aufwiegt.

Bisson z. B. schreckt 1862 nicht vor einer Besteigung des Montblanc mit schweren Lasten zurück: 25 Träger und 3 Anläufe waren nötig, um die neuartigen fotografischen Landschaftsbilder zu realisieren.
In der Folgezeit geht es vor allem um eine Verkleinerung der Kameras und eine Vereinfachung des fotografischen Verfahrens, um jedermann die neue Technik verfügbar zu machen.
Ab 1880 erreicht die Fotografie eine Unkompliziertheit, die endgültig zur allgemeinen Verbreitung beiträgt: Man ersetzt die Kollodiumschicht durch eine Gelatineemulsion, sodass das ***Trockenplattennegativ*** die Fotografen von der Last der mitzuführenden Dunkelkammer befreit und die Aufnahme von der chemischen Aufbereitung trennt. Die Kamera selbst wird im Gewicht verringert, weil leichteres Trägermaterial wie das Zelluloid die Glasplatte verdrängt. Somit vereinfacht sich die Beweglichkeit der Kamera, die Anzahl der Aufnahmen sowie die Art ihrer Motive kann sich verändern. Außerdem werden Linsensysteme und Verschlussmechaniken stetig verfeinert, was die Kameraleistungen erheblich verbessert.

Etwa ab 1888 präsentiert der Amerikaner Eastman mit der Kamera *Kodak Nr. 1* den Slogan: „You Press the Button. We Do the Rest.“ Beim Kauf ist diese einfache, handliche Kamera bereits mit einem Film bestückt, zum Entwickeln schickt man sie dann ein, die runden Bilder werden entwickelt, abgezogen und die Kamera wird für 10 Dollar neu mit Filmmaterial geladen. Mit dieser Schnappschusskamera knipsen Amateure nun alle erdenklichen Bildmotive. Doch auch viele Künstler bedienen sich der Kamera als Aufzeichnungsmedium oder als Mittel des Sehens – Zola oder Strindberg als Autoren ebenso wie die Maler Degas, Bonnard u. a.

Der Wunsch nach der ***Farbfotografie*** ist alt. Schon 1868 erhält Ducos du Hauron ein Patent für Farbverfahren: Er belichtet die Kollodiumplatten mit Auszugsfiltern in den drei Grundfar-

ben und legt die entstehenden Pigmentdias passgenau übereinander. Die Aufnahme eines farbenprächtigen ausgestopften Hahns aus dem Jahre 1877 zählt zu den ältesten Farbfotografien. Das Problem der Farbwiedergabe auf einer Bildebene beschäftigt zahlreiche Forscher bis ca. 1904, als die BRÜDER LUMIÈRE ein entsprechendes Verfahren vorweisen können. Die Entwicklung des Dreischichtenfarbfilms von Kodak & Agfa stellt 1936 den allgemeinen Durchbruch in der Farbfotografie dar.
1942 wird von EDWIN H. LAND ein Patent für ein ***Sofortbildverfahren*** angemeldet und fünf Jahre später nach einigen Verbesserungen der Weltöffentlichkeit vorgestellt. Ab 1960 präsentiert LAND auch das erste farbige Sofortbild.

Bei der Kameraentwicklung beschäftigt man sich ab Ende der 50er-Jahre mit ***Zoomobjektiven.*** Sie sollten dem Fotografen das umständliche Wechseln von Linsensystemen ersparen und somit noch mehr unmittelbare Handlungsfähigkeit beim Fotografieren erzeugen. In den 60ern forscht Canon besonders im Bereich der Autofokustechnik.
Auch das Einlegen von Filmmaterial soll erleichtert werden durch ***Kassettenfilme,*** wie sie Kodak und Agfa etwa ab 1963 anbieten. 1973 präsentiert man mit der Rolleiflex SLX die erste vollelektronische Kamera.

Aus der ***Videotechnik*** heraus entwickelt sich in den 80ern allmählich ein Kameratypus, der es ermöglicht, mit einem Gerät bewegte und stillstehende Bilder aufzunehmen.
1991 stellt Kodak mit DCS, dem *Digital Camera System*, eine erste hochauflösende, professionelle elektronische Form der Bildaufzeichnung vor. Ab Mitte der 90er-Jahre wird diese digitale Fototechnik dann auch im Amateurbereich eingeführt.
Wenn man bedenkt, dass man heute mit einem Handy Bilder aufnehmen und in Sekundenschnelle elektronisch um die Erde versenden kann, so wird deutlich, wie der „Traum vom technisch erweiterten Sehen“ Wirklichkeit geworden ist.

Fotokünstler und Reporter

Einer der bedeutendsten frühen Fotografen ist TOURNACHON, bekannt unter dem Namen NADAR. Sein 1853 in Paris eröffnetes Fotostudio wird zum Treffpunkt der Bohème, nicht zuletzt, weil dort 1874 die erste Ausstellung der Impressionisten stattfindet. NADAR erkennt wohl als einer der Ersten die öffentliche Wirksamkeit des neuen Mediums, fotografiert die Künstler und Berühmtheiten seiner Zeit, entdeckt aber auch ganz neue Bildthemen, wie seine Bilder aus den Katakomben und der Kanalisation von Paris zeigen.

Ein Gegenspieler NADARS mit Namen DISDÉRI bedient den sich explosionsartig vergrößernden Markt mit Fotos aus einer regelrechten Porträtindustrie. Sein Erfolg rührte aus der genialen Idee, idealisierende Bildnisse auf ein damals übliches Visitenkartenformat zu verkleinern. So sammeln die Leute nicht nur die Porträts aus der eigenen Familie, sondern vor allem auch Fotos von damaligen Berühmtheiten.

In England macht der Verfasser von *Alice im Wunderland* CARROLL sich auch mit seinen besonders ausdrucksstarken, zahlreichen Kinderporträts einen Namen.

Ab 1863 beginnt die Frau eines wohlhabenden Beamten, CAMERON, zu fotografieren. In ihren Bildern aus der Viktorianischen Zeit beschäftigt sie sich mit der Darstellung möglichst unverfälschter und dennoch schöner Wirklichkeit. Ein wenig wendet sie sich damit auch gegen die sich verbreitende Technik der Bildkomposition im Labor, bei der Negative miteinander neu kombiniert wurden (LE GRAY ist hierbei als wichtiger Vertreter zu nennen).

Mit dem Aufkommen der Fotografie verändert sich auch die Arbeitsweise der Maler: DELACROIX, INGRES, COROT, COURBET benutzen Fotografien als Hilfsmittel für ihre Malerei. Auch bei späteren Malern wie MUNCH, VUILLARD und KIRCHNER bleibt die Kamera Instrument der Bildwahrnehmung.

Um 1900 beschäftigt man sich stark mit der Frage nach der Kunstwürdigkeit der Fotografie, wobei es eine Art Richtungsstreit gibt, als es um die Abbildungsgenauigkeit geht. 1889 proklamiert EMERSON die Unschärfe, die Bilder einen besonders weichen, fast malerischen Ausdruck verleihen. Die Rodin-Porträts von STEICHEN sind gute Beispiele für diese Art der malerisch-atmosphärischen Fotografie. STEICHEN fotografiert ab 1923 auch für Modezeitschriften wie die *Vogue* und für die Werbung. Seit 1902 arbeitet er mit STIEGLITZ zusammen in der *Photo-Secession* und gründet mit diesem eine der ersten Fotozeitschriften *Camera work*. STIEGLITZ proklamierte mit seiner ***Straight Photography*** den Grundsatz der unverfälschten Fotografie. Mit ihrer gemeinsamen, avantgardistischen *Gallery 291* fördern beide eine Reihe von jungen Fotografen, die später sehr erfolgreich werden.

Es gibt jedoch auch eine Reihe von Fotografen, die sich besonders für das Medium als Mittel der ***Dokumentation*** interessieren. Der Soziologe HINE erkennt, dass er seine Erkenntnisse über die sozialen Missstände in Amerika mittels Fotografie am besten verbreiten kann. Bekannt wird er mit seinen Bildern von den Zuständen auf der Einwandererinsel Ellis Island ebenso wie von den Bedingungen der Kinderarbeit oder Wohnverhältnissen in den New Yorker Slums. Mit der Rassenproblematik beschäftigen sich CURTIS und VROMAN (Indianer) und V. D. ZEE *(Black People in Harlem).*
Auch in Europa interessieren sich die Fotografen um die Jahrhundertwende allmählich für den Alltag von Menschen, die im Schatten der Gesellschaft stehen. In Berlin z.B. richtet ZILLE seinen eher mitfühlenden, warmen Blick als Zeichner, Texter und Fotograf auf das Leben in den Mietskasernen.
SANDER interessieren eher traditionelle Lebensweisen. Indem er das bäuerliche Leben im Westerwald fotografiert, zeichnet er ein Bild von der Härte des Daseins, welches sich tief in Gesichter und Haltung der Porträtierten gegraben hat. Schließlich versucht

er, mit seiner fotografischen Arbeit eine systematische Typologie der Deutschen zu erfassen, indem er mit starkem Realitätssinn Persönlichkeiten aus unterschiedlichen Landstrichen, Berufsgruppen und Gesellschaftsschichten ablichtet.
In Paris fotografiert der Autodidakt ATGET ab 1898 hauptsächlich Straßen, Läden, Schaufenster, Parks, Denkmäler, Brunnen und Menschen der Vorstädte. Dabei erweist er sich als Sammler, der alles aufbewahrt, was ihm interessant scheint – und dabei einen besonderen Blick für die Poesie des Alltags beweist. Wirklich entdeckt wird ATGET aber erst nach seinem Tod, als die amerikanische Fotografin ABOTT seinem Nachlass die gebührende Anerkennung verschafft.
In den 20er-Jahren entwickelt sich in Amerika unter der Führung von STIEGLITZ, STEICHEN und ihrer Fotografen-Akademie eine selbstbewusste Form der Fotografie. Die ***Straight Photography*** will mit besonderem Einsatz von Bildausschnitt, Lichtregie und einer sachlichen Haltung gegenüber dem Gegenstand die eigene Ästhetik der Fotografie betonen. STRANDS Bilder von gesellschaftlichen Randgruppen zeigen daher stärker formales als soziales Interesse. Wer je WESTONS *Pfeffer-Schote* (1930) gesehen hat, der versteht vielleicht am besten, wie der Gegenstand mit seiner Form und Ausdruckskraft in einer Art von abstrahierender Fotografie neu gesehen werden kann. Seiner Meinung nach muss jeder Fotograf schon vor der Aufnahme ein genaues Bild vom Ergebnis im Kopf haben, um die später sichtbare Wirkung erreichen zu können. Weston gründet die Fotografenvereinigung ***f/64*** (=schärfste Blendeneinstellung).
In Europa sorgt die nach dem Ersten Weltkrieg einsetzende Veränderung der fotografischen Sehweise unter Namen wie ***Neues Sehen*** oder ***Neue Sachlichkeit*** für Furore: Tabus der bisherigen Darstellungsweisen werden gebrochen. Besondere Detailansichten, Kontraste und extreme (Frosch-)Perspektiven kennzeichnen das neue Foto-Auge.
Einer der ersten Vertreter dieser Form der Fotografie ist RENGER-PATZSCH. Für ihn, wie auch bei anderen Vertretern der

Schule, ist die streng sachliche Abbildung von Objekten, Pflanzen (BLOSSFELDT), Maschinen, Industrieanlagen von besonderer Bedeutung. Doch auch auf die Porträtfotografie wirkt sich das Neue Sehen aus: Auf der einen Seite stehen streng sachliche Fotografien wie bei SANDER. Andererseits bemüht man sich, auch bisher unbekannte Aspekte bekannter Personen herauszustellen. MAN RAY experimentiert mit dem Einsatz unkonventioneller Licht- und Dunkelkammertechniken. RODTSCHENKO sucht extreme Perspektiven, andere versuchen es mit Überblendungen. Beide Bewegungen – in Europa und Amerika – fördern das Verständnis über das Wesen der Fotografie ganz wesentlich.

Mit Beginn der 30er-Jahre müssen sämtliche politische Bewegungen der Zeit mit modernen Massenmedien um Einfluss und Macht kämpfen. Am erfolgreichsten sind dabei die italienischen Faschisten, die sich in einem breiten Medienmix in modernster Form präsentieren, ja sogar Kunst ***(Futuristen)*** und Design in ihren Bann ziehen können. Die Avantgarde der jüdischen Bildjournalisten in Deutschland dagegen wird bald ihrer Posten enthoben; ausdrücklich aber sind Fotografie und Film als moderne Medien der Massenbeeinflussung anerkannt und sollen zur ideologischen Manipulation der Bevölkerung genutzt werden – so geschehen mit dem Dokumentarfilm *Triumph des Willens* von LENI RIEFENSTAHL über den 6. Reichsparteitag der NSDAP 1934 in Nürnberg. In der stalinistischen Propaganda sind Retuschen missliebiger Personen und Details gängige Praxis, ja oft genug verschwinden die Menschen nicht nur aus den Bildern: Sie fallen auch dem mordenden Regime zum Opfer!
Für amerikanische Fotografen rückt die Entdeckung des Alltags in den Mittelpunkt des Interesses. Die direkte Aufnahme der Ereignisse so unmittelbar wie möglich abbilden zu können, dieser Idee entspricht zuerst die Programmatik des New Yorker Wochenmagazins *LIFE* (darin vergleichbar mit der französischen *Vu* oder der englischen *Picture Post* bzw. *Weekly Illustrated*). Dem New Yorker Pressefotografen WEEGEE gelingt mit

seinen Blitzlichtaufnahmen ein Stil der ***Livefotografie,*** der die Gewalttätigkeit der Metropole besonders hart darstellt.
Ab Mitte der 30er- und in den 40er-Jahren führt die Suche nach den direkten Bildern die Journalisten auf alle Kriegsschauplätze der Welt. CAPA dokumentiert das Grauen des Krieges; er scheut sich nicht, das Sterben eines Soldaten im spanischen Bürgerkrieg gerade im Moment des Kugelhagels aufzunehmen. CAPAS selbstzerstörerische Art, so nah wie möglich an das Geschehen heranzugehen, begründet seinen Ruhm als Fotograf – besonders auch im Zweiten Weltkrieg. Er stirbt, als er 1954 während des Indochinakrieges in Vietnam auf eine Mine tritt. Seine Arbeitsweise löst eine bis heute andauernde Debatte über einen Bildjournalismus aus, der den Fotografen absolut schonungslos „Bilder um jeden Preis" abzuverlangen scheint.

Wichtige Arbeiten entstehen auch fernab der großen Illustrierten. Die Fotografie wird zum visuellen Tagebuch des Flaneurs, der mit unbestechlichem Auge zum stillen Beobachter politischer oder sozialer Entwicklungen wird. Für BRASSAI und KERTESZ wird Paris zum Schauplatz poetischer Aufnahmen, in denen sich Alltägliches verdichtet. Einer der größten Meister beim Festhalten des „entscheidenden Augenblicks" ist bis heute CARTIER-BRESSON, der mit seiner Leica in allen Teilen der Welt als aufmerksamer Beobachter in der Lage war, menschliches Erleben und die Schönheit gewöhnlicher Augenblicke in besonderer Form (vor allem mit meisterhafter Bildkomposition) sichtbar zu machen.
In den 40er- und 50er-Jahren kommt es vor allem in den USA zu einer explosionsartig anwachsenden Werbung für Konsumgüter, auch um das Wirtschaftswachstum anzukurbeln. Fotografie spielt dabei eine gewichtige Rolle. Modeillustrierte wandeln sich zu Gesellschaftsmagazinen: BEATON inszeniert und arrangiert seine Modelle, HORST entwickelt sich zum Meister schlichter Eleganz, der perfekten, klassischen Pose und des dramatischen Lichts. Schließlich avanciert BLUMENFELD mit ca. 100

Titelseiten des Hochglanz-Journals *Vogue* zum höchstbezahlten Modefotograf Amerikas. AVEDONS Modebilder leben von Reiz ungewöhnlicher Orte bei höchstmöglicher Eleganz der Pose. PENN dagegen fotografiert einfache Stillleben und seine Modelle in leeren Räumen – direkt, stark in der optischen Wirkung (besonders auch durch Einsatz von Farbe). Er versteht Luxus eher als ein Form der Askese.
Der Depression nach Kriegsende in den USA folgt bald schon ein aufkeimendes Interesse für die Eigenarten anderer Kulturen. Der Begriff „Human Interest" bezeichnet die daraus erwachsenden Themengebiete der Fotografen, die zunehmend persönliche Intentionen in ihren Bildern verfolgten. DOISNEAU porträtiert die Pariser Straßenszenen mit warmherzigem Humor. Auch EISENSTAEDT, den u. a. der scheinbare Schnappschuss von einem ausgelassenen Kuss während der Siegerparade auf dem New Yorker Times-Square berühmt gemacht hat, fotografiert nach Kriegsende gern Menschen in Alltagssituationen.
In den 60er-Jahren geht die New Yorkerin ARBUS sehr weit, als sie sich nach langjähriger Arbeit als Modefotografin von der Welt des schönen Scheins verabschiedet, um erschütternde Porträts von Außenseitern der Gesellschaft aufzunehmen.
In den 60er- und 70er-Jahren erlebt die Fotografie mit der Pop-Art eine gewisse Banalisierung des Mediums: Fotos werden in seriellen Arbeiten (WARHOL), in Collagen oder als Malvorlagen überarbeitet. Im Gegensatz dazu werden sie bei den ***Hyperrealisten*** (ESTES, CLOSE, RICHTER) zum Ausgangspunkt von malerischer Virtuosität, oder man dokumentiert mit Fotografien die ***Aktionskunst*** (VOSTELL, BEUYS, RAINER, SCHULT). 1972 erhält die Fotografie auf der „documenta 5" ihre endgültige Anerkennung als eigenständiges künstlerisches Medium.
In den 70er- und 80er-Jahren begibt man sich erneut auf die Suche nach neuen Sichtweisen. Das Ehepaar BECHER wendet sich konsequent der Produktion von Fotoreihen zu, fotografiert Wasser-, Fördertürme oder Gasbehälter nach einem so strengen Schema, dass die nüchterne Eigenart solcher Industriekultur neu

betrachtet werden kann. In Arbeiten von GURSKY, STRUTH, SCHINK scheint dieser scheinbar teilnahmslos registrierende Blick fortzuleben.
JEFF WALL ist im kanadischen Vancouver Professor an der Kunstakademie. Sein Wissen um die Geschichte der Kunst hilft ihm dabei, Alltagsthemen mit dem modernen Medium Fotografie auszudrücken und dabei das Foto zu einem künstlerischen Medium aufzuwerten. Seine von der Außenwerbung übernommene Bildpräsentation in riesigen Lichtkästen bewirkt, dass uns das Bild in einer Art Aura entgegenkommt. Seine Landschaftsbilder, Fotografien von Alltagsszenen und modernen Genredarstellungen sind keine journalistischen Fotos, sondern Imitationen der Wirklichkeit, die immer eine vorherige Konzeption benötigen und dann im Computer bearbeitet werden. Verstörend wirken die digital ausgelöschten Gesichter bei AZIZ und CUCHER (90er-Jahre) oder die Arbeiten von MORIMURA, die das Verhältnis von Echtheit und Künstlichkeit im „Zeitalter der Fotografie nach der Fotografie“ (AMELUNXEN) auszuloten scheinen.

3.3 Film und Video

Handlung, Zeitlichkeit, Multimedialität

Die Gebundenheit an reale zeitliche Vorgänge bildet die Besonderheit des Films. Der Film lebt durch die in ihm enthaltene gegliederte Aktion. Dabei legen Regisseur und Drehbuchautor die Handlung eines Films grundsätzlich fest. Im Zusammenspiel mit Kameraleuten, Cuttern, Tonmischern, Darstellern u. a. entsteht ein vielfältig gestaltetes Geflecht. Der so entstehende Film zielt im Allgemeinen darauf ab, den Zuschauer an einem Anfangspunkt abzuholen und ihn auf einen Weg durch das Geschehen mitzunehmen, das Ende schließt meist den Verlauf eines sog. Spannungsbogens dramaturgisch ab (z. B. Happy End). Gespielt wird mit Erwartungen, Ängsten, emotionalen Werten genauso wie mit Vorahnungen der Betrachter.

Die Wirkung der Bilder kann aufgrund der multimedialen Struktur des Filmmediums durch Ton (Audiospur) verstärkt werden: Stimmen, Geräusche und Musik. Durch Stimmen kann der emotional-informative Inhalt der Szenen intensiviert und verdeutlicht werden. Geräusche können ebenfalls Aufschluss über die Stimmungen und Eigenschaften etwa von Orten und Personen geben, Musik zielt in besonderem Maße auf das Gemüt. Spannungen werden erzeugt, Emotionen aufgepeitscht, das Publikum wird beruhigt oder erschreckt.

Film hat die Möglichkeit, emotionale und rationale Informationen in komplexer Art und Weise zu verknüpfen und Menschen zu beeinflussen. Hierin liegt eine Chance für künstlerischen Ausdruck. Gleichzeitig lauert jedoch in dieser Totalität des Mediums eine große Gefahr. Durch Fernsehen, Film und Filmwerbung können Menschen dazu gebracht werden, unbewusst Deutungen und Werturteile anzunehmen, die der Regisseur bestimmt. Dies geschieht häufig bei Werbefeldzügen, Propaganda, gefälschten Dokumentationen (Kriegsberichte, Skandale).

Bewegung

Im Medium Film finden sich viele der bereits erwähnten künstlerischen Darstellungsmittel vor allem der Fotografie wieder: Wahl des Bildausschnitts, Bildkomposition, Perspektive, Blickwinkel, Farbkomposition, Farbsymbolik. Damit wird deutlich, dass es sich bei dem Film in erster Linie um ein aus der Malerei und Fotografie erwachsenes Bildmedium handelt.

Zur Darstellung „bewegter Bilder“ macht sich die Filmtechnik einen Effekt zunutze, der auf die Verarbeitung von Bildwahrnehmungen im Gehirn zurückzuführen ist. Sieht das menschliche Auge viele Bilder schnell hintereinander, so ergibt sich für das Bewusstsein ein Zusammenhang zwischen ihnen.

Verwendet man 24 Bilder pro Sekunde, um einen Ablauf darzustellen, ist das Auge überfordert und erkennt die Vereinzelung der Bilder nicht mehr. Im Gehirn werden die einzelnen Bilder zu einer Bewegung zusammengefasst.

Auf diesem Sachverhalt fußt die gesamte Filmtechnik. Die Filmaufnahmen werden durch die Kameras in 24 oder 25 Bilder pro Sekunde zerlegt. Filmisch spricht man von ***Einzelbildern*** oder ***Frames*** (Dia-Rahmen) pro Sekunde. Die digitale Technik verwendet meist 50 Halbbilder, die dann wieder zu Vollbildern zusammengesetzt werden. Manchmal werden auch nur 12 oder weniger Frames pro Sekunde eingesetzt, dies bewirkt den ***Zeitlupen-*** oder ***Stroboskopeffekt*** und gibt einer Szene dadurch den eigenen Reiz.

Einstellungen und Schnitt

Die beiden Medien Film und Fotografie sind in Bezug auf die Erzeugung von Bildern so eng verwandt, dass bei diesem Thema auf die entsprechende Stelle bei Fotografie verwiesen sei (▶ S. 114 ff.).
Unterschiede entstehen jedoch hinsichtlich des bewegten Bildes. Die Kamera kann – während sie aufnimmt – bewegt werden und auf diese Weise mehrere Informationen transportieren, die für die Wahrnehmung von Handlung und Geschehen von zentraler Bedeutung sind.

Klassische Gestaltungsmittel sind:

Einstellungsgrößen

- ***Totale:*** zeigt einen Gesamtüberblick über die Szenerie
- ***Halbtotale:*** führt mehr an das Geschehen heran
- ***Nahaufnahme:*** zeigt interessante Details

Kamerabewegungen

- ***Vertikalschwenk:*** zwischen links und rechts
- ***Horizontalschwenk:*** zwischen oben und unten
- ***Zoom:*** zieht den Blick in eine Szene hinein
- ***Aufzieher:*** zieht aus der Szene heraus
- ***Kamerafahrt:*** tatsächliches Fahren der Kamera
- ***Subjektive Kamera:*** filmt aus Sicht des Akteurs

Die Aufnahmen werden erst im ***Schnitt*** zum eigentlichen Film zusammengeschnitten. Die Bilder und ihre Aufeinanderfolge werden harmonisiert, in Rhythmus gebracht sowie Handlungsabläufe dramatisiert und fein abgestimmt. Dies geschieht heutzutage am AVID oder an einem anderen Schnittcomputer. Verwendet wird eine Videoschnittsoftware mit mehreren Film- und Tonspuren, die getrennt voneinander behandelt werden können. Zwischen ihnen werden Schnittpositionen und Blenden gesetzt. So entstehen aus vielen kleinen Filmschnipseln ***(snippets)*** zusammenhängende Szenen und Filme. In der ***Nachproduktion (post production)*** können am Schnittplatz Bilder noch verändert, ihre Farbigkeit, Dauer, Schärfe usw. beeinflusst werden.

Heutzutage bekommt der digitale Trickfilmeffekt einen besonderen Stellenwert – kaum ein größerer Kinofilm, der nicht durch ***Trickeffekte*** am Computer verändert worden ist. Neben der Nachgestaltung der gedrehten Bilder geht es um ***Animationen,*** die nur im Computer generiert werden. Als einer der ersten fast voll computeranimierten Filme ist *Star Wars Episode I* in die Filmgeschichte eingegangen.

Filmproduktion

Zur Verwirklichung eines erfolgreichen Filmvorhabens müssen ganz unterschiedliche komplexe Problemfelder sowohl gemeinsam als auch getrennt voneinander behandelt werden. Die wichtigsten sind:

- Sendeanstalt/Filmverleih-Unternehmen
- ***Produktion:*** Organisation, Finanzierung, redaktioneller Einfluss
- ***Drehbuch:*** Festlegen der Handlungsstränge und der szenischen Abläufe
- ***Regie:*** Umsetzung des Drehbuchs, Einweisen der Schauspieler
- ***Kamera:*** Wahl der genauen Bildausschnitte, Bedienen des Gerätes vor Ort, Überprüfen der Einstellungen, Mithilfe beim Licht
- ***Kameraassistenz:*** Kamerapflege, technische Versorgung der Kameraleute (Zubehör, Kran, Licht, Ton)

- *Toningenieur:* bestmögliche Abnahme des Tones durch Mikrofone, Angel, Ansteckmikrofon, Beachten der Geräuschkulisse (Wind)
- *Licht:* Ausleuchtung der Darsteller und Szenerien, Unterstützen der erwünschten Effekte (enge Zusammenarbeit mit Kamera) mithilfe verschiedenartigster Beleuchtungstechniken, z. B. direkte Hervorhebung durch Spotlichter, Lichtumleitung durch Reflektoren, gezieltes Gegenlicht

3.4 Grafikdesign – Gebrauchsgrafik

Grafikdesign, früher Gebrauchsgrafik genannt, ist die Kunst der Gestaltung kommunikativer Produkte, zunächst eingeschränkt auf drucktechnische Erzeugnisse, seit der Entwicklung neuer Medien wie Film und Internet aber auch auf bewegte und digitale Kommunikationsformen bezogen. Die Bezeichnung Grafikdesign wurde 1922 von dem amerikanischen Designer Dwiggins geprägt, als er nach einem Begriff suchte, um seine Tätigkeit zu beschreiben.

Die Einsatzgebiete des Grafikdesigns unterscheiden sich nach Medium (Print, TV, Internet, Plakat, Beschilderungen) und Zielsetzung (Werbung, Propaganda, Sachinformation).
Medien sind gesellschaftlich installierte Informations- und Kommunikationssysteme, durch welche ausgewählte Zielgruppen (Adressat) von interessierten Akteuren (Sendern) zu gegebener Zeit mit relevanten Botschaften, Information und Beeinflussungen konfrontiert werden. ***Massenmedien*** wenden sich an ein heterogenes Massenpublikum.

Die Ziele der medialen Botschaften sind unterschiedlich: Werbung versucht Kunden an Produkte zu binden, ***Propaganda*** dient der Manipulation politischer Stimmungen oder Einstellungen, während neutrale Sachinformationen lediglich Sachverhalte erklären und Orientierungshilfe bieten.

Ein Gestaltungsauftrag im Abwicklungsprozess		
	Kunde	**Designer/Agentur**
	Kommunikationsproblem	
Problemphase	Problembeschreibung Anfrage →	
		Auftragsbeschreibung Beratung Angebot
	← Auftragserteilung	
Entwicklungsphase		Ideenentwicklung (z. B. mit Mindmapping) Lösungsauswahl Skizze Entwurf Präsentation
	← Entwurfsabnahme Kritik oder Zustimmung →	
		Neuentwurf oder Abänderung erneute Präsentation
	← Entwurfsabnahme Kritik oder Zustimmung →	
		usw.
	← Zustimmung	
Umsetzungsphase		Reinzeichnung Werkzeichnung Umsetzung
	← Korrektur →	
		Korrektur-Einpflege
	← Freigabe →	
		Datenweiterverarbeitung Druckvorstufe Website Programmierung, usw.
	Kommunikationsprodukt	

Der Ausbildungsberuf nennt sich Mediengestalter (früher gab es Setzer, Retuscheure und Reprografen), das Studium heißt Grafikdesign oder Kommunikationsdesign (Abschluss Diplom-Designer, Bachelor of Arts oder Master of Arts).

In die Welt des Grafikdesign gehören auch die Begriffe ***DTP*** (Desktop-Publishing), ***Visuelle Kommunikation*** und ***Corporate Design,*** die jedoch nicht synonym zu Grafikdesign zu verwenden sind. Das ***DTP*** ist die moderne Methode der Herstellung druckreifer Vorlagen unter vollständigem Einsatz von Computertechnik. Es drückt aus, dass die früher komplizierten und aufwendigen Techniken der Druckvorlagenherstellung mittels Reprografietechnik und Fotochemie heutzutage trocken und auf dem Schreibtisch (engl. desktop) ausgeführt werden können. ***Visuelle Kommunikation*** nennt sich die an Hochschulen unterrichtete Lehre, welche sich theoretisch mit den Mechanismen der Übertragung visueller Botschaften auseinandersetzt.

Das ***Corporate Design*** (kurz ***CD***) ist die Königsdisziplin des Grafikdesigns. Zum ***CD*** gehört das Entwerfen sämtlicher visueller Bestandteile eines Unternehmensauftritts, nämlich Logo, Hausschrift, Briefbogen, Visitenkarten, Schilder, Autobeschriftungen, Formulare, Broschüren, Anzeigen und Plakate bis hin zu Werbemitteln (Give-aways) und Uniformen von Angestellten. Das ***CD*** ist Bestandteil der Corporate Identity, die das Image einer Firma, also ihr Selbstverständnis und Handeln im wirtschaftlichen und gesellschaftlichen Raum beschreibt.

Zu den von Grafikdesignern entworfenen Kommunikationsprodukten gehören neben dem ***CD*** auch Magazine, Zeitungen, Urkunden, Briefmarken, Münzen, Schilder und Leitsysteme, Verpackungen, Fernsehbilder (Bildschirmseiten, Texteinblendungen bei Programmhinweisen oder Nachrichtensendungen), Kinofilme (Vor- und Abspann), Homepages, Software-Interfaces (▶ S. 155).

Ein Design, gleichgültig ob es ein Logo, ein Foto, eine Illustration usw. ist, wird zwar von einem Auftraggeber bei einem Grafikdesigner bestellt, ist aber durch ***Urheberrechte,*** Nutzungsrechte und Lizenzen zugunsten des Grafikdesigners als Rechteinhaber gesichert. Es darf also nicht ohne seine Zustimmung verändert oder von dritter Seite ohne Rücksprache übernommen und genutzt werden. Um seine Arbeit durch andere verwerten zu lassen, kann der Urheber – z. B. gegen Honorar oder im Arbeitsvertrag – anderen ein genau zu definierendes Nutzungsrecht an seinem Werk einräumen. Das ***Copyrightzeichen*** „©“ kennzeichnet den Inhaber des Urheberrechts.

Grafikdesign – Information oder Manipulation?

Grafikdesign ist formsprachliche Gestaltung von Kommunikation. Es zielt auf eine Verdichtung des Inhalts ab, welche die besondere Aufmerksamkeit des Betrachters hervorruft und die Information gleichzeitig verständlich aufbereitet und wertet.
Der Grafikdesigner gestaltet ***Layouts*** und setzt dazu eine Bandbreite von Zeichen und Ordnungsschemata ein, die Botschaften mittels kulturell und ästhetisch definierter Codes in Form von Bildern, Formen und Farben verschlüsseln. Die Botschaften werden von den Adressaten empfangen und lösen weitreichend unbewusste emotionale Reaktionen aus. Diese Reaktionen manipulieren den Adressaten, ohne dass er sich dem entziehen kann. Werbewirtschaft (und Propaganda) nutzen dieses Mittel, um Meinungen und Einstellungen zu beeinflussen. Meinungs- und Marktforschungsinstitute überprüfen die Wirksamkeit von Werbemaßnahmen mit den Methoden der Sozial- und Verhaltenspsychologie. Deren Untersuchungsergebnisse haben Rückwirkung auf die Entwicklung neuer Werbestrategien.
Zu den Gestaltungsmitteln gehören unter anderem ***Typografie*** (Schriftgestaltung), ***Abbild*** (Fotografie und Illustration), ***Form*** und ***Farbe*** in ihrer Eigenschaft als Zeichen, ***Piktogramm*** (Bildzeichen), ***Infografik*** und ***Markenzeichen*** (Signet, Logo).

Die ***Typografie*** ist für den Designer das entscheidende Element und stellt ihm in direkter Weise ein abstraktes, ästhetisch erlebbares Zeichensystem zur Gestaltung von Inhalten zur Verfügung. Schrift beeinflusst durch ihre Beschaffenheit und Ausdrucksweise subtil die Wirkung eines Textes. Sie verleiht diesem also einen emotionalen Ausdruck. Durch ihr Aussehen ruft sie verschiedenartige Eindrücke beim Leser hervor, denn sie kann eckig oder weich, leserlich oder unleserlich, dynamisch oder plump, grell oder dezent, nüchtern oder bizarr, schwer oder leicht, düster oder leuchtend, massiv oder zurückhaltend usw. wirken (▶ S. 149).

Das ***Abbild*** bietet Schlüssel zur Kernaussage des Inhalts von Botschaften (key visual). In der Formensprache des ***Layouts*** setzt man ***Fotografien*** oft als Mittel der Suggestion von Authentizität und Objektivität ein, während ***Illustrationen*** eher als künstlerisch-subjektive Ausdruckselemente verwendet werden. Der Illustrator gibt eine persönliche Interpretation des Kommunikationsgegenstandes. Zwar liefert der Fotograf ebenfalls eine subjektive Sichtweise auf das Motiv, aber sie gilt im Gegensatz zur gezeichneten oder gemalten ***Illustration*** eher als wahrhaftig und wirklichkeitsgetreu. Das ***Abbild*** hat häufig symbolische Funktion, zum Beispiel soll das lächelnde weibliche Model Eigenschaften wie Attraktivität, erotische Ausstrahlung und Vitalität auf den Kommunikationsgegenstand übertragen.

Formen und ***Farben*** helfen beim Ordnen und strukturieren das ***Layout***, wirken unterschwellig und lösen beim Betrachter emotionale Reaktionen aus. Während das Dreieck zum Beispiel eher aggressiv und scharfkantig wirkt, drückt eine runde oder elliptische Form Geschlossenheit und Anpassungsfähigkeit aus. Punkte und Linien wirken ordnend oder störend, je nach ihrer Gestaltung und Anordnung. Raster bilden flächige Grundstrukturen, ohne die ein Layout nicht hergestellt werden kann. Farbpsychologische Wirkungen werden im Grafikdesign zur Steuerung der Aufmerksamkeit und Akzentuierung eingesetzt.

1-spaltig | 2-spaltig | 3-spaltig | 1-spaltig mit Marginalspalte

zentriertes Layout | 1-spaltiges Layout mit Navigationsleisten | mehrspaltiges Layout, z. B. bei Internet-Portalen

Unter einem ***Piktogramm*** versteht man die symbolische Abstraktion eines Begriffes, dessen bekanntestes Beispiel Strichmännchen an den Toilettentüren sein dürften. Weitere Beispiele sind die von ***Piktogrammen*** gesteuerten Leitsysteme an Bahnhöfen oder Flughäfen, die Reisenden das Zurechtfinden erleichtern sollen.

Das ***Signet*** oder ***Markenzeichen*** ist das Symbol einer Firma, einer Organisation, eines Produkts oder einer Dienstleistung. Es ist rechtlich geschützt und darf nicht ohne Zustimmung des Rechteinhabers genutzt werden. Es besteht entweder aus einem Bild bzw. einer Form ***(Bildmarke)*** oder einem Schriftzug ***(Wortmarke*** oder engl. logo***)*** oder aus allen beiden Bestandteilen ***(Wort-Bildmarke)***. Ein Markenzeichen wird zum Zeichen eines dahinterstehenden Begriffs, gleichgültig ob es ein Produkt oder eine Firma ist und kennzeichnet ihn als „Marke". Eine Marke vertritt ein von der Qualität seines Produkts abhängiges Image und sichert dem Abnehmer der Ware die Güte der Leistung zu. Die berühmteste Marke weltweit ist Apple (Stand 2013).

Kreativität als Motor des Grafikdesigns

Als eine der maßgeblichen Eigenschaften eines Grafikdesigners gilt Kreativität. Sie fließt im Umfeld der Branche sogar in die Begriffswelt mit ein, denn die in Werbeagenturen und Designstudios Arbeitenden lassen sich gerne „Kreative" nennen. Kreativität als Forderung im Gestaltungsprozess beinhaltet den Ruf nach ungewöhnlichen Denkansätzen, neuen Formgebungen und herausragenden Lösungen. Kreativität darf nicht mit Intelligenz in einen Hut geworfen werden. Der Unterschied in der Denkungsart zeigt sich nach dem amerikanischen Psychologen Guilford darin, dass Intelligenz die besondere Befähigung beschreibt, auf einem schnellen Wege zu einer einzigen zwingenden Lösung zu gelangen (konvergentes Denken), während der kreative Ansatz nach vielen Möglichkeiten sucht, bevor er sich für eine Lösung entscheidet (divergentes Denken). Um kreative Denkprozesse in Gang zu bringen, hat u. a. der Lernpsychologe Buzan die Technik des ***mind-mappings*** entwickelt. Hier werden der Kern des Problems und sein Umfeld sowie mögliche Lösungsansätze assoziativ auf einer großen Tafel eingetragen und mit Verbindungslinien verknüpft. Dabei strebt das Verfahren nicht direkt ein Endresultat an, sondern versucht zunächst, die Umgebung der Aufgabe auszuloten. Ein geschickter Lösungsansatz offenbart sich dabei meist von einer unerwarteten Seite.

Grafikdesign als Kunst

Ideenreichtum und Kreativität kennzeichnen natürlich auch die bildenden Künste und damit liefern sie dem Grafikdesign wesentliche Impulse.

Grafikdesign ist seinem Wesen nach die visuelle Gestaltung von Kommunikation, womit es dem klaren Zweck unterliegt, eine textliche Botschaft zu umkleiden. Das ***Layout*** kann zur Kunst werden, wenn man es von diesem Gebrauchszweck löst und seine Gestaltungselemente ästhetisch freisetzt.

Dabei ist Originalität als grundlegender Wesenszug der Kunst geradezu eine Kernforderung auch im Grafikdesign und dort insbesondere in der Werbegrafik. Obwohl nach aktuellen Studien nur etwa 4 bis 5 % der Werbung innovativ sind, kennt ein Werbegrafiker immer die neuesten Trends und berücksichtigt sie in seiner Arbeit. Originalität sichert Aufmerksamkeit und ist somit eine wichtige Eigenschaft erfolgreicher Werbung.

Zeiten großer Umwälzungen in Kunst und Gesellschaft führten zum Form- und Stilwandel, welcher sich auch unmittelbar auf Satz- und Layoutgestaltung auswirkte. Auch die Grafiker und Designer suchten in solchen Situationen nach neuen Wegen, um Ausdruck und Charakter ihres Mediums zu verändern. Sie durchbrachen den Zeitgeist und fanden mit dem Wandel von Gesellschaft und Technik neue Symbole und Zeichensprachen.

Höhepunkte in der künstlerischen Gebrauchsgrafik finden sich
- in der ***Buchkunst*** des Mittelalters,
- in den ***Künstlerplakaten*** von TOULOUSE-LAUTREC und anderen Künstlern zwischen 1850 und 1900 (▶ S. 143),
- in den gegen die industrielle Gleichförmigkeit engagierten Werken der ***Expressionisten*** (▶ S. 83),
- im radikalen Verstoß gegen die Regeln des Schriftsatzes im ***Dadaismus*** (▶ S. 89),
- in der Suche der ***Konstruktivisten*** und der russischen ***Revolutionskunst*** nach neuen grafischen Ausdrucksmitteln (▶ S. 86 f.),
- bei den Vertretern der ***Pop-Art,*** LICHTENSTEIN und WARHOL, welche die profanen Ergüsse der Medienkultur wie ***Comics*** und Werbung zitieren (▶ S. 98 f.),
- in verschiedenen Äußerungsformen der Jugend- und Undergroundkultur, die gegen etablierte Gestaltungsvorstellungen aufbegehren.

Seit Mitte der 80er-Jahre hat eine neue Epoche der Kommunikation begonnen. Der Computer erlaubt nun das schnelle und fast für jedermann durchführbare Publizieren mittels Datentechnik. Insbesondere die Fotomontage erlebt durch ihre Befreiung

vom zum Teil sperrigen und teuren fotochemischen Material eine enorme Blüte und heißt nun ***Composing.*** Die gewonnene Freiheit führt zu einer Überladung des Layouts mit diversen gestalterischen Versatzstücken. CARSON und BRODY nutzen die durch den Computer erschlossenen neuen Möglichkeiten und brechen mit den Regeln des Schriftsatzes. CARSON treibt das Layout des Lifestyle Magazins *Ray Gun* so auf die Spitze, dass man oft weder Bild noch Text erkennen kann.
Diese Designer gehen an die Grenze der Wahrnehmbarkeit und Nachvollziehbarkeit von Layoutformen, provozieren, verwirren und irritieren den Leser/Betrachter und üben so Kritik an den Gewohnheiten des Bilderkonsums: Diese ***Layouts*** lassen sich nicht einfach konsumieren, sie wollen erarbeitet, ja erkämpft werden. Ihre Arbeiten setzen Maßstäbe in der Werbegrafik und der Gestaltung von Trendmagazinen.

Das Internet als neues Massenmedium stellt seit Beginn der 90er-Jahre die Kommunikationsgewohnheiten der Menschen infrage. Noch nie war es so einfach, weltweit zu publizieren. Die Datensätze der ***Layouts*** und Grafikprodukte lassen sich unmittelbar in alle Welt verschicken und in unterschiedliche Medien übernehmen (Print, Web, TV, CD, DVD). So entsteht ein immer dichteres Medienangebot und eine unüberschaubare Informationsfülle, was zeitgenössische Künstler inspiriert und zu kritischen Gegenentwürfen animiert ***(net-art).***

3.5 Druckgrafik – Plakatkunst und Werbung

Das moderne grafische Medium Plakat ist ebenso wie der Begriff Gebrauchsgrafik im 19. Jh. entstanden. Die Erfindung der ***Lithografie*** (Steindruck) im Jahre 1796 durch SENEFELDER und neue Ausdrucksformen ermöglichen eine ökonomische Herstellung von jeglichen Drucken in einem mehrfarbigen und direkten Verfahren. Schnelligkeit und Reproduzierbarkeit sind wesentliche

Anforderungen der Gebrauchsgrafik. Somit ist das moderne lithografische Plakat der Prototyp eines Massenmediums.
Die ersten Plakate dienen dazu, Veranstaltungen und Produkte zu bewerben. Mit den Plakaten beginnt somit die massenhafte Werbung. Die englische ***(poster)*** oder französische ***(affiche)*** Bedeutung des Wortes Plakat beschreibt deutlich das Verbreitungsverfahren: Man hängt sie auf (to post, afficher). Um die Aufmerksamkeit des Publikums zu gewinnen ***(Fernwirkung)***, wurden neue Schriftarten und typografische Besonderheiten entwickelt (fette Buchstaben und Zierbuchstaben).
Durch neue Drucktechniken ***(Lithografie)*** erhalten zeitgenössische Künstler attraktive Gestaltungsmöglichkeiten für Plakate. Insbesondere Techniken der Tusche- und Kreidezeichnung lassen sich nun auf einfache Weise reproduzieren. Diese künstlerischen Plakate wurden insbesondere in Frankreich als Kunst im öffentlichen Raum bewertet und so kam es, dass Künstler wie TOULOUSE-LAUTREC oder BONNARD sich auch als berühmte Plakatkünstler hervortaten. Um die Jahrhundertwende entwickeln MUCHA und BERNHARD ganz neue Ansätze. Während MUCHA die florale Ästhetik des Jugendstils in die Plakatgestaltung einbringt, prägt BERNHARD das Sachplakat, auf dem das Produkt ganz ohne dekorative Elemente abgebildet wird.
In der Zeit des Ersten Weltkriegs und der russischen Revolution tritt das politische Plakat in Erscheinung, mit dem in erster Linie propagandistische Zwecke verfolgt werden. Die ***Konstruktivisten*** (▶ S. 85) entdecken das Foto als Gestaltungselement für das Plakat. Die neue Drucktechnik ermöglicht auch in der Folge immer effizientere Verfahren (vom Buchdruck über ***Lithografie*** zum ***Offsetdruck***) zum Reproduzieren freier künstlerischer Entwürfe.
Ab 1945 setzt sich der ***Konstruktivismus*** im ***Internationalen Typografischen Stil*** fort, der sich ausgehend von der Schweiz über die Welt verbreitet und vor allem in den USA Früchte trägt. Die Initiatoren dieser Stilrichtung, KELLER und der Bauhaus-Schüler BILL, propagieren die Klarheit der Linie, die Lesbarkeit und betonten die ***Typografie.*** Die im ***Layout*** hinterlegten Raster zer-

teilen den Raum, verbinden unsichtbar jedoch auch Gestaltungselemente, die zumeist aus nüchternen Geometrieelementen bestehen und verstärken so die Gesamtaussage. Dieser Stil wird in den 50er-Jahren international aufgenommen. In New York entwickelt sich aus diesen Einflüssen ein eigener illustrativer Stil, den der New Yorker Designer RAND etabliert. In Deutschland belebt AICHER die Tradition des Bauhauses an der Ulmer Hochschule für Gestaltung. Zu seinen herausragenden Werken zählen die Plakate der Olympiade 1972 in München. In späteren Jahren kommen die Gestalter immer wieder auf die Formelemente des Konstruktivismus zurück wie z. B. in der ***Postmoderne*** oder in den aktuellen eklektizistischen Strömungen digitaler Medienkunst. Vertreter der späteren Richtung sind die dem ***Schweizer Typografiestil*** zuzuordnenden WEINGART und ODERMATT sowie die Amerikaner FRIEDMAN und GREIMAN. Bei der Verwendung des Computers im Design spielt GREIMAN eine Vorreiterrolle. Die Memphis School um SOTTSAS und die New Yorker Retrodesigner um SCHER orientieren sich an Vorbildern des ***Konstruktivismus*** (▶ S. 85), des ***Art déco*** und der ***Wiener Sezession*** (▶ S. 189 ff.).
In einer gegenläufigen Strömung der Nachkriegszeit ändert sich der Stil. Das typografische Element wird zurückgedrängt, stattdessen spielen jetzt bildhafte Formen die Hauptrolle: ***The Conceptual Image.*** Seine Stärke liegt in der verdichteten Aussagekraft des Bildes, das nun den größten Raum im Layoutgefüge einnimmt und sowohl ein Foto oder auch eine Illustration sein kann. Zu den Vertretern gehört das von TREPKOWSKI geprägte polnische Plakat, das in den 60er- und 70er-Jahren von LENICA und anderen fortgeführt wird. In den USA haben GLASER und CHWAST als Vorreiter dieser Richtung der Plakatillustration neue Wege aufgezeigt.

In den 70er-Jahren stellen KIESER und RAMBOW die Fotografie wieder in den Mittelpunkt der Plakatgestaltung. Dabei bedienen sie sich verfremdender Effekte, die einen surrealen und meta-

physischen Ausdruck in das Plakat hineinlegen. Die Hauptströmung dieses Jahrzehnts bilden die bunten und psychedelischen Plakate der ***Pop-Art.*** Entstanden aus der Musik und den Drogenerfahrungen der 60er- und 70er-Jahre, kreieren die Designer und Illustratoren GRIFFIN und KELLEY ihren der Popmusik und der Flower-Power verpflichtenden Look, indem sie Schriften wie im Drogenrausch verzerren oder Comicfiguren als Ausdrucksmittel einsetzen. Parallelen zum ebenfalls psychedelisch in Erscheinung getretenen ***Jugendstil*** liegen auf der Hand.
Künstler wie PICASSO, MATISSE, BRAQUE, COCTEAU, MIRÓ, CHAGALL, DUBUFFET, LICHTENSTEIN, WARHOL oder GRIESHABER nutzen das Medium des Plakats für eine von den Strömungen des Designs freie Darstellung ihrer Ideen.

3.6 Bildergeschichte und Comic

Die Bildergeschichte hat ihren Ursprung in der ***Karikatur,*** die wiederum mit der ***Groteske*** ihren Anfang nimmt, einer Kunstform, die bereits in der Antike gepflegt wird. Mit grotesken Ornamenten in Gemälden, Mosaiken und Reliefs werden zum Beispiel Privathäuser oder öffentliche Bäder ausgestattet. Sie bilden das vitale Treiben von Nymphen und anderen Fabelwesen in einem grottenartigen Ambiente ab (daher der Name), was teils erotische, teils einfach nur monströse Darstellungen beinhaltet. Die ***Grotesken*** regen die Fantasie der Betrachter an und lenken sie von Alltag und Sorgen ab. In ihnen kann sich auch symbolisch verschlüsselt oder humoristisch verpackt Kritik an den Verhältnissen äußern.
Die ***Karikatur*** entsteht im 17. Jh. in Europa als eine Form der Kritik an politisch-gesellschaftlichen Verhältnissen. Sie zielt auf die überspitzte, einseitige Herausstellung von Merkmalen oder Eigenschaften zu kritisierender Personen oder Sachverhalte und verzichtet auf ein ausgewogenes Bildgefüge und einen harmonischen Gesamteindruck der grafischen Darstellung. Berühmte

Beispiele stammen von HOGARTH, CRUIKCHANK und DAUMIER.

Eine weitere Wurzel der Bildergeschichte liegt in den mittelalterlichen Heiligenerzählungen auf Kirchenwänden und Portalen. Sie sollen der des Lesens unkundigen Mehrheit der Christenheit die Inhalte der Heiligen Schrift näherbringen. Zu dieser Zeit ziehen Moritaten- und Bänkelsänger durch Mitteleuropa und verbreiten ihre Geschichten nicht nur mit Liedern und Versen, sondern auch auf gezeichneten Bildwänden.

Die Bildergeschichte als Vorläuferin des Massenmediums ***Comics*** ist erst mit den effizienter werdenden Drucktechniken entstanden, die eine Verbilligung der Druckerzeugnisse nach sich zogen.

Als Geburtsstunde der Bildergeschichte gelten die Veröffentlichungen TÖPFFERS, eines schweizerischen Humoristen und Satirikers, der seine Geschichten seit 1827 erstmals in einer sequenziellen Bildersprache erzählt. Zu den Autoren der frühen Bildergeschichten zählt auch BUSCH, der seine humoristischen Moritate u. a. in den *Fliegenden Blättern* veröffentlichte. Obwohl die Verbindung von Erzählung und Illustration bereits seit früher Zeit gepflegt wird, wie einige Fresken der Ägypter, Darstellungen auf der antiken römischen *Trajanssäule* oder der *Teppich von Bayeux* belegen, ist die Bildergeschichte in ihrer damaligen Form ein Mittel, Berichte und Erzählungen für breite, wenig gebildete Bevölkerungsschichten bereitzustellen.

Der moderne ***Comicstrip*** (wörtl. komischer Streifen, bezeichnet die schmalen Streifen an den Rändern der amerikanischen Tageszeitungen, auf denen die Comics zum Teil auch noch heute zu finden sind) wird als die amerikanische Variante der Bildergeschichte Anfang des 20. Jh.s nach Europa reimportiert. In dem Zeitungs-Comic *The Yellow Kid* (ca. 1895–1905) benutzt der Zeichner OUTCAULTS Konturen, um den wörtlich gesprochenen Text einzukreisen und mit einem kleinen Häkchen in die Richtung seines Urhebers zu verweisen – Sprechblasen. Er hat diese zwar nicht erfunden, sie jedoch als einer der Ersten in seinem

Comic (1895) verwendet. Sprechblasen gab es schon längere Zeit in *Karikaturen.* Grund für die Aufnahme des *Comics* in die Zeitung ist jedoch, mit der Erhöhung der Attraktivität die Auflage zu steigern. Diese Idee wird von anderen Presseorganen aufgenommen. Später druckt man Zusammenfassungen der Zeitungs-Strips in kleinen Heftchen und seither bestreitet das Comicheft – vornehmlich als Bestandteil der Jugendkultur – weltweit seine Existenz in unterschiedlichen Genres und Qualitätsstufen.
Gleichbedeutend mit dem Begriff *Comicstrip* ist im ursprünglichen Sinne das Wort *Cartoon,* das sich von Karton ableitet und damit den Malgrund der Comiczeichner benennt. Da der Karton in der bildenden Kunst als Untergrund für Vorzeichnungen von Gemälden und Druckvorlagen benutzt wird, offenbart das den preiswerten und skizzenhaften Charakter dieses Mediums. Zeichnungen sind routiniert und von schneller Hand in großer Anzahl herzustellen. Die daraus entwickelten Reinzeichnungen werden reprografiert, koloriert und dann massenhaft gedruckt.

Die Formensprache des *Comics* hat aufgrund ihrer sequenziellen Erzählweise viel mit der Formensprache des Films gemeinsam, vor allem mit dem Trickfilm, mit der sie sich in wechselseitiger Beeinflussung fortentwickelt hat. Man spricht beispielsweise in beiden Medien von *Close-up* (Nahaufnahme) oder *Zoom* (Kamerafahrt) usw.

Entstehung eines Comicpanels: Bleistiftvorzeichnung – Tusche – Farbe

Die Abfolge der Dialoge (in Form von Sprechblasen) und die Aneinanderreihung von Einzelbildern (panels) erfolgen ähnlich wie bei der Dramaturgie von Spielfilmen. Die Lautmalereien sind ein typisches Comicelement und entstanden aus dem Bedürfnis, fehlende Geräusche durch frei gesetzte und manchmal lediglich auf den Stamm reduzierte Wörter wirkungsvoll zu ersetzen (peng, knirsch, prust, lechz).
Im modernen Herstellungsverfahren wird ein ***Comic*** von einem Szenaristen oder Texter ähnlich wie ein Drehbuch verfasst und von einem Zeichner in Bilder umgesetzt. In den USA und zum Teil auch in Europa zerfällt die Person des Zeichners in drei weitere, den ***penciler*** (Bleistiftzeichner), den ***inker*** (Tuschezeichner) und den ***colorist,*** der dem Werk schließlich die Farbe verleiht. Dies geschieht heute meist am Computer.

3.7 Schrift

Die Kunst der Schriftgestaltung heißt ***Typografie.*** Sie spielt im Grafikdesign eine wichtige Rolle. Als abstraktes Zeichensystem bildet die in der westlichen Welt benutzte lateinische Schrift mit 26 Buchstaben sämtliche Worte der westlichen Sprachen ab. Sie entstand aus dem altgriechischen Alphabet und wurde von den Römern entwickelt. Außer der lateinischen Schrift gibt es noch Kyrillisch, Hebräisch, Arabisch, Indisch, Chinesisch und viele weitere Schriften.
Die heutige Vielfalt der lateinischen Alphabete, die aufgrund der vielen digitalisierten Zeichensätze auf jedem Computer ein heilloses Wirrwarr stiftet, hat ihren Weg von der römischen Versalschrift ***Capitalis*** (Versalien sind Großbuchstaben) über die ***karolingische Minuskel*** (Kleinbuchstabe) und die gotischen Schriften zur ersten ***Antiquaschrift*** genommen. Mit ***Antiqua*** bezeichnet man diejenigen Schriften, die sich beginnend in der Renaissance an der ***karolingischen Minuskel*** orientieren. Im Gegensatz dazu stehen die gebrochenen Schriften ***(Textur, Gotisch,***

Fraktur) und *Unzialen,* die heutzutage im Schriftsatz kaum noch Bedeutung haben.
Zunächst gibt es unter den Formvarianten einer Schrift, genannt *Schriftschnitte* (früher wurde Schrift in Stempel „geschnitten“), nur normale, also keine fetten Buchstaben. Die *Kursive* wurde aus den Schreibschriften heraus entwickelt. Inzwischen existieren neben dem normalen *Schnitt (Roman* oder *Regular)* einer Schrift noch weitere, die ihr Erscheinungsbild stark abwandeln. Die *Kursive* ist eine nach rechts geneigte Variante, die zum Auszeichnen von Textstellen verwendet wird. Außerdem gibt es zusätzlich meist noch eine ganze Bandbreite unterschiedlicher Strichstärken, angefangen von mager (light), halbfett (medium), fett (bold) bis extra fett (black) und vielen Abstufungen dazwischen, zu denen es dann auch jeweils noch eine kursive Version gibt.

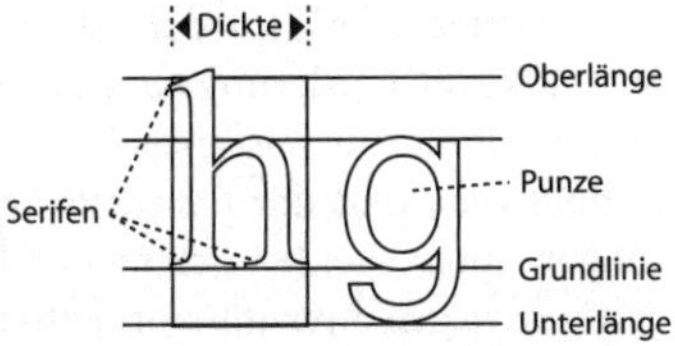

Ein Buchstabe, in der Fachsprache Letter genannt, besteht aus vielen Bestandteilen. Seine Breite nennt man *Dickte,* die von Linien eingeschlossenen Flächen (z. B. im „o“) sind die *Punzen,* die kleinen Füße an den Enden der Linien heißen *Serifen,* die *Ober-, Mittel-* und *Unterlänge* beschreiben die an der Grundlinine gemessenen Abschnitte der Buchstaben.
Serifen sind das hervorstechende Merkmal, um Schriften zu klassifizieren. Da Texte lange Zeit von Hand in Druckstöcke graviert wurden, fielen die Schwünge der Buchstaben und vor allem auch die Gestaltung der *Serifen* je nach Drucktechnik unterschiedlich aus. Am Anfang will man die alten Handschriften möglichst täuschend imitieren und stellt die mit Pinsel gezeichneten Schriften der Schreiber und Kalligrafen ebenso geschwungen nach. Später nimmt man die Formen der *Serifen* von den von Hand gefertigten Druckstöcken der Kupferstecher und Radierer ab. So entstehen dünne und flache oder betonte und geschwungene Serifen

und markieren die Unterschiede der Epochen. Grundsätzlich sind sie eine Lesehilfe und erleichtern die Fortbewegung der Augen innerhalb des Gefüges der Zeilen. Die modernen serifenlosen Schriften (z. B. die *Helvetica,* die *Arial*) stellen aber keine Ausnahme in der Entwicklung der Schriftkunst dar, denn die ältesten lateinischen Alphabete hatten auch keine „Füßchen“.

Formensprache der Schrift

Nach der Klassifikation des Deutschen Instituts für Normung DIN 16518 aus dem Jahr 1964 wird die lateinische Schrift in 11 Gruppen eingeteilt. Diese Gruppen haben unterschiedliche Erscheinungsformen und sind in der Regel einzelnen Epochen zugewiesen.

Mit der Erfindung des Buchdrucks durch GUTENBERG, der noch sein erstes Werk, die Bibel, in einer gebrochenen Schrift, der *Textur* setzte, wurde mit der massenhaften Verbreitung gedruckter Werke die Forderung nach einer gut lesbaren Schrift laut. So entsteht in der Renaissance die *Renaissance-Antiqua* in der *Venezianischen* und der *Französischen* Version. Beide Schriftgattungen unterscheiden sich nicht sehr deutlich voneinander und gehören wegen ihrer außerordentlich guten Lesbarkeit noch heute in moderner Form zu den meistverwendeten Schriften. Die bekannteste Schrift dieser Epoche ist die *Garamond* von einem Schriftsetzer gleichen Namens.

Garamond

ABCDEFGHIJKLMNOPQRSTUVWXYZ
abcdefghijklmnopqestuvwxyzß&ÄÖÜäöü
1234567890;,.:!?„“*{()}#>+-<

Im ***Barock*** werden die Serifen deutlich flacher und weniger gerundet. Die Schriften dieser Epoche nennt man ***Barock-Antiqua.*** Am bekanntesten sind die *Caslon* des gleichnamigen Setzers

Caslon

ABCDEFGHIJKLMNOPQRSTUVWXYZ
abcdefghijklmnopqestuvwxyzß&ÄÖÜäöü
1234567890;,.:!?„“*{()}#>+-<

und die *Times* von Morrison, die zwar 1932 für die *London Times* geschaffen wurde und nicht im ***Barock*** entstand, sich aber an die barocke Formensprache hält.

Times

ABCDEFGHIJKLMNOPQRSTUVWXYZ
abcdefghijklmnopqestuvwxyzß&ÄÖÜäöü
1234567890;,.:!?„“*{()}#>+-<

Im ***Klassizismus*** entwickeln sich in der *Antiqua* sogenannte Haarstriche, Serifen, die nun nicht mehr abgerundet sind, sondern als flache Striche waagrecht an die Linien angesetzt werden. Die *Bodoni* des gleichnamigen Setzers ist die herausragende Vertreterin dieser Epoche.

Bodoni

ABCDEFGHIJKLMNOPQRSTUVWXYZ
abcdefghijklmnopqestuvwxyzß&ÄÖÜäöü
1234567890;,.:!?„“*{()}#>+-<

Mit der industriellen Revolution verändert sich auch die Drucktechnik. Durch dampfbetriebene Druckmaschinen und automatisierte Satzmaschinen wie die Linotype von Mergenthaler finden Zeitungen und Magazine eine enorme Auflagensteigerung. Mit der Entwicklung des großflächigen Plakats wird der Ruf nach größeren, fetteren und prägnanteren Schriften laut, denn die eleganten Linien und feinen Serifen der Klassizistischen Antiqua sind dafür ungeeignet. Man entwickelt die serifenbetonte ***Linear-Antiqua*** und mit ihr die ersten fetten Schriften. Bekannt sind die *Clarendon* und eine Vielzahl an so genannten ***Egyptiennes,*** ein Name, der als Synonym für die ***serifenbetonte Linear-Antiqua*** verwendet wird.

Clarendon

ABCDEFGHIJKLMNOPQRSTUVWXYZ
abcdefghijklmnopqestuvwxyzß&ÄÖÜäöü
1234567890;,.:!?„“*{()}#>+-<

Eine weitere Neuerung in dieser Zeit ist die ***serifenlose Linear-Antiqua,*** auch ***Grotesk*** (engl. Gothic) oder ***Sans-Serif*** genannt. Sie kommt ganz ohne Serifen aus und zeigt sich in den Schriften *Helvetica* (1957) von Miedinger und *Futura* des Bauhaus-Typografen Renner. Sie vermitteln einen Eindruck von Sachlichkeit und Nüchternheit.

Helvetica

ABCDEFGHIJKLMNOPQRSTUVWXYZ
abcdefghijklmnopqestuvwxyzß&ÄÖÜäöü
1234567890;,.:!?„“*{()}#>+-<

Futura

ABCDEFGHIJKLMNOPQRSTUVWXYZ
abcdefghijklmnopqestuvwxyzß&ÄÖÜäöü
1234567890;,.:!?„“*{()}#>+-<

Die serifenlosen Schriften haben heutzutage eine große Bedeutung und eine gewaltige Vielzahl an unterschiedlichen Varianten erreicht.
Vor allem sind es ***Antiqua***-Varianten, welche die Vielzahl der Headline- und Displayschriften umfasst, die man nicht zu den im Werksatz (Buch-Schriftsatz) gebräuchlichen Schriften rechnet. Sie fallen durch ihre dekorative Eignung und außergewöhnliche Formgebung auf. In der Regel sind sie jedoch schlecht lesbar.
Weitere Gruppen sind ***Schreibschriften,*** die aussehen wie kalligrafische, mit Pinsel oder Feder gezogene Handschriften (z. B. *Künstler Script*),

3

Künstler Script

ABCDEFGHIJKLMNOPQRSTUVW
abcdefghijklmnopqrstuvwxyzß&ÄÖÜäöü
1234567890;,..:!?„"{()}#>+-<*

die handschriftliche ***Antiqua,*** deren Schriften wie von Hand mit Filzschreiber gemacht aussehen *(ComicSans)* und zuletzt die gebrochenen Schriften, zu denen die schon erwähnten *Unziale, Textur, Fraktur* und gotischen Schriften gehören.
Die nichtlateinischen Alphabete bilden eine eigene Gruppe.

Schrift als Kunst

Im asiatischen Raum, vor allem in China und Japan, hat die ***Kalligrafie,*** die Kunst des Schönschreibens, eine besondere Blüte erreicht. Da die Schriftzeichen der Asiaten stärker als unsere lateinische Schrift mit den Bildzeichen verwandt sind, werden sie im persönlichen Pinselduktus des Künstlers zu einem Ausdrucksmittel von hoher Kraft. Beispielhafte chinesische Kalligrafen sind Wang Hsi-chih (4. Jh.), Tseng Kuo-fan (19. Jh.), Pu Hsin-yu (20. Jh.).

In Arabien wurde ebenfalls die ***Kalligrafie*** als eine hohe, Religion und Ästhetik umfassende Kunst gepflegt. Der Künstler Ibn Muqlah (10. Jh.) entwickelte sechs grundlegende Stilrichtungen und gilt als ein Begründer der islamischen Schriftkunst. Im 17. Jh. vervollkommneten Kalligrafen wie Shaykh Hamdullah al-Amsani den osmanischen ***Tughra-Stil.***

Im abendländischen Raum entwickelte sich basierend auf keltischer und germanischer ornamentaler Kunst im Mittelalter die ***Buchkunst*** als besondere Form der Schriftkunst. In klösterlichen Schreibwerkstätten entstanden prachtvolle Bibeln, Kodizes, Evangeliare, Psalter und Stundenbücher. Sie wurden von Hand geschrieben und mit kostbaren Illustrationen und Ornamenten ausgestaltet. Für einen weltlichen Auftraggeber entstand das *Stundenbuch des Duc du Berry,* dessen mittelalterliche Miniaturen Szenen aus dem Alltagsleben auf einer ganzen Seite zeigen. Die europäischen Kalligrafen setzen, anders als die asiatischen, weniger auf den freien Pinselstrich, sondern auf den gleichförmigen Buchstaben, der nur als ***Initial*** mit Verzierungen und Ornamenten individuell ausgestaltet wird.

In den letzten drei Jahrhunderten hat im Zuge der Fortentwicklung der grafischen Techniken eine starke formale Entwicklung der Schriften stattgefunden, an der sich neben den bereits erwähnten viele große Schriftdesigner beteiligt haben, wie in letzter Zeit Frutiger u. a. mit seiner *Univers,* Licko u. a. mit ihrer *Triplex* oder Spiekermann u. a. mit seiner *Meta.*

3.8 Digitale Bildmedien und Screendesign

Mit den digitalen On- und Offlinemedien und auch mit dem computerunterstützten DTP, kommen neue ästhetische Elemente und gestalterische Aufgaben auf Grafikdesigner zu. Natürlich können sie ihre typografischen und bildnerischen Fähigkeiten weiter anwenden, aber seit einigen Jahren besitzen sie Instrumente, die eine täuschend echte Wirkung fiktiver Bilder

mittels der Kunst des ***Bildcomposings*** oder mittels ***3-D-Gestaltungssoftware*** erzeugen. Und sie setzen sich mit den für sie neuen Gestaltungsfeldern ***Animation*** und ***Interaktivität*** (Multimedia, Internet) auseinander. Unter dem Stichwort ***Multimedia*** werden außer dem Gesichtssinn auch das menschliche Gehör angesprochen.
Das ***Composing*** wurde früher Fotomontage genannt und hatte die Aufgabe, die Idee oder Vorstellung einer nicht existierenden Sache realistisch zu veranschaulichen. Eingriffe in die Fotomontage waren eingeschränkt, mühevoll und nur Fachleuten vorbehalten, die über ein Fotolabor und entsprechende Hilfsmittel verfügten. Seit der Entwicklung der digitalen Bildbearbeitung steht nun Software zur Verfügung, die das elektronisch und mit zahlreichen Optimierungsmöglichkeiten bewerkstelligen kann (Adobe Photoshop, Gimp).
Plastische Gegenstände und Räume werden mit einer 3-D-Software aufgebaut, die farbige Objekte nicht nur mittels eines dreistrahligen Koordinatensystems geometrisch exakt darstellt, sondern auch Oberflächentexturen, Spiegelungen und Lichteinfall simuliert (z. B. Sketchup Make). In einem weiteren Prozess können diese Räume als Bühnen und 3-D-Objekte als Darsteller animiert werden. So sind mittlerweile abendfüllende Spielfilme in virtuellen Welten inszenierbar (z. B. Blender).
Die ***Animation***, also der Puppen- und Zeichentrick, ist seit Beginn des 20. Jh.s dem Film vorbehalten. Doch seit den 90er-Jahren stehen dem Grafikdesigner digitale Animationswerkzeuge zur Verfügung, die sich als Videodatei vielfach weiterverwenden lassen.

Die bedeutendste Neuerung eröffnet die Möglichkeit der direkten und unmittelbaren ***Interaktion***, von der es zwei Formen gibt: die ***programmierte Interaktion*** und die ***kommunizierende Interaktion***.
Programmierte Interaktion: In einem vorgeschriebenen Ablauf festgelegt, dominiert sie z. B. Video- und Computerspiele, aber auch Apps und Internetauftritte.

Inhaltlich werden dabei an bestimmten vorgegebenen Knotenpunkten Wahlmöglichkeiten angeboten, zwischen denen der Spieler oder Benutzer entscheiden muss. Der Nutzer folgt dem Geschehen also nicht linear, wie bei einem Buch, in dem die Seiten in einer Reihe aufeinanderfolgend durchgeblättert werden. Stattdessen befinden sich an jeder Station des Mediums vorprogrammierte Optionen, die eine Entscheidung des Nutzers verlangen. Die Struktur ist indexartig, verzweigt sich unentwegt und konfrontiert den Nutzer ständig mit Wahlmöglichkeiten. Seine Aufmerksamkeit und sein aktives Vorgehen werden unablässig gefordert. Damit unterscheidet sich ein solches digitales Medium klar von den passiven, Konsum fördernden Medien wie Rundfunk, Fernsehen oder Film.
Kommunizierende Interaktion: Diese tritt dann auf, wenn mehrere Teilnehmer über ein Netzwerk wechselwirkend aufeinander Einfluss nehmen und sich zu Aktionen und Reaktionen provozieren. Dieses Interagieren lässt sich bei Web-Chats beobachten, aber auch bei Online-Spielen und Mailgroups, Foren, Newsgroups oder LAN-Partys. Bemerkenswert ist, dass die Verläufe solcher interaktiver Veranstaltungen spontan, unerwartet und ungeplant und die Ergebnisse völlig ungewiss sind. Damit entsprechen sie nicht den gewohnten einseitigen Kanalstrukturen bei Informations- und Nachrichtenmedien außerhalb von Computernetzwerken (Zeitungen, Rundfunk, Sachbücher), sondern fallen in den Bereich der Telekommunikation.

Dadurch, dass die neuen Medien vornehmlich über Bildschirmelemente bedient werden, sind zwei neue Zweige des Grafikdesigns entstanden, das ***Screendesign*** und das ***Interfacedesign.*** Ein Screendesigner gestaltet den Aufbau einer typischen Bildschirmseite (engl. screen), ein Interfacedesigner entwirft die Bedienoberflächen (interfaces) und Menüs von Software sowie die Eingabemasken (also Onlineformulare) von Userinterfaces. Zu den neuen Gestaltungselementen gehören die ***Piktogramme*** (icons) als Repräsentanten von Dateien, Verzeichnissen oder Programmen, Schaltknöpfe (buttons) zum Auslösen entsprechender Befehle, Ausklappmenüs (pulldown menues), Scroll-Balken, Maus-Cursor sowie ein Repertoire an Animationen zur Hervorhebung und Auszeichnung von Vorgängen. Eine multimediale Produktion verlangt, dass sich der Designer mit Toningenieuren und 3-D-Animatoren zusammenschließt. Sie eröffnet ein weites Feld, das nur in der Zusammenarbeit vieler Fachleute bestellt werden kann.

Das Entwerfen freier Screendesigns ist ein beliebtes Experimentierfeld großer Massen von Usern geworden, die sich in Foren und Newsgroups organisieren und sich künstlerisch entfalten. Sie gestalten faszinierende virtuelle Organismen, simulierte Cyberwelten und beschäftigen sich mit innovativen Gestaltungstools.

BEISPIELE

www.mowa.org,
www.dam.org,
www.bornmagazine.org.
www.designmadeingermany.de

Tipps für die eigene Gestaltung:
https://lehrerfortbildung-bw.de/st_digital/medienkompetenz/gestaltung-layout/interface/tipps/

4 Gestaltung von Lebenswelten

4.1 Idee, Funktion und Form in der Architektur

In Bauten erschafft sich der Mensch ihn schützende, beherbergende Räume. Mit ihrer Hilfe grenzt er einen von ihm bestimmten und gestalteten ***Lebensraum*** gegen den ihn umgebenden ungeordneten ***Naturraum*** ab. Im Schutz gegen widrige Einflüsse der Welt, gegen Unwetter und Gefahr, liegt die primäre Funktion der Architektur. Zusätzlich realisiert das Bauen spezifische individuelle wie auch öffentliche Bedürfnisse nichtmaterieller Art. Architektur wird zur raumkörperlichen Darstellung menschlicher Auffassungen, Lebensweisen, damit gesellschaftlicher Ordnungen, religiöser oder profaner Welterklärung.
In sekundärer Funktion ist Architektur ästhetische Widerspiegelung der Welt, ist gestalteter, lesbarer Informationszusammenhang, ist gestaltete, sinntragende Umwelt des menschlichen Lebens: Vom Einzelbau bis zum gebauten Ensemble, vom Lebensraum einer Stadt bis zur Ausdehnung eines Siedlungsraums.

ZITAT

Die Architektur umfasst die gesamte physische Umwelt, die das menschliche Leben umgibt; wir können uns ihr nicht entziehen, solange wir der bürgerlichen Gesellschaft angehören, denn die Architektur ist die Gesamtheit der Umwandlungen und Veränderungen, die im Hinblick auf die Bedürfnisse des Menschen auf der Erdoberfläche, mit Ausnahme der reinen Wüstengebiete, vorgenommen werden.

WILLIAM MORRIS (1881)

Durch Verbundenheit von Materialität und Idee verwirklicht Architektur ästhetische Aneignungs-, Deutungs- und Erneuerungsprozesse von Welt, Geist und sozialer Wirklichkeit.
In seinen besten Beispielen wird das Bauen zur Baukunst, das Handwerk des Bauens zur künstlerischen Tätigkeit, der entwerfende Architekt zum Künstler.
Die unmittelbare Betrachtung von Architektur rückt die äußere Erscheinung von Gebäuden in den Vordergrund. Hierin zeigt sich die Bedeutung des formsprachlichen Aufbaus und der Ästhetik von Architektur. Ähnlich wie bei Gemälden oder Skulpturen spielen auch Symbole und Inhalte eine Rolle, z. B. politische oder religiöse Programme.
Kunstwerke der Architekturgeschichte bringen besondere Anliegen, Absichten, einen ästhetischen Plan zur Anschauung. Die gewählten Ausdrucksmittel lösen die Probleme der bildnerischen Gestaltung, ihre Anschaulichkeit finden sie in sinnlich gestaltetem Material, ihr Ziel ist es, dem Betrachter oder Besucher die Einheit der Idee anschaulich vor Augen zu führen.

ZITAT

Die Architektur ist eine reine Kunst der Erfindung, denn für ihre Formen gibt es keine fertigen Prototypen in der Natur, sie sind freie Schöpfungen der menschlichen Fantasie und Vernunft.

SEMPER (1854)

Architektur braucht kreativ-künstlerisches Tun: Intuition, Imagination, Formfindung, Realisierung. Sie findet ihre konkreten Ausdrucksmittel in der Gestaltung der Baukörper, der Bauformen und aller Bauelemente.

Der Baukörper

Bauwerke sind ein materieller und ideeller Zusammenhang von Baukörper und Raum, bei dem Körper und Raum sich gegenseitig bedingen. Baukörper definieren sich vor allem durch ihre Grenzen: Kanten, Flächen, addierte Teilkörper und deren plastische Formen.

Der Massenbau

Einfache Primärkörper mit anschaulicher Flächenhaftigkeit und scharfen Kanten bestimmen den geometrischen Massenbau.

BEISPIELE

Pyramiden von Giseh, Cheops 2650 v. Chr.
Guarantee-Building, Buffalo, N.Y. 1894
Seagram-Building, New York 1954

Gestaltungsmittel sind neben der Form des Baukörpers selbst Proportion und Fassadengliederung. Der allseitige, symmetrische Körper besitzt abstrakt-kristallinen Ausdruck. Ordnung und Rationalität prägen diese elementaren Körper.

Der Gliederbau

Der Gliederbau zeigt seine Grundstruktur in der Aufgliederung in vertikal tragende und horizontal getragene Elemente. Er veranschaulicht seine Konstruktion mittels sichtbar angebrachter aufstrebender Stützen und ruhender Lasten.

BEISPIEL

Parthenon-Tempel, Athen ab 447 v. Chr.

Hier entsteht Spannung durch die formale Selbstständigkeit der Teile (Säulen, Gesimse) und die konzipierte Einheitlichkeit des Baus. Im inneren Dialog der Einzelelemente entfaltet der Gliederbau seine lebendig-organische Wirksamkeit.

Gestaffelte Baumassen

Ein vielfach genutztes Ausdrucksmittel architektonischer Gestaltung findet man in der Staffelung von Baukörpern. Gestaffelte Baumassen gliedern große, mehrteilige Bauten in anschauliche Einheiten. Die additive Zusammensetzung unterschiedener Teilkörper bei gleicher äußerer Charakteristik der Oberfläche und prägnanter Unterordnung zum Hauptkörper hin finden wir u. a. im Bautypus der Basilika.

BEISPIELE

San Apollinare, Classe, Ravenna 530–549
St. Michael, Hildesheim 1010–1030

Im Gleichklang der Symmetrie geordnet, wirkt ein Baukörper ruhig und feierlich. Horizontale Gliederungsweisen gestaffelter Baukörper in Gruppen oder Folgen trifft man beispielsweise im Wohnbau der ***Moderne,*** vertikale Ordnungen häufig im späten mittelalterlichen ***Sakralbau.*** Zentrale Aufbauten spiegeln den Geist der ***Renaissance,*** die gleichfalls aber auch harmonische oder rhythmisch-gewichtete Staffelungen erbaut.

BEISPIELE

Sanatorium, Purkersdorf 1904
Oud, *Reihenhäuser,* Weissenhof 1927
Luckhardt, *Reihenhäuser,* Berlin 1927
Dom, Köln 1248–1322
Villa Capra La Rotonda, Vicenza 1550

Asymmetrische Staffelungen wirken bewegter, lockerer, organischer. Ihre Teile sind frei ausbalanciert, stehen in freier Gewichtung zueinander.

BEISPIELE

Hill House, Helensburgh, Glasgow 1905
Robie House, Chicago 1909
Mathildenhöhe, Ausstellungsbauten, Darmstadt 1901
Opernhaus, Sydney 1951

Immer vermeidet ein gestaffelter Aufbau den übergroßen Gleichklang monotoner Reihungen, entwickelt im Versatz und Wechsel der Baukörper spannungsreiche, rhythmisierte Ordnungen.

Die ***Oberflächengestaltung*** der genannten Baukörper reicht von klarer, flächiger Struktur ***(Pyramiden)*** bis hin zu körperlich-plastischer Modellierung ***(gotische Kathedralen).*** Die formalen Möglichkeiten bewegen sich hierbei grundsätzlich zwischen den Polen präziser Geometrie, klarer Linearität und Flächigkeit und Formen belebter Organik, Gebogenem, Kurvigem, allem Gerundeten.

Der Raumkörper

Der gestalterische Plan jeder Architektur bezieht sich vor allem auf die Formung des Inneren von Bauten. Dieser Raum wird wie zuvor der Baukörper durch seine Begrenzungen definiert. An Böden, Wänden und Decken kann er in Höhe, Breite und Tiefe gemessen werden, sind seine Dimensionen anschaulich. Die architektonisch-gestalterische Festlegung des Baukörpers ist das Mittel der Raumgestaltung.

Zu unterscheiden sind zwei Erscheinungsformen: Der ***Innenraum*** (die Gesamtheit des Inneren) und der das Bauwerk umfassende ***Außenraum*** (das den Körper umschließende Äußere).

In der Planung des Inneren legen vor allem Kreis und Gerade dominante Gegensätze der Raumgestaltung fest. Der Kreis verweist ohne jegliche Richtungstendenz auf sein Zentrum. Als Grundfläche bestimmt er den ***Zentralraum,*** einen Raum, der in sich ruht, auf seine Mitte und den darüberliegenden Deckenpunkt ausgerichtet ist.

BEISPIELE

Stangenzelte

Pantheon, Kuppelraum, Rom 117–125 n. Chr.

Tempietto von S. Pietro, Montorio, Rom 1502

Die Gerade bewegt sich von einem Ausgangspunkt gerichtet in die Tiefe, es entsteht der ***Richtungsraum.*** Der rechteckige Längsraum verweist auf ein Ziel, gibt eine Bewegungsrichtung vor.

BEISPIELE

Kathedrale, Chartres 1194–1260

Elisabethkirche, Marburg 1235–1283

Zwischen beiden Extremen entwickelt sich die Vielfalt des architektonischen Raums. Im Spannungsverhältnis von Fläche und Tiefe, den Proportionsverhältnissen von Höhe und Breite, den Vorstellungen von raumgreifenden Würfel-, Quadern- und Halbkugelstrukturen entsteht die Kunst des Raumes.

Rhythmisierungen eines Innenraums in Haupt- und Teilräume, rationale Raumfolgen oder freie Raumstrukturen geben den Stilen der Architekturgeschichte ein Programm.

Im Wechselgespräch von Baukörper zu Baukörper entstehen darüber hinaus ***Raumkompositionen des architektonischen Außenraums.*** Zwischen den Gebäuden, auf Straßen, auf Plätzen, in unseren Städten wird Raum definiert, kann Raum im Durchschreiten und Betrachten erschlossen werden. Erst in der Bewegung im Raum ist das Ausdrucksmittel Raum tatsächlich erfahrbar, wird seine Ordnung zur sinnlichen Erkenntnis.

Die Wand

Dem menschlichen Blick zeigen sich Wände. Sein augenscheinliches Bild erhält der Baukörper durch sie. Wände aus massivem Stein oder Mauerwerk, Wände aus Beton, aus Holz oder Glas: Wände sind das Antlitz des Baus, geben den Fassaden ihren Charakter.

Tragende Wände des ***Steinbaus*** nehmen die Lasten (Druckkräfte) des Gebäudes auf und verteilen diese gleichmäßig (Massivbau). Die Wand zeigt sich geschlossen und fest.

Geometrische, linear bestimmte Felder prägen das Gesicht des ***Fachwerkbaus*** (Gerüstbau). Hier übernehmen tragende Holzstützen die Lasten, verbleibende Zwischenräume werden mit leichtem Material ausgefacht.

Die moderne ***Stahlskelettkonstruktion*** entmaterialisiert die Außenhaut des Bauwerks. Schlanke Stützen sind in der Lage, der einwirkenden Schwerkraft großer, vielgeschossiger Gebäude standzuhalten. Strahlende, das Licht reflektierende Fensterwände aus Glas stehen vor einer Flucht tragender Stahlstützen (Curtain wall). Lastende und stützende Elemente bleiben im Verborgenen, die Wand wirkt schwerelos.

Die Fenster

Abhängig von Funktion, baulicher Konstruktion und ästhetischem Ideal sind ***Öffnungen der Raumschale*** wichtiger Teil des architektonischen Plans. Fenster und Türen entstehen in Übereinkunft mit dem Programm des Bauwerks. Das Verhältnis von Wand und Öffnung entwickelt eine große Variationsbreite. Es

reicht vom kleinen Loch in massiver Wand bis zur vollständigen Negation statischer Mittel.
In der Gestaltung des Lichteinfalls erweist sich, dass Architektur mehr als feste, materielle Bauteile organisiert. Es ist das gestaltete Licht, welches den Raum modelliert, ihn im Laufe eines Tages verändert, ihm seine spezifische Anmutung verleiht.

Das Dach

Das Flachdachhaus, ein Primärkörper per se, ist die einfachste Form eines Baukörpers. Vielgestaltiger und differenzierter sind andere Dachformen. ***Satteldach, Pultdach, Zelt***- oder ***Pyramidendach, Tonnendach, Walmdach, Krüppelwalmdach, Kegeldach*** oder ***Mansardendach*** sind Dachformen unterschiedlichster Tradition und Funktion. Sie betonen den Baukörper in erweiterndem Sinne, entwickeln den individuellen Charakter des Hauses.
Unter ihrer Oberfläche verbirgt sich der notwendige statische Aufbau. Es wurden im Laufe der Zeit so viele Stützelemente und Dachkonstruktionen entwickelt, wie äußere Dachformen benötigt wurden.

Die Fassade

Die Gliederung der Fassade bringt Qualitäten des Grafischen in die Baukunst. Architektur zeigt hier Ausdrucksmittel einer Gestaltung, die sich stets auf die Zweidimensionalität der ***Fläche*** bezieht (▶ S. 27). Daneben werden auch Ausdrucksmittel des ***Reliefs*** wirksam (▶ S. 37, 47).
Fenster und Türen sind eingebunden in einen zeichnerischen Plan, dessen bewusst ästhetische Zielsetzung die sinnvolle Verbindung aller Einzelteile anstrebt. Die Proportionierung der Geschosse mit ihren Gestaltungselementen, deren An- und Zuordnung, Ausdrucksmittel des Materials (z. B. Naturstein, Backstein, Marmor, Beton, Putz), Strukturbildung, Ornament und Farbwahl lassen die Gestaltung der Fassade zur Visitenkarte des Bauwerks werden.

4.2 Konstruktion und Gestalt von Design

Konstruktion und Gestalt von Design

Konstruktion und formale Gestalt eines Designproduktes beziehen sich auf die gegebene Aufgabe, den Zweck, die geplante Nutzung des Produktes selbst. Dabei werden verschiedene Designfunktionen berücksichtigt: Die praktische Funktion (es erfüllt seinen praktischen Zweck), die ästhetische Funktion (es spricht seinen Benutzer an), die Anzeigefunktion (man kann ihm seine Gebrauchsfunktion ansehen), die repräsentative Funktion (es signalisiert den Stil und die soziale Rolle des Benutzers).
Industrielle Formgebung, ***Design,*** gibt einem gewählten Rohstoff, sei es nun Holz, Metall oder Kunststoff, seine im Plan entwickelte Form. Dazu gehören auch die Organisation des Fertigungsprozesses, Wirtschaftlichkeit und Ökologie ebenso wie die empirische Erforschung der Konsumenten. Grundsätzlich findet die Gestaltung industriell gefertigter Gebrauchsgüter ihre formale wie auch inhaltliche Rechtfertigung in den Anforderungen der Benutzer an das Objekt.

Die Gestalt und die Form

Im Bereich des sinnlich-wahrnehmbaren Gestaltungszusammenhangs eines Designobjekts ist es die Gesamterscheinung als Summe aller ihrer Einzelelemente und Formungen, die Akzeptanz oder Ablehnung hervorruft. Konstituierende Aspekte der Gestalt sind grundsätzlich Form, Material, Oberfläche und Farbe. Komplexität und Ordnung einer Designform geraten in ein spannungsvolles Mit- und Gegeneinander und vermitteln so dem Betrachter oder Benutzer einen Eindruck und ein Empfinden für die Funktion des Gebrauchsgegenstands (z. B. das Wechselspiel zwischen Lehne, Sitzfläche und Beinen eines Stuhls).

Grundsätzliches Ausdrucksmittel des Designs ist die Form. Zwischen plastischer, dreidimensionaler Formung und planflächig-zweidimensionaler Formgebung entwickelt sich das Erschei-

nungsbild der Produkte. Dabei gelten die aus der bildenden Kunst vertrauten ästhetischen Grundlagen. Eine rationale, funktionale, einfache Form veranschaulicht eher einen technisch-zweckhaften Ausdruck. Der Betrachter sieht dem Gegenstand seinen Gebrauchszweck dann meist ganz unmittelbar an.
Eine reichere, spielerische Durchdringung von Oberfläche und Einzelelement zielt demgegenüber auf emotionale Bedürfnisse der Benutzer und lenkt von der technischen Funktion des Gegenstands ab. Dies kann bis zu Formen rein äußerlicher Dekoration reichen (ein Kerzenleuchter in Form einer menschlichen Figur) oder auch bis hin zu sentimentalem Kitsch (Kuckucksuhr).

Die Materialität

Das Material eines Designproduktes ist unter den Gesichtspunkten der Stabilität, Dauer, produktionstechnischen Eignung, Verfügbarkeit, Entstehungskosten, aber auch der ästhetischen Wirksamkeit zu bewerten. Es vermag Ausdrucksqualitäten wie Innovation und Modernität, aber auch, bei entsprechend gelungener Materialwahl, Traditionalismus und konservativen Stil zu vermitteln.

Die Oberfläche

Die Oberfläche eines Gebrauchsgegenstandes definiert sich sowohl in ihrer Formung wie auch im gewählten Material. Aus der Betrachtung der Oberfläche resultierende Empfindungen verdeutlichen deren Ausdrucksqualitäten: Die Anmutung von Wärme oder Kälte, haptischer Zuneigung oder Distanz, Beruhigung oder Irritation und Dynamik, Vertrautheit oder Fremde entsteht u. a. in Reaktion auf die Oberfläche. Im Gegensatz zu den Objekten handwerklicher Produktion zeigen sich Gebrauchsgüter industrieller Fertigung meist von perfekter, makelloser Oberfläche. Darin drückt sich unter anderem das Bemühen aus, ausgerechnet Massenprodukte als ideale, reine und unberührte Prototypen erscheinen zu lassen, als etwas ganz Besonderes und Einzigartiges.

Die Farbe

Ganz unmittelbar wirkt die Farbigkeit von Designgegenständen. Auch hier gelten die allgemeinen Gegebenheiten der Formensprache (▸ S. 29 ff.). Aktive, farbintensive Lackierungen oder Einfärbungen bilden den Gegenpol zum Bereich neutraler, passiver Farben. Abhängig von Charakter und Intention des Produktes wählt hier der Produzent, der Designer. Eine differenzierte Farbgestaltung innerhalb eines Objekts vermag die mögliche Simplizität der Gesamtform zu kompensieren, formgestalterische Defizite auszugleichen. Nicht zuletzt sind es die Impulse der Mode, die den farblichen Ausdruck der Produkte prägen.

Ordnung und Komplexität

Der Aufbau der Produktgestalt orientiert sich innerhalb einer Skala von Ordnung und Komplexität. Objekte hoher Ordnung kennzeichnet häufig ihr geringes Maß an ästhetischer Vielfalt. Ihre Struktur ist von großer Übersichtlichkeit und Klarheit, die Formsprache reduziert und von eindeutiger, formaler Askese. Die Zielsetzung der Objekte hoher Ordnung liegt vor allem in der Veranschaulichung logischer Klarheit und rationaler Konsequenz.

Bei komplexer Ordnung finden wir demgegenüber eine große Zahl unterschiedlicher Gestaltungsmotive und Anordnungen. Die zumeist gleichzeitige Nutzung differierender Formen, Farben und Flächen erhöht die Komplexität des betreffenden Objekts, beschäftigt, interessiert, bindet oder beunruhigt den Betrachter/Benutzer in gewolltem Maße.

4.3 Architekturgeschichte bis zum Beginn der Moderne

Griechische Antike

„Der griechische Tempel ist der nie wieder erreichte Gipfelpunkt aller Architektur, soweit sie je ihre Erfüllung in der Richtung plastisch-körperhafter Schönheit gesucht hat." (PEVSNER)
Grundlage griechischer Architektur war der einfache mykenische Tempel und der Bautypus des ***Megaron.*** Der Tempel selbst darf als die bedeutendste Bauaufgabe der Griechen angesehen werden. Nach nahezu einheitlichem Bauschema hat man ihn über Jahrhunderte hinweg errichtet. Seine Anfänge als Lehmziegelbau mit einem Gebälk und Dach aus Holz liegen wahrscheinlich im 9. Jh. v. Chr., die Entwicklung des Steinbaus wird mit dem 6. Jh. v. Chr. festgelegt. Die Form des klassischen griechischen Tempels existiert seit etwa 500 v. Chr.
Kernstück ist die ***Cella,*** ein rechteckiger Hauptraum im Innern, oft von zusätzlichen Nebenräumen begleitet. Im Äußeren finden wir die allseitig umlaufende, schmale Säulenhalle, den ***Säulenumgang.*** Der Tempel zeigt sich grundsätzlich als rechteckiger Gliederbau mit vertikal tragenden Stützen und doppelseitiger Giebelfront. Auf den Stützen liegt das horizontale Gebälk, der ***Architrav,*** dann ***Fries, Giebel*** und Dach. Die griechische Säulenbaukunst des Tempels stellt den Gegensatz von Träger (Stütze) und Last anschaulich und unverhüllt dar.
Sie rückt damit die konstruktive Bedeutung der einzelnen Bauglieder in den Vordergrund, betont die Klarheit der Proportionen, vermittelt die Intensität körperhafter Formgebung. Das Konstruktionssystem Tempel formuliert ein architektonisches Ideal. Seine Kombination der Elemente kennzeichnet ihn als lebendigen Organismus, sein Ziel liegt darin, eine Idee von exakten Maßbeziehungen, ausgewogener Proportion, harmonischer Ordnung und sakraler Repräsentation zu veranschaulichen.
Die ***klassischen Säulenordnungen*** werden nachfolgend in historischer Abfolge beschrieben:

Die dorische Ordnung

Auf dem Fundament (Stereobat) erhebt sich die meist dreistufige ***Krepis,*** auf deren oberster Stufe (Stylobat) stehen im Schaft kannelierte Säulen. Die kantigen, gradlinigen, vertikalen ***Kanneluren*** (Hohlkehlen) straffen den mächtigen Säulenschaft. Den oberen Abschluss der Säule bildet das schlichte ***Kapitell,*** bestehend aus ***Echinus,*** einem sich verbreiternden, gerundeten Wulst und ***Abakus,*** einer quadratischen Deckplatte. Der Gesamteindruck des dorischen Tempels ist klar, ernst und kraftvoll.

Die ionische Ordnung

Geschmückter und anmutiger wirkt der Tempel ionischer Ordnung. So zeigt das erweiterte Säulenkapitell in Vorderansicht beidseitig je eine gerundete ***Volute*** (spiralförmig eingerollte Form). Der Säulenhals ist ornamental verziert. Der Säulenfuß erklärt sich als Basis mit Wülsten und Kehle, die ***Kanneluren*** sind nun plastisch durch schmale Stege getrennt. Der Schaft ist insgesamt dünner, in seiner Wirkung eleganter, das ionische ***Fries*** dekorativ mit Skulpturen ornamentiert. Wie schon bei der dorischen Ordnung bleibt die ***Cella*** ein von außen wenig auffälliger Raum, bestimmen Abstand und Schlankheitsgrad der Säulen den plastisch-vielgliedrigen, immer maßvollen Charakter des Tempels.

Die korinthische Ordnung

Von gesteigerter Feingliedrigkeit und dekorativer Eleganz erweist sich schließlich die korinthische Ordnung. Bezwingend und in den unterschiedlichen Erscheinungsformen der Entwicklung stets von aufwändiger Schönheit ist das ***korinthische Kapitell.*** Fein gearbeitete ***Akanthusblattranken*** umschließen allseitig das Kapitell, ersetzen die nur zweiseitigen ***Voluten*** durch Blattkränze, Spiralen, ***Palmetten*** oder Blattkelche. Im Formenreichtum dieser Architektur wird bereits die persönliche Schöpferkraft und Handschrift bedeutender Bildhauer und Architekten deutlich.

BEISPIELE
Olympieion, Athen 515–510 v. Chr.
Poseidon-Tempel, Paestum 480 v. Chr.
Parthenon-Tempel, Akropolis, Athen 447–438 v. Chr.

Römische Antike

Die römische Architektur verwendet die Formsprache griechischer Baukunst (griechische Ordnungen, Einzelelemente), verfolgt aber überwiegend dekorative Absichten. So übernimmt der römische Tempel nur im Grundsatz das griechische Modell. Er erweitert die ***Cella*** wesentlich, steht nun auf einem ***Podium*** (hoher Unterbau) und erhält eine bestimmende Frontseite mit Freitreppe und von Säulen getragener Vorhalle. Schmückend sind schlanke Halbsäulen den Außenwänden der Cella vorgeblendet.

BEISPIEL *Maison Carreé,* Nîmes 16 v. Chr.

Die ***Basilika***, ein für Gerichts- und Marktzwecke genutzter Bautypus einer mehrschiffig überdeckten Halle mit erhöhtem Mittelschiff, erhält durch den historischen Wandel ihrer Funktion besondere Bedeutung in der weiteren Baugeschichte. Die Umformulierung der zweckhaften Bestimmung des Baus verwandelt einen Profanbau in das spätere Modell sakraler Architektur (***Basilika*** romanischer u. gotischer Kirchen).
Römische Baukunst verwendet mit Vorliebe massives Mauerwerk. Sie erfindet hierzu neue Bautechniken und Materialien und entwickelt eigene Bautypen, die in gelungener Synthese Zweck, funktionell-rationalen Massenstil und repräsentative Gestaltung in sich vereinen.

BEISPIEL *Pantheon,* Rom 118–128 n.Chr.

Die aufregende architektonische Verbindung eines rechteckigen Tempelbaus mit einem gigantischen Rundbau (Rotunde) gelingt im *Pantheon,* dem ersten großen ***Kuppelbau*** der Baugeschichte. Durch die neuartige Bautechnik des ***Gussmauerwerks*** wurde eine Bauform dieser Spannweite ermöglicht. Im Besonderen gilt dies für die große Kuppel, die mächtige Einwölbung des runden Hauptraumes. Die Entdeckung des Verfahrens, bestimmte vulkanische Substanzen mit Wasser zu vermischen, um so einen tauglichen Zement zu erhalten, beeinflusste die Ideen römischer Architektur weitreichend. Bauliche Dimensionen und Formen konnten jetzt mit jenem betonartigen Baustoff gedacht und errichtet werden, die nur schwerlich oder zumindest sehr viel langsamer mit den konventionellen Methoden des griechischen Steinbaus hätten verwirklicht werden können.

Dem römischen Dekorationsbedürfnis entsprechend, präsentiert sich das *Pantheon* in aufwändigem Schmuck: korinthische Säulen, Nischen, Pilasterformen, Gebälk, Marmordekorationen und nicht zuletzt die wirksame, abgetreppte Kassettenstruktur in der Kuppel. Der zugrunde liegende, formale Aufbau bietet eine überzeugende Lösung eines monumentalen ***Kuppelbaus.*** Von der Vorhalle des Tempelbaus, durch einen rechtwinkligen Zwischenbau, quer durch den Rundbau, hin zur kleinen ***Apsis*** führt horizontal die Längsachse.

Sie legt die Längsausrichtung des Grundrisses fest. Demgegenüber wirken jedoch im Innenraum der ***Rotunde*** Kräfte einer zentralen Architektur (kreisrunder Raum, Kuppel als Halbkugel). Die Höhe bis zum Scheitelpunkt (43,4 m) entspricht dem Durchmesser des Rundbaus. Diese Vertikale führt augenscheinlich den Blick hinauf zur zentralen runden Öffnung der Kuppel. In Gestalt des *Pantheons* sind die Lebendigkeit einer längs gerichteten Bewegungsrichtung und die Ungreifbarkeit einer zentralen gigantischen Himmelskuppel in gelungener Weise vereint.

Zu den Pflichten eines Staates gehören öffentliche Bauaufgaben. Hier wird Architektur direkter Ausdruck gesellschaftlicher Strukturen, ist Baukunst les- und sichtbares Abbild der Herrschaftsverhältnisse. Im gebauten Symbol verkündet sich der Charakter einer Zeit, ihrer Gesellschaft, ihrer prägenden Protagonisten.

Im Dienst der Propaganda stehende ***Triumphbögen,*** Theater, Markthallen, aber auch ***Thermen*** und ***Aquädukte*** sind neben den großen Palastbauten kennzeichnend für das Imperium Romanum.

Karolingische Architektur

Von monumentaler Prägung zeigt sich auch die Architektur Karls des Großen. Teil seines politischen Programms war es, seine Völker zu römischer Gesinnung zu erziehen, eine Erneuerung der Antike auf der Basis des christlichen Glaubens zu erreichen. Gleich den Palästen der römischen Kaiser besitzen die seinen, mit ihrem umfangreichen Programm an Räumen, ihren Hallen und Kapellen, eine ebensolche Konzeption, die gleiche imperiale Anlage. Ein gut erhaltenes Beispiel seiner Bauauffassung finden wir in der *Pfalzkapelle* in Aachen.

BEISPIEL *Pfalzkapelle* (Palastkapelle), Aachen 805
Das Bauwerk ist ein ***Zentralbau*** mit Längsachse zur ***Apsis,*** der Zentralraum ein mehrgeschossiges Oktogon mit einem Umgang aus acht selbstständigen Segmenten mit dreieckigen Zwischenräumen. Der äußere Umfang bildet ein leicht gewinkeltes Sechzehneck. Fließende Übergänge der Raumkörper gestalten den Innenraum. Über den mächtigen Bögen des Erdgeschosses rhythmisieren im unmittelbar darüberliegenden ***Emporenumgang,*** zweigeschossig, in Doppelreihe übereinandergestellte antike Säulenstellungen die Ordnung des gesamten Raumes. Die Kapelle steht als sakraler Monumentalbau ganz in der Tradition römisch-byzantinischer Vorbilder (*S. Vitale,* Ravenna), beweist in Konstruktion und Bauausführung Erfahrung mit antiker Baukunst. In der Folge wird die Aachener Palastkapelle selbst Vorbild mittelalterlicher Zentralbauten.
Zukunftsweisende Impulse gehen auch von Centula aus.

BEISPIEL
Centula, Klosterkirche, St. Riquier/Abbeville 790–799

Der Außenbau der Klosterkirche wurde durch zwei antithetische Baugruppen aus mehrgeschossigen Querhäusern mit Vierungsturm und zugehörigen kleinen Treppentürmen im Osten und Westen begrenzt. Diese umfassten das basilikale ***Langhaus.*** Im Osten fand der Bau seinen Abschluss in einem ***Langchor*** und einer ***Außenkrypta.*** Im symmetrischen Aufbau dieser Ordnung war eine neuartige, gleichgewichtige Verteilung der Baukörper beiderseits des Langhauses gefunden (***Ost***- und ***Westgruppe***). Modellhaft für kommende Jahrhunderte war auch die Anlage des Chorraums im Anschluss an das östliche ***Querhaus.***

Romanik

Die bewusste Klarheit des Grundrissaufbaus im Verbund mit einer systematischen Strukturierung der Raumordnung wurde bereits Ende des 10. Jh.s architektonisches Prinzip der Sakralarchitektur. Diese gestalterische Betonung des Raumgefüges unterschied nun die Baukunst des Mittelalters wesentlich von der Baukunst griechischer und römischer Zeit, die vom plastischen Ideal geprägt war.

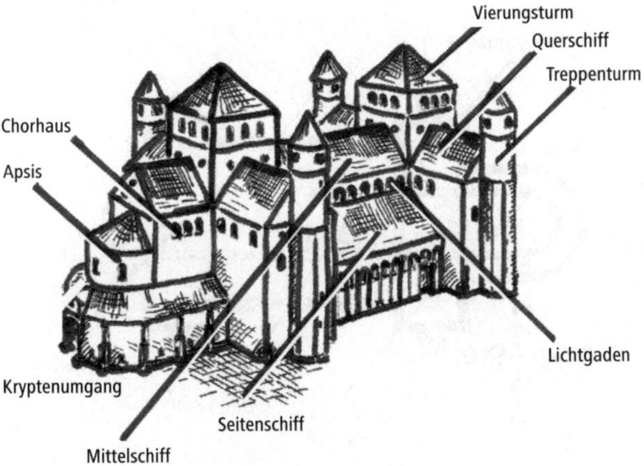

Außenansicht St. Michael, Hildesheim

Die ***ottonische Baukunst*** steht unter dem Einfluss ***karolingischer*** Formbildungen, kombiniert diese mit ***byzantinischen*** und ***fränkischen*** Ausdrucksmitteln. In der Klosterkirche *St. Michael* wird ottonisches Bauen zur eindeutigen Gesamtform, zur einheitlichen Idee, findet *Centula* eine konsequente Weiterentwicklung.

BEISPIEL *St. Michael,* Hildesheim 1001–1033
Die vollkommene Gleichgewichtigkeit von ***Ost***- und ***Westgruppe,*** das maßvolle Verhältnis von Turmgruppen zu horizontalen Bauteilen und die formale Eindeutigkeit der Baukörper veranschaulichen bereits in der Außensicht die systematische Gliederung aller Bauteile und Räume. Gleiche ***Querhäuser*** mit massiven ***Vierungstürmen*** und Flankentürmen begrenzen St. Michael beiderseits des basilikalen ***Langhauses.*** Insgesamt ruft der Bau in der nüchternen Schlichtheit seines Mauerwerks und seiner statischen Festigkeit Anmutungen von architektonischer Geschlossenheit und Wehrhaftigkeit hervor. Die Kirche erklärt sich darüber hinaus wesentlich aus dem Grundriss. Der Durchdringungsraum, in dem sich ***Mittelschiff*** und ***Querhaus*** kreuzen, wird

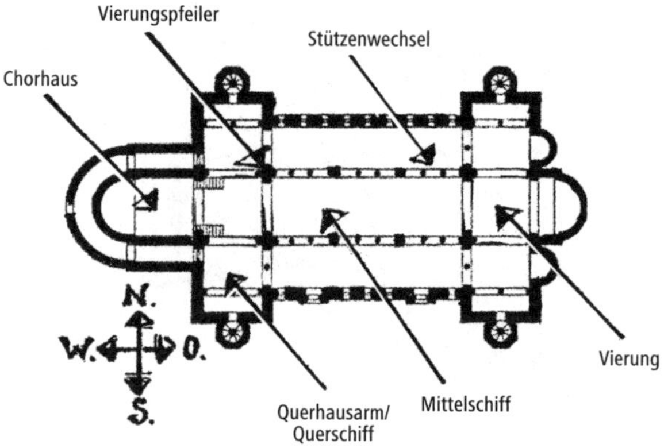

Grundriss St. Michael, Hildesheim

zur Maßeinheit des gesamten Plans. Man bezeichnet diesen Bauteil als ***Vierung.*** Über ihm befindet sich, im Inneren meist einsehbar, der ***Vierungsturm.*** Das Quadrat der ***Vierung*** liegt der Proportionierung des gesamten Grundrisses zugrunde. In den vier Armen beider ***Querhäuser*** finden wir das Quadrat je einmal, das ***Mittelschiff*** setzt sich aus drei der Einheiten zusammen. Auch dem ***Westchor*** ist die Maßeinheit eingeschrieben. Von solcher Struktur definiert sich die Gestaltung des Grundrisses als ***gebundenes System.***

Der ***Stützenwechsel*** (zwischen rechteckigem Pfeiler und runder Säule) der Erdgeschossarkaden nimmt die Maßeinheit der Vierung auf. Massive Steinpfeiler finden wir in den Eckpunkten der Quadrate, dazwischen, im Lauf der Arkaden, je zwei schlankere Säulen mit Kapitell. Im System Pfeiler – Säule – Säule – Pfeiler unterscheidet man, begründet durch Größe und Funktion, zwischen Haupt- und Nebenstützen.

4

Die Raumeinheit der ***Vierung*** wird durch große Triumphbögen hervorgehoben, so vom flach gedeckten Mittelschiffsraum deutlich abgesetzt ***(ausgeschiedene Vierung).*** Die vom Vierungsquadrat bestimmte Anlageform der ***Basilika*** bezeichnet man als ***quadratischen Schematismus.***

Ein wichtiges Stilelement früher romanischer Architektur ist die gemauerte, flache Wand. Ihre Öffnungen werden, wie auch in der römischen Architektur, von Rundbogenformen überdeckt. So finden wir rundbogig abgeschlossene Fenster, Türen, rundbogige Arkaden und Triumphbögen, im Außenbau Rundbogenfriese. Neben dem ***Rundbogen*** ist es vor allem das ***Würfelkapitell,*** welches in seiner formalen Konsequenz zu einem weiteren stilbildenden Bauelement wird. Es ist die erste neue Kapitellform seit der Antike. Von großer ästhetischer Schlichtheit und Kraft, ist das frühe romanische ***Würfelkapitell*** Ausdruck strenger Geometrisierung, entstanden aus der plastischen Durchdringung von Würfel und Kugel.

Salische und staufische Bauten übernehmen in der Folge Techniken des Einwölbens aus Frankreich: einfache ***Tonnengewölbe*** zunächst, dann ***Kreuzgratgewölbe.***

BEISPIEL *Dom,* Speyer 1024–56/1080–1106
Der Dom zu Speyer entsteht wesentlich in zwei zeitlich aufeinanderfolgenden Bauabschnitten. Das ***Langhaus,*** Versammlungsraum der Gemeinde, erfährt die größten Umbauten. Grundsätzlich gilt, dass der Wandlungsprozess funktionaler oder ästhetischer Absichten, die Entwicklung neuer technischer Möglichkeiten, veränderte liturgische Bedürfnisse oder Notwendigkeiten immer ein modifiziertes, neu angepasstes, architektonisches Programm zur Folge haben. Neue Auffassungen von Raumgestaltung und Wandgliederung bestimmen vor allem die zweite Bauphase in Speyer. So erkennen wir hier den architektonischen Schritt von einer flach gedeckten ***Pfeilerbasilika*** hin zu der die Räume vertikal erweiternden Gestalt eines überwölbten Baus. Der *Dom in Speyer* wird zur ersten abendländischen Basilika mit ***Kreuzgratgewölben*** im Mittelschiff.
Die einzelnen Gewölbeeinheiten des ***Kreuzgratgewölbes*** bestehen aus zwei sich rechtwinklig schneidenden ***Tonnengewölben*** gleichen Querschnitts. Die halbkreisförmigen Querschnitte der

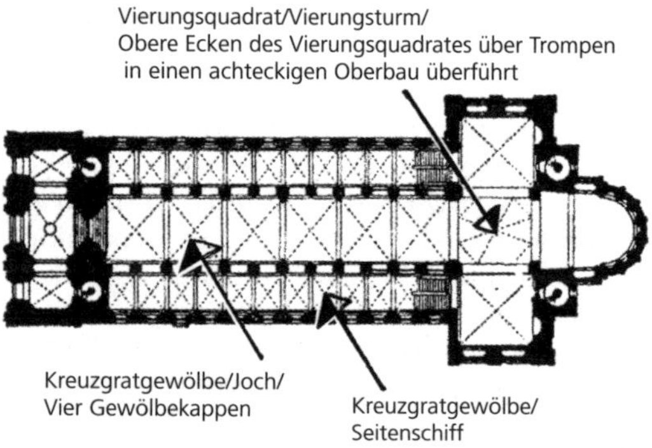

einzelnen Gewölbekappen verlaufen einerseits quer zur Hauptachse des Mittelschiffs in Quergurten, gut erkennbar als statisch verstärkte ***Gurtbögen.*** Seitlich in Achsrichtung bilden sie als ***Schildbögen*** die oberen Abschlüsse der Mittelschiffswand. Die gebogenen Kanten der Kappen bilden die diagonalen Grate. Die halbkreisförmige Führung der Bögen in gleicher Höhe der Scheitel begründet einen Raumkörper über quadratischer Grundfläche: das ***Joch.***

Die Kombination des Mittelschiffsjochs quadratischer Grundfläche mit je zwei kleineren ***Jochen*** halber Seitenlänge in den anliegenden Seitenschiffen demonstriert erneut das Schema des ***gebundenen Systems,*** des ***quadratischen Schematismus.*** Die Aneinanderreihung gleicher ***Joche*** erklärt den gesamten Innenraum des Mittelschiffs zu einer Addition von Teilkörpern. Diese geben dem Raum seine Ordnung, in bestem Sinne seine Einheitlichkeit.
Mittels einer konstruktiv-statischen, greifbar plastischen Gliederung der Wände konnten die überwölbenden Deckenelemente gestützt werden. Jeder zweite Pfeiler erhielt eine tragende Halbrundvorlage. Diese Wandvorlagen setzten sich dann gewölbeübergreifend in den ***Gurtbögen*** fort. In der ***Arkadenzone*** des ***Untergadens*** bilden sie verbunden mit ihren Pfeilern die Hauptstützen.
Bemerkenswerterweise war der *Dom* zunächst ausschließlich mit schlichten ***Würfelkapitellen*** ausgestattet, um dann anlässlich der Einwölbung des Mittelschiffs mit skulptierten ***Kompositkapitellen*** oder Kapitellen korinthischer Ordnung geschmückt zu werden.
Der Außenbau des *Doms* zeigt grundsätzlich jenes von *St. Michael* bekannte, feste Baugefüge der Gruppierungen der Baukörper an beiden Enden. Drei Türme bekrönen den langgestreckten Baukörper in Ost und West. In dekorativem Sinne gegliedert und plastisch belebt wurden die Außenwände durch vorgeblendete ***Arkaden, Zwerggalerien*** und ***Lisenen.***

Gotik

Mit dem Baubeginn der *Abteikirche von St. Denis* (1137) und einige Jahre früher, mit der *Kathedrale von Sens* (1122–1142), können erste Anfänge des Stils belegt werden. Beide Kirchen gelten als die wesentlichen Gründungsbauten der Gotik. Sie entstanden in einer Zeit, deren sakrale Architektur noch für Jahrzehnte von romanischen Bauschulen bestimmt war. Der eigentliche Beginn des gotischen Baustils wird um 1200 angenommen. Erst dann hat sich die konstruktiv und formal eigenständige Formsprache allgemein durchgesetzt. Eine erste Auskunft über Auffassungen und Intentionen des Stils gibt *St. Denis* in jedem Fall.

BEISPIEL *Abteikirche St. Denis,* Paris 1137

Beim Bau des *Chores von St. Denis* werden Konstruktionselemente genutzt, deren ästhetische Form, Anmutung und statische Funktion das Wesen des Stils festlegen. Zunächst jedoch entsteht unter ABT SUGER die neue Westfront am vorhandenen karolingischen Langhaus. Sie besitzt eine ***Doppelturmfassade*** mit Fensterrose und drei Portale mit plastischen Statuen. Die Erbauer der *Kathedrale von Chartres* übernehmen dies Modell der Fassade umgehend (ab 1140). Von zentraler Bedeutung innerhalb der gotischen Bauentwicklung ist vor allem die Konzeption des ***Chorraums*** (1140–43). Er zeigt im Grundriss eine vielgestaltige Anlage mit ***kreuzgewölbten Schmaljochen*** in Verlängerung des Mittelschiffs, ***doppeltem Chorumgang,*** der nach außen hin von sieben flach gekurvten Kapellen abgeschlossen wird. Die Choraußenwand besitzt dadurch eine lebendig bewegte Struktur. Von enormer Innovationskraft ist die vollständige ***Durchfensterung*** mit farbiger Verglasung. Für das Innere entwirft der Bauplan bezüglich des doppelten Umgangs eine größere Anzahl von Teilräumen unregelmäßiger Grundrisse. Mittels romanischer ***Kreuzgratgewölbe*** (bei gleicher Scheitelhöhe der Halbkreisbögen und der Bindung an den quadratischen Grundriss) wäre eine Einwölbung hier nicht mehr möglich gewesen. Die Baumeister

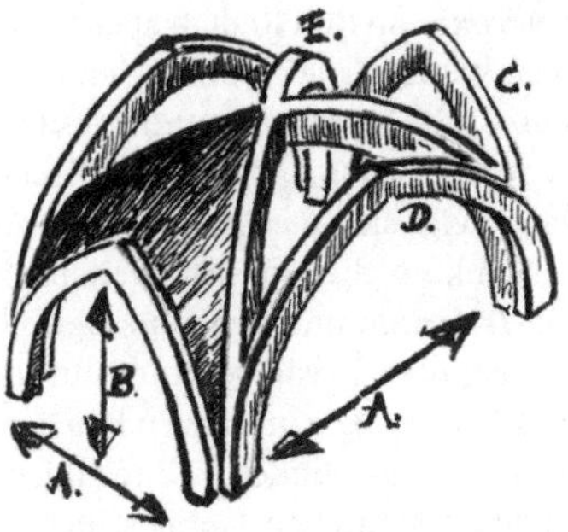

A. Spannweite
B. Scheitelhöhe
C. Schildbogen
D. Gurtbogen
E. Diagonalrippe

Kreuzrippengewölbe mit Spitzbögen verschiedener Spannweite bei gleicher Scheitelhöhe, eine Gewölbekappe geschlossen.

wählen normannische ***Rippengewölbe,*** die in neuer Bautechnik errichtet werden können. So erstellt man zunächst die Rippen, gleich einem statischen Baugerüst, um anschließend leichtgewichtige Gewölbekappen zwischen diese Gewölbeträger einzuziehen. ***Rippenbögen, Scheid-*** und ***Gurtbögen*** erbaut man als ***Spitzbögen*** nach burgundischem Vorbild. In seiner steil ansteigenden Schräge ermöglicht der spitze Bogen eine weitaus vertikalere Aufnahme der Lasten, entlastet die Wandflächen und gestattete flexiblere Wölbekonstruktionen über schmal rechteckigen oder unregelmäßigen Grundflächen.

Die *Kathedralen von Senlis, Paris, Chartres, Reims* oder *Amiens* finden und entwickeln die Grundlagen ihrer Formsprache in den frühen gotischen Sakralbauten der Ile-de-France. Am Beispiel des ersten Bauwerks der klassischen ***Hochgotik,*** der *Kathedrale von Chartres,* sei das gotische System exemplarisch erläutert.

BEISPIEL *Kathedrale,* Chartres 1195–1260
Der Grundriss erweitert den basilikalen Bautyp in vielfältiger Weise. Einem dreischiffigen ***Langhaus*** folgt ein dreischiffiges ***Querhaus,*** welches den fünfschiffigen ***Langchor*** mit ***doppeltem***

Umgang und einem ***Kapellenkranz*** von fünf Radialkapellen vorbereitet. Gleich der mächtigen Westfassade gibt man den Querhausarmen bauliche Abschlüsse mit Doppelturm und Portalvorhalle. Im Gegensatz zur romanischen, von Mauerflächen bestimmten Mittelschiffswand zeigt sich der Wandaufbau nun geöffnet und erhöht. Seine Struktur gliedert sich dreiteilig in eine hohe ***Arkadenzone,*** das ***Triforium*** und den zum Gewölbe hin abschließenden, hohen ***Obergaden.*** In völliger Auflösung der Wand ist dieser gänzlich durchfenstert. Die im ganzen Bau deutlich gewordene, gesteigerte Vertikalität findet ihre technische Begründung in der Gestalt jenes statischen Gerüsts, der gotischen Konstruktion: dem ***Strebewerk.***
Bestehend aus einem System stützender ***Strebepfeiler*** und Bögen, ist es seine Aufgabe, die bauliche Last, den Schub von Gewölbe und Dach, in linearen senkrechten Gegenlagern aufzunehmen und zum Boden hin abzuleiten. Als ein auch ästhetisch einheitliches, statisches Gerüst wird der Außenbau der ***Strebepfeiler*** im Inneren von ***Bündelpfeilern, Diensten*** und ***Rippengewölben*** ergänzt. Die statische Bedeutung der Wände entfällt, sie brauchen kein Gewicht mehr zu tragen. Als entbehrliche Bauteile können sie nun geöffnet und verglast werden.
Das ***gebundene System,*** die Rhythmik des ***Stützenwechsels*** der Romanik überführen die Baumeister der Gotik in eine gleichmäßige, schnell fortlaufende Reihung gotischer ***Joche.*** Die dazu benötigten Überwölbungen der schmalen Mittelschiffsrechtecke bedienen sich der konstruktiven Möglichkeiten des ***Spitzbogens*** und des ***Strebewerks.***
Das im inneren und äußeren Bauwerk erkennbare Aufwachsen der gesamten Architektur entspricht inhaltlich einer neuen religiösen Gesinnung: Durch die Auflösung der Wandflächen verliert der Bau jegliche Schwere, die Höhensteigerung verleugnet jegliche Relation zum menschlichen Körpermaß, der Innenraum beginnt gleichsam in mystischem Licht zu schweben. Alles ist einem allgegenwärtigen Himmels-Streben zugeführt. Die Kathedrale wird zum steinernen und gläsernen Abbild des Himmels.

Renaissance

Die Architektur der Renaissance weist erneut antike Elemente auf, veranschaulicht die Wiederaufnahme antiker Gestaltungsprinzipien. Das zehnbändige Werk *De architectura (Über Architektur)* des römischen Baumeisters VITRUV (Vitruvius Pollio) ist hierbei von großem Einfluss. Man übernimmt grundlegende ästhetische Wertungskriterien, Motive und Anschauungen, sieht die menschliche Gestalt als Basis maßvoller Formgebung, rückt die planvolle Überschaubarkeit harmonischer Proportionalität ins Zentrum baukünstlerischen Gestaltens. Ausgangspunkt und Zentrum der Renaissance wird Florenz, wo durch Bankwesen und Tuchhandel reich gewordenes und sebstbewusstes Bürgertum lebt.

BEISPIELE

San Andrea, Mantua 1472
Tempietto von S. Pietro, Montorio, Rom 1502
Palazzo Rucellai, Florenz 1446
Palazzo Strozzi, Florenz 1489–1500
Villa Capra, La Rotonda, Vicenca 1550

Zentralbauten

San Andrea bindet in die Grundform des lateinischen Kreuzes einen dominierenden Zentralbau der östlichen Bauteile. Dabei entsprechen die baugleichen Querhausarme der Kirche dem kurzen Chorrechteck. Formal sind sie der mächtigen, zentralen Vierung mit Tambourkuppel zugeordnet und verkörpern in ästhetischer Konsequenz das Ideal der Renaissance, Raum und Raumhülle in gleichmäßiger Weise von einem Zentrum aus zu gestalten. Darüber hinaus zeigt sich der Bau als wuchtige, tonnenüberwölbte ***Saalkirche*** mit Seitenkapellen von gleicher Einwölbung. In harmonischer Übereinstimmung von Außenfassade und Innenbau nutzt ALBERTIS Planung in beiden Fällen das Motiv der Durchdringung von antiker Tempelfront und Triumphbogen (Vorbau, seitliche Innenwände).

Eine von Bramante erbaute römische Kapelle, Tempelchen genannt *(Tempietto)*, repräsentiert die Idee des zentralen Baus und der Sehnsucht nach ästhetischer Vollendung und Proportioniertheit in besonderer Weise. Als von dorischen Säulen umstandener Rundbau mit Tambour und Halbkreiskuppel bezeugt das Beispiel die demonstrative Hinwendung zu Formen wie Kreis und Kugel. Nahezu alle Umrisse und Körper entwickeln sich aus jener Geometrie. Der Grundriss des zentralen Zylinders entspricht in seinem Durchmesser exakt der halben Gesamthöhe, andere Maßverhältnisse werden von den Proportionen des ***Goldenen Schnitts*** bestimmt.

In der Vollkommenheit baukünstlerischer Ausdrucksmittel, der Ruhe, Würde und Schönheit ihrer Erscheinung, ihrer Überschaubarkeit und ästhetischen Vollendung offenbart sich dem Renaissancemenschen göttliches Sein, Gott selbst. Die Zeitgenossen nehmen Gott im vollkommenen baulichen Symbol wahr. Damit wenden sie sich gegen die Formen gotischer Sakralbaukunst, wo man Gott gerade in seiner Unfassbarkeit, der Unendlichkeit einer scheinbar unbegrenzten, vertikalen Raumhöhe finden wollte.

Renaissancepalazzi und Villen

Der ***Palazzo*** wird zur herrschaftlichen Behausung großbürgerlichen Lebens. Meist entworfen von namhaften Künstlern und Architekten, sind sie erbaute Zeichen neuer Weltsicht und Selbstdarstellung.
Mit drei Geschossen, die von ***Gurtgesimsen*** getrennt und oben von eindrucksvollem ***Kranzgesims*** abgeschlossen sind, präsentiert sich der *Palazzo Strozzi* in Florenz. Sein Baukörper zeigt sich als wuchtig wehrhafter Block und greift baugeschichtlich auf die Form des römischen ***Peristylhauses*** zurück. Der frei stehende Stadtpalast gruppiert seine von außen wahrnehmbaren Gebäudeteile um einen zentralen, mehrgeschossigen ***Arkadenhof.*** Regelmäßige Reihungen rundbogiger Doppelfenster bestimmen

die Ansicht der Fassade. Durch zugefügte ***Pilasterstellungen,*** später Arkadenpfeiler und Bögen, erweitern die Architekten der Renaissance das eher einheitliche Bild der Bauten.
Von vollendeter künstlerischer Reife, formaler Stimmigkeit, streng symmetrischer Perfektion und neu definierter antiker Sprache sind die ***Landhäuser*** (Villen) PALLADIOS. Mit dem Bau der *Villa Rotonda* entsteht ein tempelartiger, repräsentativer Profanbau, dessen Außenansicht bereits die Logik des gesamten Baukörpers verdeutlicht.

Barock und Rokoko

Ist die Architektur der Renaissance „die Kunst des schönen ruhigen Seins“ (WÖLFFLIN), so strebt der Barock nach anderen Wirkungen: Voller Spannung, lebendiger Kraft, unregelmäßig, ausladend und bewegt, sucht er die Schönheit der antiken Welt mit fantasievoller, oft ausschweifender Gestaltung zu übertreffen. Dennoch sind Barock und Renaissance als zusammenhängende Epochen begreifbar, finden sich gemeinsame Grundlagen in der stilprägenden Orientierung an antiker Baukunst, der Systematik antiker Säulenordnungen wie auch in der Auseinandersetzung mit vitruvianischer Literatur.

Plastische, kraftvoll bewegte Formen und ausdrucksstark gekurvte Konturen sind Hauptkennzeichen barocker Ausdrucksmittel. Zu dekorativer Steigerung der Raumwirkung nutzt man skulpturalen Schmuck, Stuck und Malerei. Jene übersteigerte, graziös-zarte, so überaus elegante, letzte Phase des Barock trägt die eigenständige stilgeschichtliche Benennung Rokoko.

Schlossanlagen des Absolutismus

Es sind die französischen Könige, welche in einem weit ausholenden, effektvollen und eindringlich gestalteten baukünstlerischen Programm Herrschaftsbauten leidenschaftlicher, glanzvoller, scheinbar grenzenloser Repräsentationskraft errichten. Voller Selbstbewusstsein und Souveränität bezeugen diese Anlagen die Vorstellungen und Weltanschauung absolutistischer Herrscher. Die barocken Schlösser Frankreichs werden zum europäischen Vorbild absolutistisch-profaner Baukunst. Sie deklamieren die Sprache des Absolutismus, setzen den Herrscher in Szene. Der Barock inszeniert in seiner Gartengestaltung, seinen Schlossparks gar die Natur selbst. Der Garten wird ganz und gar auf perspektivische Fluchtlinien und -punkte hin angelegt. Hauptachse ist die verlängerte Mittelachse des Schlosses.

Nach dem Vorbild von FOUQUETS *Vaux-le-Vicomte* erbaut, entwickeln sich die Palastbauten der *Schlossanlage von Versailles* bald zum prächtig pompösen Sitz des königlichen Hofes Ludwigs XIV. In aufwändigen Bauabschnitten unter den verschiedensten Architekten erstellt und erweitert, wird ein Baukomplex das definitive höfisch-politische Zentrum des absolutistischen Zeitalters in Westeuropa.

Architektonisch präsentiert sich Versailles als durchgegliederter Bau gewaltigen Ausmaßes, als bauliches Symbol eines Herrschers von Gottes Gnaden. Die symmetrische ***Dreiflügelanlage*** mit dem ***Corps de logis*** (Mittelteil) und den beiden Seitentrakten umrahmt in gestufter Erweiterung den riesigen ***Ehrenhof*** (Empfangshof). Dieser öffnet sich zur Stadtseite hin, führt in anderer Richtung Besucher zu den gewaltigen Räumlichkeiten der Einfahrtshallen, Vorräumen und überwältigenden Treppenhäusern, deren Funktion offensichtlich die Demonstration königlicher Macht und Größe ist.

Zur Schauseite, der Gartenseite hin, dominiert im Hauptgeschoss der Festsaal. Mit den weit ausgreifenden Gebäudeflügeln öffnet sich die Anlage des Schlosses, gelingt die Verklammerung von Baukörpern und offener, künstlich angelegter Landschaft. Genau im Zentrum der Anlage befindet sich das Schlafzimmer des Königs. Für Minister und Garden besitzt das Schloss nach der Erweiterung von 1677 bis 1688 zusätzliche, teils selbstständige Flügel. Schlosskapelle, Schlosstheater, Konzertsäle, zahllose Innenhöfe, Appartements für Adel und Staatsverwaltung vervollständigen den monumentalen Gesamtbau.

BEISPIELE

Schloss Vaux-le-Vicomte, bei Paris 1656–1661
Schloss Versailles, bei Paris (1623)1661–1756/1848

Kirchenbauten der Gegenreformation

Von spannungsvoller Durchdringung und äußerster Lebendigkeit der Innenräume geprägt, beschreibt die Wallfahrtskirche *Vierzehnheiligen* ein dynamisches Konzept, das typisch ist für die Kirchenbauten der Gegenreformation. Der Außenbau mit seinen aufragenden Fassadentürmen der ***Doppelturmfront,*** seinem basilikalen ***Langhaus,*** verrät nicht viel von der Gestaltung des Innenraums. Eigentlich dreischiffig, wurde der Bau durch die augenscheinliche Betonung des östlichen Teils des Mittelschiffs in einen ***Zentralbau*** umgedeutet. In ovalem Grundriss umfängt dieser zentrale Raum den in seiner Mitte erbauten Wallfahrtsaltar und legt darin die Grundform des Grundrisses fest. Beidseitig, in gleicher Längsachse wiederholt sich das Oval in ***Chor*** und westlichem Eingangsbereich. ***Chor*** und ***Vierung*** bleiben dabei jedoch architektonisch unbeachtet; ohne eigenständigen Wert haben sie sich ganz dem zentralen Oval zuzugesellen. Ergänzende, kleinere elliptische Einheiten im Langhaus und Kreisformen in den eher kurzen Querhausarmen vollenden die kurvige Beschwingtheit des gesamten Grundrisses.

Spannenderweise verleugnet die ganze Einwölbung *Vierzehnheiligens* die beschriebene Ordnung des Plans. So wurden die verschiedenen Gewölbeeinheiten fließend miteinander verbunden, prächtig geschmückt und bemalt. Dieser spätbarocke ***Einheitsraum*** strebt in all seinen Mitteln nach religiöser Entrücktheit, entfaltet mit sanfter Würde in sinnenhafter Feierlichkeit seine bezaubernd graziöse Schönheit. Seine Komposition sich berührender, schneidender Ovale bleibt überraschend, intellektuell und verspielt zugleich.

BEISPIEL

Vierzehnheiligen, Wallfahrtskirche, Lichtenfels 1743–72

4.4 Wege in die Moderne

Nach der Französischen Revolution verlieren Adel und Klerus allmählich ihre Bedeutung und ihren bestimmenden Einfluss als kulturelle Auftraggeber, als Förderer der Künste und geschmacksbildende Schichten. Das Bürgertum übernimmt die gesellschaftlich-kulturelle Funktionen. In relativ schneller Folge entstehen im späten 18. und im gesamten 19. Jh. unterschiedliche stilgeschichtliche Ausrichtungen, die teilweise zeitgleich existieren.

Klassizismus

In Übereinstimmung mit den kunsthistorisch-theoretischen Schriften WINCKELMANNS (▸ S. 76) erbaut man seit etwa 1770 Gebäude, die stilistisch auf Architekturformen des klassisch-antiken Griechenlands zurückgreifen. WINCKELMANN wendet sich gegen Verwirrungen des Formensinns, gegen die „Maßlosigkeit im Ausdruck" der Barockkunst und fordert die Nachbildung des antiken Schönen, um eine neue Schönheit, ein neues Ideal, eine neue Kunst entstehen zu lassen. Diese Auffassung realisiert sich im Klassizismus. Der rationalen Haltung der Aufklärung entspricht eine Kunst, die Logik und Maß veranschaulicht. Konsequente gestalterische Klarheit, nüchtern-logische Gliederung, strenge und kühle Monumentalität formen nunmehr die Ansichten einer Architektur, deren Bauten von antikisierenden, oft tempelähnlichen Fronten bestimmt sind. Beispielhaft verkörpern staatliche Repräsentationsgebäude, Wohnbauten und nicht zuletzt der Sakralbau klassizistische Auffassungen. Zum trefflichsten Thema des Stils werden die Tempel der Kunst: Museen und Theater.

BEISPIELE

Schauspielhaus, Berlin 1818–1821
Bauakademie, Berlin 1832–1835
Glyptothek, München 1816–1830
Britisches Museum, London 1823–1847

Für Schinkel bietet die klassische griechische Antike ein erstrebenswertes Vorbild von Tugend, Schlichtheit und Harmonie. Antike Tempelstirnwände prägen das Schauspielhaus, das Schinkel für die preußische Hauptstadt baut. Der erhöhte zentrale Mittelbau (Spielstätte des Theaters) findet beidseitig seinen oberen Abschluss in mächtigen Dreiecksgiebeln. Im vorgesetzten ionischen ***Portikus*** mit sechs Säulen und vorgelagerter breiter Freitreppe nimmt der Bau das Motiv des Giebels erneut auf. Seitlich erweitert sich der Baukörper durch Flügel, die zusammen mit Mittelbau und ***Portikus*** dem Plan nahezu die Gestalt eines griechischen Kreuzes geben. Hohe, schmale Fenster, ohne antike Gestaltungsmittel, in gleichmäßigen Reihungen den beiden Hauptgeschossen eingeordnet, zeigen eine moderne Formsprache. Wieder von antiker Form ist der horizontale Abschluss der Wände, ein das Bauwerk umlaufender ***Architrav.***
In der konsequenten Trennung der drei Aufgabenbereiche des Theaters (Spielstätte, Konzertsaal, Verwaltung und Lager) lässt der Architekt zweckbezogenes Denken erkennen. Sein Bau verbindet in prägnanter Weise eine ästhetisch gewünschte, repräsentative, streng-klassische Form mit überzeugender Funktionalität und architektonischer Würde.
Befreit von historischen Ausdrucksmitteln, erbaut Schinkel wenige Jahre später eines seiner radikalsten, nüchternsten Gebäude. In ihrer totalen Schmucklosigkeit konnte seine *Berliner Bauakademie* Vorbild für eine sachlich-moderne Architektur werden.

Eine Sonderstellung innerhalb klassizistischer Baukunst hat die ***Revolutionsarchitektur*** von Boullée und Ledoux. Ihre Kuben, geometrischen Formen und gigantischen Kugelbauten bezeugen elementares Denken, eine Suche nach neuen Lösungen. In der Realität blieben ihre Ideen meist nur Plan, Zeichnung, Entwurf.

BEISPIEL *Newtonkenotaph*, Entwurf eines Denkmals, 1784

4

Historismus

Der Rückgriff des ***Klassizismus*** auf Stilmerkmale einer längst vergangenen Epoche steht im Zusammenhang mit dem wachsenden Interesse der Menschen für historische Kunst. Vor dem Hintergrund dieser Rückwendung entfaltet sich die Ära des Historismus.

BEISPIELE

Houses of Parliament, London 1836–67
Grand Opéra, Paris 1861–1874
Sainte-Clotilde, Kirche, Paris 1846–1857
Friedenskirche, Potsdam 1845–1848
Kristallpalast, London 1850–1851
Villa Hügel, Essen 1868–1873

ZITAT

Da es an einem neuen Stil fehlt, pflegt man den Historismus, das ist ein freier Umgang mit der gesamten Baugeschichte.

CÉSAR DALY 1859

Der Historismus zielt auf die Wiederbelebung historischer Formensprache, die begründete Nachahmung historischer Kunst oder gar die willkürliche Übernahme beliebiger Formelemente der Vergangenheit. Neben den Formen der ***Antike*** greift man auch auf Bauformen der ***Gotik,*** der ***Renaissance,*** des ***Barock*** und der ***Romanik*** zurück – bis hin zur Zusammenführung gegensätzlicher Stile am gleichen Ort (***Eklektizismus*** ▶ S. 80). Es erscheint legitim, aus Elementen und Strukturen ganz verschiedener Stilrichtungen ein neues Werk zu errichten. Erbaut man Kirchen in gotischem Stil (***Neogotik,*** *Werdersche Kirche in Berlin*), Rathäuser im Stile der Renaissance (***Neorenaissance,*** *Rathaus von Rotterdam*), Museen klassisch und Landhäuser maurisch oder im Gewande des Barock, so geschieht dies mit der Überlegung, dass diese Stile zum jeweiligen Zweck der Bauten passen sollen: Das gotische Zeitalter gilt als die Epoche tiefster Religiosität, der Re-

naissancepalazzo ist Inbegriff weltlicher Macht. Ähnlich begründet, entstehen die neugotischen *Houses of Parliament* mit Glockenturm *(Big Ben)* entlang der Themse (auch als Erinnerung an die Magna Charta von 1215), entwirft GARNIER die prunkvollen Fassaden und repräsentativen Innenräume der *Grand Opéra* in Paris im Stile venezianischer ***Renaissance*** und der Pracht des ***Barock.*** Einem zugehörigen, leicht versteckt gelegenen Verwaltungsbau gibt GARNIER hingegen die Nüchternheit des ***Louis-XIII.-Stils.*** Zur gleichen Zeit wächst *Sainte-Clotilde* in gotischem Stil und einige hundert Kilometer entfernt die *Friedenskirche* in frühchristlicher Einfachheit.
Baukunst gestaltet sich im Historismus allein in den Händen der Architekten. Konstruktion und Funktion sind Aufgaben des Ingenieurs. Bauten der Ingenieure waren demnach keine Kunst, zeitigten jedoch den technologisch-funktionalen Bestand der Zeit. PAXTONS *Kristallpalast* demonstriert die Tugenden jener ***Industriearchitektur.*** Im riesigen Gebäude der Weltausstellung von 1851 manifestierten sich die Überzeugungen industriellen und wirtschaftlichen Fortschritts. Stilistisch wird der Bau zum Impulsgeber vorbildfreier, technisch konstruierter Großbauten aus Eisen und Glas. Mittels normierter, in Fabriken bereits als Massenprodukt gefertigter Bauteile (gusseiserne Stützen, Verstrebungen, Träger) und einer systematischen Montage entsteht das statische System des modernen ***Skelettbaus.*** Eine vergleichbare ***Eisen-Glas-Konstruktion*** waren die Pariser Markthallen des 19. Jh.s: *Les Halles.*

Jugendstil

Zum Ausklang des Jahrhunderts sind es zwei Engländer, die in gemeinsamem Hass auf die Maschinenkultur der expandierenden Industrie, gänzlich anachronistisch, für eine neue Ganzheit aller Künste, für eine vollständige Einheit von Kunst und Leben kämpfen. In romantischer Verklärung propagieren RUSKIN und MORRIS die Rückkehr zur wertbeständigen Handwerksarbeit des Mittelalters. Die baukünstlerischen Vorstellungen jener ***Arts***

and Crafts-Bewegung orientieren sich an den bescheiden-ländlichen Häusern des 17. und 18. Jh. Ihre Utopie, ihren Zeitgenossen die Werte einer umfassenden, gesamtkünstlerischen Lebensgestaltung vermitteln zu können, inspiriert die Künstler des Jugendstils. Ihre Vorliebe für flächig stilisierte Pflanzenmotive ist gleichfalls Vorbild, Materialgerechtigkeit und Betonung handwerklicher Qualität sind prägend.

Der Jugendstil selbst zeigt sich als internationale Bewegung, dessen kurze Geschichte einige Jahre vor der Jahrhundertwende beginnt. Die Radikalität der Ablehnung jeglicher Stilelemente vergangener Kunst öffnet den Weg in die Moderne. Vereinfacht gesehen, lassen sich zwei Tendenzen innerhalb des Stils erkennen: Auf der einen Seite die Suche nach neuen, der Natur entnommenen Formen des Ornaments, auf der anderen Seite, weitaus origineller, Prozesse der Formfindung auf anschauungsdynamischer (dynamografisch-abstrakter) Grundlage. Mit den Bauten OLBRICHS, MACKINTOSHS und BERLAGES wird dem ***Historismus*** eine neue Formensprache entgegengesetzt, auch wenn bis in die Gegenwart der Postmoderne hinein historistische Rückgriffe festgestellt werden können (BOFILL, *Le Viaduc, Palais d'abraxas*). Dies alles geschieht zu einem Zeitpunkt, da SULLIVAN, Architekt früher Hochhausbauten in den USA, die zweckbezogene Architektur einfordert, die bauliche Funktionstüchtigkeit zur Basis ästhetischen Ausdrucks macht („Form follows function").

BEISPIELE

Ausstellungshalle Wiener Sezession, Wien 1898
Börse, Amsterdam 1898–1903
Palais Stoclet, Brüssel 1905–1914

ZITAT

Form follows function.

LOUIS H. SULLIVAN 1896

4.5 Zwischen Traditionen, Moderne und Postmoderne

Die klassische Moderne – Der Internationale Stil

ZITAT

Architektur ist das kunstvolle, korrekte und großartige Spiel der unter dem Licht versammelten Baukörper. Unsere Augen sind geschaffen, die Formen unter dem Licht zu sehen: Lichter und Schatten enthüllen die Formen; die Würfel, Kegel, Kugeln, Zylinder oder die Pyramiden sind die großen primären Formen, die das Licht offenbart; ihr Bild erscheint uns rein und greifbar, eindeutig. Deshalb sind sie schöne Formen, die allerschönsten. (Ausblick auf eine Architektur)

LE CORBUSIER 1922

4

LE CORBUSIER muss neben GROPIUS, MIES VAN DER ROHE, LOOS und WRIGHT als wichtigste kreative Kraft des ***Neuen Bauens*** genannt werden. Die Veröffentlichung des Buches *The International Style, Architectur since 1922* (HITCHCOCK, JOHNSON) gibt dem Baustil seinen noch heute gebräuchlichen Namen. Nach einigen vorbereitenden Gebäuden, die ganz im Verständnis einer architektonischen Avantgarde vor dem Ersten Weltkrieg entstehen, findet der Stil seine größte Verbreitung in den ersten Jahrzehnten nach 1920. Die Verwendung reiner Formen, die bewusste Reduktion auf grundsätzlich-elementare Baukörper, der absolute Verzicht auf Ornament, Profilierung und Dekoration liegt nicht allein im puristischen Formwillen einer strikt-modernistischen Ästhetik begründet. Vielmehr schlägt sich hier eine neue Art des Denkens, eine soziale, ethische Dimension in der Formsprache des Internationalen Stils nieder. Architektur verzichtet darauf, bloße Negation vergangener Baukunst zu sein. Im Glauben an die Zukunft erdenkt man neue Strukturen der Städte, neue Häuser. Eine Architektur der Maschine soll zum modernen Mythos werden, das Haus ein Werkzeug. ***Neues Bauen*** steht für Ordnung, Logik, Rationalität und Einheit, gegen Willkür und falsche Herrschaft, ist damit zutiefst politisch.

Das Bemühen, Gebrauchsformen in Design und Architektur zunächst nach ihrer Funktion und nicht etwa nach dekorativen Gesichtspunkten zu gestalten, wird unter dem Begriff ***Funktionalismus*** zusammengefasst. Als Theorie moderner Architektur und modernen Designs geht sie auf GREENOUGH (1805/1851), SULLIVAN (1856/1924) und MUTHESIUS zurück. Der ***Deutsche Werkbund*** und das ***Bauhaus*** systematisieren und verbreiten diesen Grundgedanken.

Die Gegner des ***Funktionalismus*** halten den funktionalistischen Bauten und Gebrauchsgegenständen ihre Emotionsferne, technische Kälte und Gesichtslosigkeit vor. Aus dieser Haltung heraus entsteht später die ***postmoderne Architektur*** (▸ S. 199).

BEISPIELE

Haus Tugendhat, Brünn 1928–1930,
Bauhaus-Gebäude, Dessau 1925–1926
Ein hochentwickeltes, orthogonal bestimmtes System einer ***freien Grundrissbildung*** strukturierte den Brünner Bau MIES VAN DER ROHES. Im großen Hauptraum sind es glänzend chromummantelte Stützen, die statische Aufgaben übernehmen. Tragende Wände entfallen, das Haus kann in befreiter, fließender Räumlichkeit Funktionsbereiche festlegen, sich im Inneren und auch zum Außenraum hin öffnen. Die Disziplin geometrischer Formgebung führt hier keineswegs zu einer trocken-rudimentären Zweckhaftigkeit. Raffinierte Proportionen und Raumfolgen, größte Präzision des Bauens und die enorme Eleganz der Mittel lassen das *Haus Tugendhat* zum kühlen Meisterwerk des Internationalen Stils werden. Primäre, stereometrische Baukörper, Verzicht auf Bauschmuck, das strahlende Weiß der Oberfläche, die gleiche Abstraktion und Reinheit, all dies trifft man im Schul- und Verwaltungsgebäude des *Dessauer Bauhauses* in gleicher Weise. Ohne Schaufassade, frei nach allen Seiten, richten sich die Flügel des Gebäudekomplexes winklig in den Außenraum der Landschaft. Die besten Gebäude jenes neuen Architekturpro-

A. Werkstattflügel B. Wohn-Atelierhaus
C. Direktorzimmer und Verwaltung D. Klassenräume

Das Bauhaus, Dessau

gramms finden, ohne je lokale Bautraditionen zu adaptieren, ihre Vollkommenheit in sich selbst.
Verkommt der reinigende Akt architektonischer Konzentration auf das Elementare zu einer nur ökonomisch begründeten Einfachheit, zu einer seelenlosen, billig reproduzierbaren Simplizität, dann wird die zunächst als moralisch-ästhetisches Ideal gedachte Rationalität des Baus zum lebensfeindlichen Dogma.

Im ***Bauhaus*** in Dessau, das 1919 als Hochschule für Kunst und Kunstgewerbe gegründet worden ist (Staatliches Bauhaus Weimar), versammelt Gropius, der erste Direktor, Künstler, Architekten und Designer, um den Gesetzmäßigkeiten guter Gestaltung auf den Grund zu gehen und Studierenden die Erkenntnisse aus dieser Arbeit zu vermitteln.
Das Bemühen um eine einfache, allgemeingültige Formensprache der Bauhaus-Meister führt zu einer Vielzahl wegweisender Entwürfe in Architektur, Produktdesign und anderen Gestaltungsfeldern. Das *Bauhaus-Gebäude* aus dem Jahre 1926 versinnbildlicht in seiner Architektur das Bedürfnis nach Klarheit, Funktionalität und Anschaulichkeit.

Architektur im NS-Staat

Die Impulse der avantgardistischen Architektur des ***Bauhauses*** und des ***Internationalen Stils*** sind zwar von enormem Einfluss auf die weitere Baugeschichte des 20. Jh.s, tatsächlich realisiert werden nur wenige Bauten. Ein Verständnis oder gar allgemeingesellschaftliche Akzeptanz avantgardistischer, ästhetisch-sozialer Positionen des ***Neuen Bauens*** entwickelt sich nicht. Im Wohnungsbau dominieren weiterhin traditionelle, handwerksbetonte Bauformen. Offizielle Gebäude der Weimarer Republik adaptieren monumentalisierende Stilformen, wie sie in der *Deutschen Botschaft* in St. Petersburg beispielhaft von BEHRENS formuliert werden. Die Zeit zwischen der sogenannten Machtergreifung im Januar 1933 und der deutschen Kapitulation im Jahre 1945 korrespondiert im baugeschichtlich-stilistischen Sinne sehr wohl mit jenen etablierten Modellen konservativ-traditionalistischer Vorstellungen. Das erklärte Feindbild nationalsozialistischer Architektur ist die „entartete Moderne".
Die architektonische Produktion der NS-Zeit konzentriert sich im Grunde auf den ***Repräsentationsbau, Staats***- und ***Parteibauten.*** Die Entwicklung des Wohnbaus bleibt dagegen sowohl in ihrem Umfang als auch der formalen Kennzeichnung bedeutungslos. Bodenständige ***Kleinsiedlungen*** entsprechen dabei ideologisch der Doktrin des NS-Staates. Städtefeindlichkeit wird Prinzip des deutschen Faschismus bis etwa 1937. Die Versinnbildlichung des NS-Staates, der NS-Ideologie sucht die „Neue Deutsche Baukunst" besonders in großen Baumaßnahmen zu verwirklichen. Als Ideologieträger faschistischer Weltsicht sind diese Großbauten meist ohne sozialen oder wirtschaftlichen Nutzen, dienen allein der Selbstdarstellung der NS-Herrschaft.

BEISPIELE

Haus der Deutschen Kunst, München 1933–1937
Reichsparteitagsgelände, Nürnberg ab 1934
Den ***monumentalen Stil*** faschistischer Architektur definiert erstmals TROOSTS Münchner *Haus der Deutschen Kunst.* In seinem

Formenapparat von streng neoklassizistischer Ausprägung erinnert es an SCHINKELS klassizistischen Berliner Museumsbau (*Altes Museum,* 1822–1828). Die der Nord- und Südseite des Gebäudes vorgelagerten Säulenhallen mit je 22, nahezu zwölf Meter hohen Säulen veranschaulichen klassische Gestaltung. Deutlich am Klassizismus des frühen 19. Jh. (▶ S. 75, 186) orientiert, fordert das starre, im Stadtbild sehr isolierte Gebäude eine Form überzeitlicher Gültigkeit, beansprucht ideologische Größe. Einen ***Neoklassizismus*** radikaler Härte, von monumental-übermenschlicher Kolossalität, zeigt SPEER mit dem Bau des *Nürnberger Reichsparteitagsgeländes.*
Für Jahrtausende der Zukunft gedacht, werden bei der Auswahl der Materialien (Granit und Marmor) Ewigkeitswert und Ruinenwert zu bestimmenden Kategorien. Bestehend aus *Zeppelinfeld, Märzfeld, Deutschem Stadion* und einer *Kongresshalle* sollen geplante 30 Quadratkilometer bebaut werden. Das gesamte Gelände bot Platz für eine Million Menschen, allein das *Zeppelinfeld* besaß ein gigantisches Aufmarschfeld für über 300 000 Soldaten und Mitglieder der Partei. An jedem Platz, in jedem Raum ist mit architektonischen Mitteln die vorbestimmte Position des Führers hervorgehoben, sollen Menschenmassen als präzis festgelegte Teile des Plans die vermessenen Leerflächen der Architektur füllen. SPEERS Tribüne des *Zeppelinfeldes* zeigt sich als große Treppenanlage mit langer Pfeilerhalle, das Tribünenhaus altargleich, zentral wuchtig aufgerichtet. Beidseitig beschließen mächtige Steinkörper die Front der Pfeilerhalle. Mit den gewaltigen Ausmaßen einer Länge von 400 m und der Höhe von 24 m wird die Tribüne zum Symbol der Allgegenwart und des Machtanspruchs der Partei.

Der architektonische Rahmen jährlicher Selbstinszenierungen des NS-Regimes war Ausdruck der Machtverhältnisse von totalitär-diktatorischer Herrschaft und unterworfener Masse. Dem Gigantismus dieses Denkens entsprachen Visionen vom Umbau Berlins zur Welthauptstadt *Germania,* die SPEER entwickelte.

Perspektiven der Nachkriegsarchitektur

Nach 1945 belebt sich die ***klassische Moderne*** erneut. Dies wird umso verständlicher, als sich die ***Moderne*** in ihrem Bemühen um einen rational-zeitlosen Bezug auf das Eigentliche, das Primäre, nicht nur in der Rolle des grundsätzlich Fortschrittlichen sah. Sondern sie ist auch in ihrem sozial-utopischen Anspruch explizit darauf angelegt, nicht bloß zeittypischen Moden zu folgen.

In den 50er-Jahren entsteht in jenem optimistischen Lebensgefühl einer Gesellschaft nach dem Krieg eine Formsprache neuer Dynamik und lebendig plastischer Durchdringung. Noch der ***Moderne*** zugehörig, zum Teil von deren namhaftesten Vertretern gestaltet, entwickelt sich eine freiere Variante des absolut gesetzten ***Funktionalismus*** (▶ S. 191). Dieser skulptural-plastische Stil existiert neben ***Funktionalismus*** und konstruktiver Rasterarchitektur bis in die 80er-Jahre des Jh.s hinein, bis er allmählich an Leuchtkraft verlor.

Folgt man den Aussagen des Architekturkritikers JENCKS, beginnt spätestens 1972 mit der spektakulären Sprengung des *Pruitt-Igoe-Komplexes,* einer klassisch-modernen Reihung nüchterner Stahlbetonskelettbauten, die Zeit der ***Postmoderne.*** Die vom American Institute of Architects ehemals preisgekrönte Hochhaussiedlung hat sich zur sozialen Problemzone entwickelt. Die Fortschrittsideologie der ***Moderne*** kann mit ihren formaltechnischen Lösungen die hier entstandenen Defizite nicht ausgleichen, mehr noch, ursächlich ist ihr eigenes Defizit, ihr soziales Versagen.

Nachmoderne Tendenzen befreien das Bauen aus der asketischen Stille reiner Formen, verweigern sich der Konsequenz geometrisch-abstrakter Rationalität. Sie geben der Architektur neue Darstellungskraft, geben Bauwerken bildnerische Themen und Farbe, zeigen in ihren lebendigsten Gebäuden eine verspielte, erzählerische Gegenständlichkeit. Die Architektur wird nach amerikanischem Vorbild postmodern.

Perspektiven der Nachkriegsarchitektur beschreiben in all ihren unterschiedlichen Facetten jene immer wieder neuen Bemühungen, architektonisch anderes dem Bestehenden gegenüberzustellen. Nur hierin findet die Architektur der Gegenwart ihre Konstante.

BEISPIELE

Pruitt-Igoe-Komplex, St. Louis, USA 1952–1955
Notre-Dame-Du-Haut, Ronchamp 1950–1955
Solomon R. Guggenheim Museum, New York 1956
Atomium, Brüssel 1958
Opernhaus, Sydney 1959–1973
Apartmenthäuser, Lake Shore Drive, Chicago 1948–51
Centre Georges Pompidou, Paris 1972–1977
Piazza d'Italia, New Orleans 1978
Neue Staatsgalerie, Stuttgart 1978–1984
Wohnhaus Frank O. Gehry, Santa Monica 1978
Vitra Design-Museum, Weil am Rhein 1987–1989

Bereits im ersten Jahrzehnt nach Kriegsende bahnt sich ein neues Form- und Raumempfinden seinen Weg, sich dabei deutlich von den strengen und rechtwinkligen Ausdrucksmitteln des ***Internationalen Stils*** entfernend. LE CORBUSIERS als Innen- und Außenkirche genutzte Wallfahrtskapelle *Notre-Dame-Du-Haut* veranschaulicht jene neu gewonnenen Freiräume modernen Sakralbaus. In spannungsvoller Verbindung körperhafter, bewegter Formen entsteht ein Musterbau plastischer Architektur: gekurvte Wände, kleine, bunte Fenster von unregelmäßiger Größe und Anordnung, die tief gewölbte Decke, und von besonderer Prägnanz: das weit auskragende Dach. Pilzhutartig, krabbenschalförmig, in massiger, freiplastischer Form, überragt das Dach die lichten Wände. Sichtbeton, kunstvoll geschalt, empfiehlt sich hier als Werkstoff eines großen Plastikers. Ganz ohne rechten Winkel realisiert LE CORBUSIER dies irrationale Raumgefüge im französischen Departement Haute-Saône.

WRIGHTS über rundem Grundriss sich hell erhebendes Schneckenhaus eines modernen Museums setzt sich in auffallender Weise von der Orthogonalität der New Yorker 5th Avenue ab. Das *Guggenheim-Museum* präsentiert sich als ein spiralig hochgedrehter Bau- und Raumkörper, dessen weiße Betonbänder eindrucksvoll in vier Geschossen aufwärtskreisen. Im Inneren: Die sanft ansteigende Laufbahn einer Stahlbetonrampe führt Kunstfreunde kreisend um den offenen, glasdachüberwölbten Kern des ***organischen Kunstwerks.*** Im Außenbau: Sprungfedergleich kurvt das strahlende Gehäuse in immer weiteren Bögen bis zu seinem Dach.

Zwei Beispiele ***organischer Architektur*** seien ergänzend an dieser Stelle genannt: UTZONS *Opernhaus* in Sydney und das Zeichen der Brüsseler Weltausstellung von 1958, POLLAKS *Atomium.* Beide Bauwerke überraschen durch ihr ungekannt-signifikantes Spiel der Formen, die Qualität ihrer gewagt-kraftvollen Ausdrucksmittel. Wie so häufig bei Bauten kultureller Zweckbestimmung treffen sich hier ästhetische Vorstellungskraft und technische Innovation zu einer überzeugenden Symbiose.

Zwei Abfolgen spitz zulaufender, paraboloider Schalen, raffiniert ineinander verschachtelt, überwölben Konzertsäle und Bühnenräume des *Opernhauses* in Sydney. Mächtigen, vom Wind aufgeblähten Segeln gleich, formen sie die imponierende, weithin sichtbare Dachstruktur. Dem Dach zuunterst gelegen ist die flache, gestufte Natursteinplattform, die alle Vorbereitungs- und Verwaltungsräume enthält. Die starke bildhafte Wirkung des zunächst umstrittenen Baus wird trefflich vom Standort auf einer Landzunge im Hafen von Sydney betont.

Als milliardenfache Vergrößerung eines Eisenkristallmoleküls ist das *Atomium* bauliches Wahrzeichen und ein veritables Atommodell zugleich. Ausgeführt in aluminiumglänzenden Kugeln (Atome) und verbindenden Streben, sollte es zum markanten Sinnbild einer Zeit der Naturwissenschaften werden. Origineller kann die Abkehr von normativ-funktionaler Architektur kaum formuliert werden.

Herausragende Beispiele ***konstruktiver Architektur*** finden sich vielfach im Hochhausbau. Mit bezwingender Klarheit und Eleganz verwirklicht der ehemalige Bauhaus-Leiter MIES VAN DER ROHE seine baukünstlerischen Intentionen in beispielhaften Bauten, die wesentlich nach seiner Emigration in die USA entstehen. Neben dem in Zusammenarbeit mit PHILIP JOHNSON entwickelten *Seagram Building* sind es besonders die 26-geschossigen Apartmenthäuser am *Lake Shore Drive* 860 und 880, die die provokante, häufig missverstandene Maxime „Less is more" stimmig und in sich konsequent zum Ausdruck bringen. Die kantig aufragenden Türme von bestechender Präzision und Raffinesse linearer Geometrie und Proportioniertheit entsprechen ganz den Gesetzen reiner Formfindung. Eingebunden in eine feste kubische Gestalt zeigen diese hohen Wohnbauten dank der vollständigen Verglasung Transparenz, Offenheit und Lichte. Die offensive Demonstration des Stahlskelettaufbaus durch die explizite Zurschaustellung der freiliegenden Stahlrahmen verweist auf VAN DER ROHES Auffassung vollendeter Baukunst. Sein Ideal des Bauens ist das Material selbst, und folgerichtig zeigt er sein Wesen durch die Konstruktion.

Zum Idol moderner Technologie, zum Bild unmittelbar präsentierter Konstruktionselemente, wird 20 Jahre später PIANOS und ROGERS Pariser Multifunktionsgebäude *Centre Pompidou*. Gussstahl-Tragewerk, Versorgungssysteme und abgestuft nach oben führende Rolltreppenplexiglasröhren hat man ohne Kompromiss den Außenwänden vorgebaut. Die frappierende, technoid-irritierende Struktur des von Stäben und Schläuchen umspannten Glaskörpers geben dem eigenwilligen High-Technology-Bau einen hohen Wiedererkennungswert und große Popularität.

Postmoderne – Die Publikation von VENTURI, *Complexity and Contradiction in Architecture* (veröffentlicht 1966) und das zehn Jahre später geschriebene *Learning from Las Vegas*, verändern die Sichtweisen zeitgenössischer Architektur. Las Vegas als Synonym greller Trivialität, voll farbiger Leuchtreklame, Neonlicht und auffälliger Hotelbauten, ist VENTURI Anlass, sein wegweisendes Architekturkonzept des dekorierten Schuppens zu entwickeln. Ganz im Stile der Popkultur, leuchtend und direkt, erdenkt er eine Architektur dekoriert wie Spielkasinos und Tankstellen, nimmt dazu plakative Zeichen des Trivialen, Altbekannten. Verzierungen, Giebel, Säulen, Ornamente, Farbe, plötzlich wird alles wieder möglich.

Im dekorativen, freien Rückgriff auf Stilmuster und Formen der Baugeschichte entwerfen in den USA Architekten wie MOORE, VENTURI, EISENMAN, GRAVES, in Europa HOLLEIN, STIRLING, BOFILL oder ROSSI eine Baukunst der ***Collage, Ironie, Stilisierung*** und ***neuer Farbigkeit.*** Jene knalligen Formzitate italienischer Baugeschichte bei MOORES *Piazza d'Italia* oder STIRLINGS polemische Architekturcollagen argumentieren postmodern amüsant gegen eine allzu oft erstarrte Moderne. STIRLINGS *Neue Württembergische Staatsgalerie* verbindet mehrdeutig verspielt bildhafte Botschaften unterschiedlichsten historischen Stilmaterials aus über drei Jahrtausenden Baugeschichte. Seine barocken Raumfolgen, gotischen Spitzbögen, antiken Säulen, die modern geschwungene Glasfassade und im Zentrum die von Skulpturen umstandene, klassizistische Rotunde versammeln in bunter Eintracht eine inspirierende Kollektion postmoderner Ideen.

Von scheinbarer Desorganisation, aber großem optischen Reiz sind die schrägen, häufig unfertig wirkenden Gebäude des amerikanischen Architekten GEHRY. Seine komplex-verwirrenden Entwürfe, die undogmatische Verwendung widersprüchlichster Materialien wie Wellblech, Drahtgeflecht, Sperrholzplatten und altbekanntem Mauerwerk setzen bewusst eine gestörte Perfektion in die Architektur der Gegenwart. Doch selbst GEHRYS ***Dekonstruktionen*** wären sicherlich nicht ohne Kenntnis des frühen russischen ***Konstruktivismus*** denkbar.

4.6 Geschichte des Designs

ZITAT

Das Industrial Design ist eine schöpferische Tätigkeit, deren Ziel es ist, die formalen Eigenschaften jener Objekte festzulegen, die die Industrie produziert. Diese formalen Eigenschaften umfassen nicht nur äußere Aspekte, sondern betreffen auch ganz wesentlich die strukturellen und funktionalen Elemente, die aus einem System für Hersteller und Benutzer eine geschlossene Einheit machen. Das Industrial Design erfasst alle Aspekte menschlicher Wirklichkeit, die von der Industrieproduktion bestimmt werden.

THOMAS MALDONADO, 1978

Historismus

Gestalterische Imitationen historisch weit zurückliegender Kunststile bestimmen in großem Umfang das Bild der Produkte jener Gebrauchsgüterkultur der zweiten Hälfte des 19. Jh.s. Zukunftsweisende Tendenzen können sich gegenüber dieser vergangenheitsorientierten Formsprache der Dinge und Architektur kaum entwickeln. Zutreffend bezeichnet man das Prinzip historischer Stilrepetitionen kunstgeschichtlich als ***Historismus.*** So zeigt die Londoner Weltausstellung von 1851 eine Ansammlung restaurativer, neogotischer, neorenaissanceartiger Waren, die, zudem von häufig geringem Gebrauchswert, in erstaunlichem Kontrast zur konstruktiven Klarheit des Ausstellungsgebäudes stehen. In den formalen Ausdrucksmitteln damaliger Alltagskultur entfaltet sich in gleichzeitiger Gegenwärtigkeit nahezu die gesamte feudalistische Vergangenheit Europas.
Das 19. Jh. teilt sich in zwei stilistische Gestaltungsfelder: den ***Klassizismus***, etwa bis Mitte des Jh.s, und den Historismus. Bezieht sich der ***Klassizismus*** in erster Linie auf die ***Antike*** und kann durchaus als Stil der Aufklärung bezeichnet werden, sind es im Historismus vornehmlich die vorrevolutionären Epochen, denen man sich in aktiver Rezeption nähert. Gleichsam so als wolle der Historismus jede bedrohliche Erinnerung an jenes be-

unruhigende Revolutionszeitalter tilgen. Dem Selbstverständnis eines neureichen Bürgertums, welches sich durchaus als Nachfolger vergangener Herrscherklassen empfindet, bietet die Formsprache adeliger Kulturen Modelle der Identifikation und äußeren Repräsentation. Ökonomisch gesehen, entspricht die beliebige Verfügbarkeit mittelalterlicher bis barocker Formen einem neuen Konsumverhalten.

Historische Dekore, mittelalterliche Trinkgefäße, Möbelimitate der Renaissance, barocke Stuckornamente, scheinbar alles neostilistisch Überformte wird in Katalogen zum Kauf angeboten. So halten in restaurativem Gestus und prätentiöser Überladenheit die Formen tradierter Stile Einzug in die Alltagswelt des 19. Jh.s. Beispielhaft sei in diesem Zusammenhang an eine Möbelhandlung in Berlin erinnert, die stolz 240 Stilrichtungen zu gleicher Zeit anbieten konnte. Viele Produkte, früher von Hand gefertigt, werden als billige Maschinenwaren für breite Schichten erschwinglich. Hier realisiert man die Möglichkeiten moderner Technik, moderner Ideen, nutzt vielfach qualitätsschwächere Ersatzstoffe. Meist jedoch ohne dabei die tatsächliche Nutzung oder gar den Gebrauchswert zu verbessern.

Früher Funktionalismus

Eine im produkt-ästhetisch, technologischen Sinne gegensätzliche Auffassung verkörpert die Serienproduktion der *Thonet-Sitzmöbel.* Aus günstigem Werkstoff, von ungelernten Arbeitern zu fertigen, in Teile zerlegt raumsparend zu versenden, leicht zu reparieren und äußerst stabil, werden die Thonet-Stühle Ausdruck industrieller Überzeugungen, industrieller Rationalität. Das *Thonet-Modell Nr. 14* von 1859 gilt als erstes, auch so konzipiertes Massenprodukt und bleibt bis heute ein erfolgreiches Dokument kapitalistischer Ausnutzung technologischer Innovation. Die Formgebung selbst resultiert in natürlicher Weise aus dem technischen Verfahren, die Form folgt den Regeln der Produktion des Bugholzverfahrens.

Dabei entsteht die Gestalt der Thonet-Stühle nicht in der Vorstellung neuer Stilbildung. Ihre eher dem Maschinen- und Ingenieurbau verwandte Sprache der Linearität, des Grafischen, der Präzision, wird heute oft dem ***Jugendstil*** zugerechnet, gehört aber in die Nähe früher funktionaler Entwürfe. Zukunftsweisende Produkte der Zeit entstehen gleichermaßen in den Bereichen der Technik, der technologisch-industriellen Entwicklung, dem Industriebau, dem Schiffsbau, dem Maschinenbau. Gerade weil diese Produktions- und Gebrauchsgüterkultur keine Kunst sein will, wird sie zum Träger fortschrittlicher Formentwicklung.

Jugendstil

Die moderne kunsthandwerkliche Formgestaltung der Jahrhundertwende stellt sich formal und inhaltlich gegen die genannten Auffassungen des ***Historismus***, lehnt den imitativen ***Eklektizismus*** der wilhelminischen Gründerzeit ab. In ästhetisch aufgeschlossenen Teilen der Bourgeoisie und des Kunsthandwerks entwickelt sich gerade im letzten Jahrzehnt des 19. Jh.s ein Bedürfnis nach kultureller Erneuerung. Diesem Anspruch sucht der Jugendstil zu genügen.

Im Rückgriff auf Neuerungen bei den Engländern MORRIS und RUSKIN propagierte der europäische Jugendstil eine dekorative, auf das Vorbild der Natur ausgerichtete ***Ornamentik.*** Ermüdet und übersättigt vom überladenen, historisierenden Warenangebot der Zeit entwickelt sich in Paris, Nancy, Wien oder Darmstadt die Idee einer neuen Einheit künstlerischer Schöpfung: das ***Gesamtkunstwerk.*** Möbel, Gebrauchsgüter, Mode und Architektur fügen sich in ein Bild formaler Harmonie vereinheitlichter Gestaltungsmerkmale. Organische, pflanzlich-vegetabile oder geometrische Dekorationen bevorzugend, erstrebt der Jugendstil eine meist schwelgerische Romantik, sucht das Leben in Kunst und Schönheit zu hüllen. Hierin ist sich der Stil einig. Formale Unterschiede und unterschiedliche Benennungen entstehen in den verschiedenen europäischen Zentren.

Die Vertreter der ***Art nouveau*** GALLÉ, MAJORELLE wie auch VALLIN verkörpern eine Tendenz floralen Dekors. Ihr heiterer

und verspielter Stil prägt die Ecole de Nancy ebenso wie die Glasherstellung in den Werkstätten von GALLÉ und DAUM. Abstrakt-organische Ausdrucksmittel bestimmen die Arbeit GUIMARDS und in gleicher Weise den belgischen ***Style 1900.***
Eine Vorliebe für gradlinige Formen, geometrische Ornamente und lineare Klarheit findet man im Wiener ***Sezessionsstil*** sowie unter den Vertretern des ***Art déco*** wie HOFFMANN und MOSER.
Von besonderer Eleganz, Zartheit und eher vergeistigtem Charakter ist das Werk des Glasgower Architekten und Designers MACKINTOSH ***(Modern Style).***
BEISPIELE RIEMERSCHMID (u.a.: Stoffentwürfe, Gläser, Möbel, Architektur: Münchner Kammerspiele), BEHRENS, OLBRICH und CHRISTIANSEN.
Letztere führen die Künstlerkolonie in Darmstadt nach ihrer Gründung im Jahre 1899 zu internationaler Bedeutung.
Dennoch bleibt der Jugendstil eine Übergangserscheinung innerhalb der Geschichte der Kunst und des Kunsthandwerks. Die vorhandenen Mittel und Möglichkeiten der historistischen Industriekultur bleiben ungenutzt, produktionstechnisch wendet man sich zurück. Die wichtigsten Vertreter der Kunst um 1900 richten ihr Interesse bald auf eine konsequent sachlichere Gestaltung.

Der Deutsche Werkbund

Der im Jahre 1907 von zwölf Künstlern und etwa ebenso vielen Firmen gegründete Deutsche Werkbund gilt lange Zeit als bedeutendste deutsche Organisation zur Förderung kunstgewerblicher Produktion. Im Zusammenwirken von Kunst, Handwerk und Industrie wird nicht allein die Optimierung der Warenqualität und Produktion angestrebt, wichtige Ziele sind vorrangig ökonomischer Art: Verkaufssteigerung der Produkte, Verbesserung des Exports.
Mit BEHRENS, einem der Gründungsmitglieder, beginnt das eigentliche ***Industriedesign.*** Bei der Firma AEG für die Gesamtheit der gestalterischen Aufgaben zuständig, reichte sein Tätigkeits-

bereich vom Entwurf des Firmenlogos über Werbegestaltung zur Planung neuer AEG-Produkte, dem eigentlichen ***Produktdesign,*** bis hin zur architektonischen Entwicklung großer Fabrikationshallen. Er ist also für die ***Corporate Identity,*** die ein Firmenprogramm umfassend visualisiert, allein verantwortlich.
Anlässlich der *Kölner Werkbundausstellung* von 1914 diskutieren Werkbundmitglieder grundsätzliche Positionen zeitgemäßer Gebrauchsformgestaltung. Beharrt VAN DER VELDE auf dem individuellen Entwurf und widersetzt sich somit der industriellen Typenbildung, fordert MUTHESIUS gerade die Typisierung der Industriegüter. Damit definiert er einen wesentlichen Aufgabenbereich künftigen Industriedesigns: die Entwicklung von Prototypen.

Bauhaus und De Stijl
1917 und 1919 stehen für zwei der markantesten Eckdaten funktional-konstruktiven Designs. Der 1917 von V. DOESBURG und MONDRIAN initiierte Stijl mit seiner Konzentration auf primär elementare Formen und Grundfarben beeinflusste das wenig später gegründete Bauhaus (Weimar, 1919) entscheidend: Die anfänglich idealistische, mystisch-expressive Ausrichtung verändert sich hin zu elementargeometrischen Gestaltungsprinzipien und konkreteren Inhalten (ab 1922). Vorläufer dieser Entwicklung sind in der ***Wiener Sezession*** (HOFFMANN, WAGNER) oder in den kunstvollen Entwürfen, der Reduziertheit, bildnerischen Klarheit und linearen Ästhetik eines MACKINTOSH zu finden.

Als Inbegriff gestalterischer Rationalität gilt das Bauhaus noch heute. Gegründet als Schule für Baukunst, Malerei und Kunstgewerbe, ganz aus der historischen Situation heraus, durchläuft das Bauhaus eine sehr wechselhafte Entwicklung. Das programmatische Gründungsmanifest von 1919 zeigt sich eher rückwärts gewandt, als eine Formulierung spätexpressionistischer, teils mystischer Inhalte. Wie bereits der Name den Begriff der mittelalterlichen ***Bauhütte*** aufnimmt, wird inhaltlich in gleicher Weise

die Rückkehr zum Handwerksideal jenes weit entfernten Zeitalters postuliert. Die wesentlich zeitgemäßere Synthese aus Kunst, angewandter Kunst und Industrie sollte dann erst Jahre später angestrebt werden (ab 1924). Nun orientiert man sich an funktionalen Überlegungen, sucht die Verbindung zur Technik, bringt künstlerische Gestaltung und industrielle Produktion in Einklang, fordert die Unterscheidung von Notwendigem und Überflüssigem. Durch praktische, forschende, gestalterische Versuchsarbeiten werden Prototypen für eine spätere industrielle Fertigung entwickelt. BREUER, der 1925 als Jungmeister die Möbelwerkstatt übernimmt, mag hier beispielhaft genannt werden. Seine Stahlrohrsessel, Stühle und Möbel zeigen in ihrer Strenge, der technisch-funktionalen Formgestaltung, ihrer Materialbezogenheit und Reduktion Möbeldesign nahezu zeitloser Modernität. Ihre Eignung zu industrieller Massenproduktion ist beispielhaft, die erstrebte, auf den Zweck bezogene Qualifizierung industrieller Produkte realisiert. Von vergleichbarer Bekanntheit und Objektivität sind Arbeiten von WAGENFELD, GROPIUS, DELL, BRANDT u. a.
Lehrfächer des Bauhauses waren Architektur, Metall, Bildhauerei, Möbelbau, Malerei, Grafik, Weben, Töpfern, Fotografie, Theater und Film. Drei Direktoren leiteten das Bauhaus in Folge: GROPIUS 1919–28 , MEYER 1928–30 und MIES VAN DER ROHE, der auf Druck der Nationalsozialisten die Schule 1933 schließen musste.

Art déco

Die im Vergleich zur Weimarer Republik wesentlich stabilere Gesellschaftsstruktur des Nachbarlandes Frankreich förderte eine dekorative, bürgerlich-mondäne Variante moderner Gebrauchsgüterproduktion. Mit der Ausstellung *Exposition Internationale des Arts Décoratifs et Industriels Modernes* von 1925 findet das französische Kunsthandwerk eine prachtvolle Dokumentation seines Potenzials und einen künstlerischen Höhepunkt luxuriös-eleganten Möbelbaus. Gezeigt werden repräsen-

tative Mischformen aus exotischen Stilen, osteuropäischer Volkskunst, modifizierte Formen des ***Art nouveau.*** Man erkennt Einflüsse des ***Kubismus*** (▶ S. 85) oder von ***funktionaler Kunst,*** die Stromlinie war in Sicht. Die Produkte reichen von vollständigen Interieurs über Einzelmöbel bis hin zu Kleidung und Schmuck.
Wie die kostbaren Möbel RUHLMANNS, die Schmuckstücke LALIQUES, die klassische Eleganz und Ausgefallenheit RATEAUS, bestätigen auch die Produkte von CHAREAU, BRANDT, HERBST oder DELAUNAY-TERK den elitären Charakter jener ***dekorativen Warenästhetik.*** Das Jahresgehalt eines Akademikers reicht nicht aus, um sich einen der modischen Schränke RUHLMANNS leisten zu können. Werden Gebrauchsgüter typisch für eine sozial definierbare Konsumentenschicht, dann entwickeln sie sich zu deren Symbol, werden zum Zeichen des sozialen Status und der Lebensweise.

Die 50er-Jahre

Die Hoffnung auf bessere Lebensbedingungen nach den Jahren des Weltkriegs und die Pflicht, das Land neu aufzubauen und ihm eine neue politische und gesellschaftliche Ordnung zu geben, sind es, die das Lebensgefühl der 50er-Jahre bestimmen. Die Formsprache dieser Zeit verlangt nach Dynamik, Optimismus und Heiterkeit, gilt es doch der Wirklichkeit neuen Glanz zu verleihen. Bewegte, kurvende Formerscheinungen als zeitgemäße Ausdrucksmittel, als Sprache der Zeit zu etablieren, liegt nicht zuletzt im lebendigen Mitgestalten der neuen, demokratischen Gesellschaft. Ein Wiederbeleben der elitären und mondänen Jahre zwischen den Kriegen ist ebenso unmöglich wie die Neuerweckung puristisch-schmuckloser Sachlichkeit des Bauhauses. Noch weniger gewünscht ist die Wiederholung der volkstümelnden oder neoklassizistischen Gebrauchsgüterkultur und Architektur des Dritten Reiches. Da sind frische Impulse aus Amerika, Italien und Skandinavien gefragter.
Neue Formen findet man in den Designkonzeptionen der Fir-

men Miller und Knoll, in der prägende Gestalter wie EAMES, JACOBSEN, MIES V. D. ROHE, BERTOIA und SAARINEN versammelt sind. Sie stehen für die ***Gute Form:*** sanft modellierte Sitzschalen aus Holz, bunte Kunststoffstühle aus Polyesterharz, leicht wirkende Tulpenstühle, natürlich einbeinig, Ameisenstuhl und Drahtstühle in ergonomischem Schwung. Die rechtwinklige Geometrie der Funktionalisten ist einer neuen Weichheit gewichen. Werkstoffe wie Drahtglas, schichtverleimtes Holz, Kunststoffe von intensiver Farbigkeit, gestanztes und gelochtes Blech ziehen in das anspruchsvoll moderne Bürgerhaus ein. Populärer sind in Deutschland andere, uns heute als typisch für die 50er-Jahre erscheinende Möbelstücke, die sich mit ihren asymmetrischen Formen bewusst von der Ästhetik des Nationalsozialismus abgrenzen: Tütenlampen und Cocktailsessel, Nierentische, Resopalblumenständer. Demgegenüber zeigt das ***skandinavische Design,*** gediegen schlicht und materialgerecht, zweckmäßig-kultivierte Formen.

Die 60er-Jahre

Das Jahrzehnt von 1960 bis 1970 ist eine Zeit der Beunruhigung. Protestbewegung, Beatles, Hippies, Flower-Power und die Flüge in den Weltraum beschäftigen die Gesellschaft. Der vieldiskutierte Designer COLANI, dessen Entwürfe eigenwillig biomorphe oder stromlinienförmige Züge tragen, verunglimpft die Maßstäbe der ***Guten Form.*** COLANI bezieht damit eine Gegenposition zu pragmatischen, spätfunktionalistischen Tendenzen des Industriedesigns (z. B. Braun-Design, RAMS). Das im Laufe des Jahrzehnts entstehende kulturelle Unbehagen, die Kritik an politischen Verhältnissen und Formen der Umweltgestaltung löst vielfältige Diskussionen über Relevanz und Funktion von Design aus. Gefordert wird eine von ökonomischer und zweckbestimmter Festlegung radikal befreite Kreativität, ein in seinem Kern fantasievoller, spielerischer Umgang mit Problemen, Motiven und Themenstellungen des Designs. Eine politische ***Kritik der Warenästhetik,*** bezogen auf die Bedeutungszusammenhänge von Gebrauchswert und Tauschwert, die die grundsätzlichen Mechanismen des kapitalistischen Produktionssystems angreift, bleibt letztlich ohne konkrete Folgen.

Zeitgemäßes Wohnen gestaltet sich in individuellen Arrangements beweglicher Wohnelemente. Als neue Wohnformen entstehen oft futuristisch wirkende ***Wohnlandschaften*** aus Liege- und Sitzflächen, Tischen, Stühlen und Einbauschränken. Im Beispiel *Central living-block* (1969) von COLOMBO schwebt zudem, raumschiffgleich, ein drehbares Bücherregal mit integriertem Fernseher an der Decke des Raumes.
Möbel werden zu plastischen Kunstwerken, Kleiderständer zu grellen Kakteen, Sessel zu durchsichtig aufblasbaren Kissen. Versunken sitzt man in PESCES Sessel *Donna* in einem weiblichen Schoß, den Kopf zwischen großen, roten Brüsten liegend. Es ist die Zeit der ***Pop-Art*** (▶ S. 98).

Postmoderne Ideen

Die Designrevolte der 60er-Jahre ist kurzlebig, die Ideen einer sozialen Utopie auch im Bereich angewandter Gestaltung scheitern. Alternative Anti-Symbole, ihrer ideologischen Basis entzogen, werden dem Kommerz gewinnbringend einverleibt. In diesem Augenblick entwickelt sich, ausgehend von Italien, eine Designbewegung, deren Ziel bewusst nicht die optimale Gestaltung von Gebrauchsgegenständen ist. Das Design soll vom Joch der reinen Nützlichkeit befreit werden. Designergruppen wie z. B. Archizoom, Studio Alchimia, MENDINI oder SOTTSASS finden neue Wege des Entwerfens. Gemeinsam streiten sie gegen die ***Gute Form,*** in unterschiedlicher Form, oft frech und provozierend. Sie erproben den experimentell-freien Umgang mit dem Formenrepertoire des Alltags, ihrer städtischen Umgebung und der Historie des Designs. Stehlampen aus Autoscheinwerfern und Angeln, Stühle aus Fahrradsitzen entstehen, es werden Klassiker der Designgeschichte mit neuen Zusätzen und Bemalungen verfremdet. ***Re-Design*** ironisiert populäre Möbel vor allem des

Funktionalismus, ***Readymade**-Design* nutzt Fundstücke der Wegwerfgesellschaft zum Bau neuer Objekte. In der Ablehnung zweckhafter Gestaltung sind sich ***Banal-Design, Radical-Design, Superstudio, Haus-Rucker-Co.*** und die Künstler der Gruppe ***Memphis*** einig.

Memphis, deren erste Kollektion 1981 auf der Möbelmesse in Mailand gezeigt wird, produziert weit über 200 Wohn-Objekte. In kalkulierter Rebellion entwerfen sie ein lustig-ironisches Gemisch in Absicht oder Willkür unsinnig kombinierter Elemente. Mit bewusst naiver Bauweise, leuchtenden Kinderfarben, buntem Materialmix und billigen Laminatoberflächen argumentieren sie gegen die Kälte und Austauschbarkeit klassisch-moderner Möbelproduktion. Form wird zum Träger von Ausdruck und Unverwechselbarkeit. Zum Wert des Gebrauchs gesellt sich nun der Wert des Zeichens.

Postmodernes Design erklärt sich als Realisierung eines Bruchs mit der Kontinuität der Moderne. Es geht um emotionale, sensuelle, ikonische Inhalte und Bedeutungen, Kristallisationspunkte für neue, quer laufende Identitäten (Welsch, 1990).

BEISPIELE

www.red-dot.de/pd

www.german-design-council.de

Mitarbeit im Unterricht 5

5.1 Unterrichtsgespräche

In Unterrichtsgesprächen werden wichtige Informationen vermittelt, Entscheidungen abgestimmt, Probleme erörtert. Durch Ihre Mitwirkung können Sie das Unterrichtsgeschehen beeinflussen, Ihre Kommunikationsfähigkeit trainieren und Lerninhalte besser verstehen.

TIPP Achten Sie darauf, Ihren eigenen Gesprächsbeitrag zu den anderen Beiträgen in eine Beziehung zu setzen. Fragen Sie nach, nehmen Sie Argumente auf und sprechen Sie andere Gesprächsteilnehmer direkt an.

In Unterrichtsgesprächen geht es nicht einfach nur um das Reden, sondern um die Qualität Ihrer Mitwirkung beim Gelingen des Gesprächs. Diese wird nach folgenden Kriterien beurteilt:
- Fähigkeit, Beiträge der Gesprächsteilnehmer zu verstehen;
- Fähigkeit, eigene Beiträge verständlich einzubringen: Beschreiben, Erklären, Analysieren, Hypothesenbildung;
- Fähigkeit, Beiträge – auch Kritik – anderer aufzunehmen und darauf einzugehen.

Gespräche funktionieren nur dann, wenn die Gesprächsteilnehmer versuchen, sich gegenseitig zu verstehen und aufeinander einzugehen. Gerade unterschiedliche Ansichten können Anlass sein, ein Problem besser zu verstehen, und es lohnt sich, der Position eines Gegenspielers auf den Grund zu gehen.

TIPP Scheuen Sie sich nicht und bieten Sie hin und wieder an, bei Unterrichtsgesprächen Protokoll zu führen.

Sie trainieren so Ihre Fähigkeit, Gedankengänge zusammenzufassen und die wichtigsten Ergebnisse eines Gesprächs festzuhalten: Argumente, Fragen, Hypothesen, persönliche Positionen von Gesprächsteilnehmern.

TIPP Wirken Sie bei der Moderation des Gespräches mit, sprechen Sie Ihre Rolle mit der Lehrkraft ab oder übernehmen Sie die Moderation einer Phase des Gesprächs.

Gesprächsführung und Moderation sind Schlüsselqualifikationen für professionelle Teamarbeit. Meist werden Unterrichtsgespräche von Lehrkräften geleitet. Diese sollten dann das Gespräch moderieren, d. h. darauf achten,
- dass alle zu Wort kommen,
- dass ab und zu der Diskussionsstand zusammengefasst wird,
- dass dem Gespräch neue Impulse gegeben werden
- und dass die Gesprächsergebnisse in angemessener Form festgehalten werden.

Bei entsprechender Übung und Vorbereitung können diese wichtige Rolle aber auch ganz oder teilweise Schülerinnen und Schüler übernehmen. Sie gewinnen dadurch einen bestmöglichen Überblick über den Gesprächsverlauf, lernen die Struktur von Gesprächen besser zu verstehen und signalisieren der Lehrkraft ihre Leistungsbereitschaft und ihr Kommunikationsvermögen.

5.2 Gruppen- oder Partnerarbeit

Gruppenarbeit bietet die Chance, Begabungen, Kenntnisse und Fertigkeiten zu bündeln und nutzbar zu machen. Voraussetzung ist aber eine gute Organisation der Arbeit. Bestenfalls sorgt dafür die Lehrkraft, achten Sie also genau auf entsprechende Hinweise. Notfalls müssen Sie selbst für eine geeignete Organisation sorgen:

- Teambildung
- Vereinbarung über das angestrebte Ziel
- Abmachungen über die Aufgabenverteilung
- Erstellen eines Zeitplans
- Festlegen von Meilensteinen, d.h. Vereinbarungen über geplante Zwischenresultate

Teambildung: Gruppenarbeit funktioniert nur bei einem produktiven *Arbeitsklima*. Beachten Sie: Alle Gruppenmitglieder sind Individuen mit unterschiedlichen Sichtweisen, Gewohnheiten, Stärken und Schwächen. Deshalb gelingt es nicht immer auf Anhieb, eine produktive Arbeitssituation herzustellen. Versuchen Sie es zu vermeiden, dass die Gruppe auseinanderfällt, sprechen Sie Probleme gelassen an und schlagen Sie Lösungen vor. Bestimmen Sie in der Gruppe einen *Moderator*, der dafür sorgt, dass alle zu Wort kommen. Gut ist es auch, wenn die Moderation regelmäßig wechselt.

Zielbestimmung: Meist wird das Ziel Ihrer Gruppenarbeit durch die Lehrkraft vorgegeben sein. Dennoch sollten Sie darüber sprechen, wie Ihr Team sich das Ergebnis der Arbeit vorstellt (Umfang? Qualität?). So erreichen Sie es, dass alle Gruppenmitglieder eine konkrete Vorstellung von Anforderungen und Arbeitsaufwand bekommen.

Aufgabenverteilung: Entscheidend für das Erreichen des gesteckten Ziels ist die sinnvolle Verteilung der Aufgaben. Hier können die verschiedenen Begabungen richtig zum Zuge kommen (wer übernimmt die Internetrecherche, wer zeichnet den Entwurf, wer stellt die Präsentation zusammen? usw.). Wichtig ist, dass die Gruppenmitglieder sich verpflichten, ihren Beitrag bis zu einem festgesetzten Zeitpunkt fertigzustellen. Nur dann können die Teilergebnisse gemeinsam und sorgfältig zusammengefügt werden.

Zeitplan: Notieren Sie den geplanten zeitlichen Ablauf Ihrer Gruppenarbeit. Halten Sie insbesondere fest, wer, wann, was erledigen soll. Sorgen Sie dafür, dass alle Gruppenmitglieder eine Kopie dieses Zeit- und Organisationsplans erhalten.

Meilensteine: Bei Gruppenarbeiten, die über einen längeren Zeitraum reichen, ist es sinnvoll, Meilensteine, d.h. klar definierte Zwischenergebnisse festzulegen. So behält die Gruppe immer einen Überblick über den Stand des Gesamtvorhabens.
Dokumentation: Halten Sie fest, wer welche Beiträge zur Gruppenarbeit beigesteuert hat und protokollieren Sie den Verlauf der Arbeiten.
Präsentation: Stellen Sie Ihre Arbeitsergebnisse in geeigneter Form vor: in Text, Bild, Plakat, in Form eines Vortrags (bei Gruppenarbeit: mit verteilten Rollen), einer Computerpräsentation oder Ausstellung. Denken Sie daran, die Lehrkraft, Mitschüler und andere Adressaten erfahren vor allem durch diese Präsentation von Ihrer Arbeit, sie ist die Visitenkarte Ihres Vorhabens und wichtige Grundlage für die Beurteilung und Benotung Ihrer Leistung!
Evaluation: Nach Abschluss Ihres Vorhabens diskutieren Sie mit den anderen Gruppenmitgliedern den Verlauf der Arbeit. Verschaffen Sie sich Klarheit über positive und negative Aspekte: Was hat gut geklappt? Wo sehen Sie Verbesserungsbedarf? War die Aufgabenverteilung im Team ausgewogen?
Auch Ihrer Lehrkraft können Sie Feedback geben, z. B. in Bezug auf den gegebenen Zeitrahmen, die Bereitstellung von Arbeitsmaterialien und die Klarheit des Arbeitsauftrags.

5.3 Referate und Hausarbeiten

Hausarbeiten anfertigen und Referate halten

Referate und schriftliche Hausarbeiten im Kunstunterricht verfolgen mehrere Ziele, die aber im Zusammenhang stehen und aufeinander aufbauen:
Verstehen: Einen Sachverhalt oder ein Problem richtig zu recherchieren und kritisch zu untersuchen.
Präsentieren: Eigene Gedanken oder Ausarbeitungen einem Publikum in einem Schriftstück oder einem Vortrag vorstellen

und erläutern, z. B. also Mitschülern einen bestimmt Inhalt nahebringen oder erklären.
Leistungsnachweis: Der Lehrkraft die eigene Leistungsbereitschaft und Leistungsfähigkeit demonstrieren.

Zu **Verstehen:** Klären Sie zunächst genau den Arbeitsauftrag:
a) Inhalt – Was ist der Gegenstand des Referats: ein Künstler? Ein bestimmtes Kunstwerk? Eine Stilepoche?
b) Methode – Geht es um *Wiedergabe* eines Textes, um *Analyse* eines Textes oder Kunstwerkes, geht es um eine *Interpretation* oder geht es um eine *kritische Untersuchung* verschiedener Theorien oder Ansichten zum Thema?

Am besten ist es, wenn Ihr Referat verschiedene Methoden nutzt, um unterschiedliche Aspekte des Themas zu erhellen. Schlecht ist es, wenn Sie sich lediglich auf die Wiedergabe recherchierter Fakten, z. B. aus Wikipedia beschränken. Entsprechend sollte das Thema des Referats möglichst ein *Problem* oder eine *Frage* ins Zentrum stellen, auf die Sie mit Ihrem Referat eingehen. Dann haben Sie Gelegenheit, erst einen Sachverhalt darzustellen, dann diesen Sachverhalt zu analysieren und ihn schließlich auf einen Kontext zu beziehen, zu beurteilen und zu bewerten.

BEISPIEL Vergleich zweier Architekturentwürfe aus einem Architektenwettbewerb:
1. Wiedergeben (Reproduktion) und Zusammenfassen des Ausschreibungstextes – Anforderungen an das Gebäude, Eigenschaften des Bauplatzes, verfügbare Mittel; Vorstellen der beiden Entwürfe.
2. Analysieren (Reorganisation) – Vergleich der beiden Entwürfe. Herausstellen von Ähnlichkeiten und Unterschieden.
3. Beurteilen – der beiden Entwürfe (Transfer) vor dem Hintergrund des Ausschreibungstextes: Welcher Entwurf erfüllt die Anforderungen am besten? (Pro- und Contra-Argumente)?
4. Werten – Abschließendes Urteil aus Ihrer eigenen Sicht (Trans-

fer): Welche Pro- und Contra-Argumente halten Sie für entscheidend? Wie begründen Sie Ihre Entscheidung? (Welche persönlichen Entscheidungsgründe sind maßgeblich: ästhetische, ökonomische, gesellschaftliche?)

Zu **Präsentieren:** Denken Sie beim Präsentieren an Ihr Publikum! Wie erreichen Sie es, dass Ihre Gedanken beim Zuhörer ankommen?

Bei **schriftlichen Arbeiten** achten Sie darauf, dass
a) der Text durch ein Verzeichnis und Zwischenüberschriften übersichtlich gegliedert,
b) durch geeignete Abbildungen illustriert wird,
c) Zitate gekennzeichnet und belegt werden und
d) ein Literaturverzeichnis beigefügt wird.

Bei **Referaten** achten Sie auf folgende Punkte:
a) Fassen Sie sich kurz!
b) Gliedern Sie den Vortrag in wenige, einleuchtende Schritte.
c) Sprechen Sie möglichst frei, eventuell mithilfe kleiner Stichwortkarten.
d) Wenden Sie sich dem Publikum zu, schauen Sie die Zuhörer an, sprechen Sie Einzelne direkt an.
e) Überprüfen Sie, ob es helfen kann, wenn Sie bestimmte Gesichtspunkte durch Abbildungen illustrieren.

Zu **Leistungsnachweis:** Neben den allgemeinen Beurteilungskriterien (▶ S. 224) wird die Lehrkraft auch die Textgestalt (Gliederung, Layout) oder Vortragsweise bewerten. Es genügt also nicht, einen schönen Text abzuliefern, die Qualität des Layouts oder des Vortrags sind ebenso wichtig.

Präsentationen anfertigen und vortragen

Der Begriff ***Präsentation*** bezeichnet eine Darbietung, bei der mittels verschiedener geeigneter Medien ein Sachverhalt oder ein Gedankengang einer Zielgruppe anschaulich vorgestellt wird. In der freien Wirtschaft dienen Präsentationen dazu, Geschäftsberichte vorzustellen, Produkte oder Entwürfe darzustellen, Prognosen zu verdeutlichen. Entscheidungsträgern sollen in knapper und anschaulicher Form komplexe Sachverhalte vermittelt werden. Dabei werden zwei Aspekte berücksichtigt:

1. Die Entscheidungsträger haben in der Regel wenig Zeit,
2. die Entscheidungen haben meist weitreichende Konsequenzen, oft geht es auch um millionenschwere Investitionsentscheidungen. Solche Präsentationen sollen also überzeugen und Entscheidungen beeinflussen.

In der Schule dienen Präsentationen demgegenüber dazu eigene Untersuchungsergebnisse oder Produkte der Schüler vorzustellen.

Anders als bei der Erstellung von Präsentationen durch Kommunikationsexperten in Wirtschaft und Politik wird dabei von den Schülern erwartet, dass sie die präsentierten Inhalte selbst erarbeiten. Deshalb sind die *Vorarbeiten*, also die Themenwahl, die Formulierung des Arbeitsauftrags, Aufbau und Strukturierung zunächst ähnlich wie bei *Referaten* oder *Hausarbeiten* (▶ S. 214). Falls die Präsentationen in Gruppenarbeit erstellt werden, sind die Spielregeln zur Organisation von Gruppenarbeiten zu berücksichtigen (▶ S. 212). Erst dann kann die Arbeit an der eigentlichen Präsentation beginnen.

Die Präsentation als Leistungsnachweis in Schule und Unterricht ist also eine Kunstform mit eigenen Spielregeln.

Typen von Präsentationen

- Serie von Overheadfolien oder Dias mit Text und Bildelementen, meist vorgestellt durch einen Redner, auch in Form einer Bildschirmpräsentation, in der Regel mithilfe eines Videobeamers;

- Serie von Schautafeln, die entweder für sich selbst sprechen oder durch einen Redner vorgestellt werden;
- Aufbau von Schaustücken (Fundstücken, Modellen usw.) mit erläuternden Texttafeln, entweder selbsterklärend oder durch einen Redner vorgestellt;
- Ausstellung mit erläuternden Elementen wie Schautafeln oder einem geeigneten Katalog;
- Bildschirmpräsentation mit interaktiven Elementen, die der Betrachter oder Zuhörer selbst bedient.

Allgemeine Hinweise

Für alle Arten der Präsentation gilt, dass hier Informationen mittels der Formensprache der Bilder, des Grafikdesigns oder des Films dargestellt werden. Deshalb hängt die Qualität einer Präsentation davon ab, wie es ihr gelingt, die recherchierten und untersuchten Inhalte oder das erstellte Produkt anschaulich vorzustellen.

Ob Schautafel, Overheadfolie oder Ausstellung – immer kommt es darauf an, ob die Texte die Inhalte und Botschaften in übersichtlich knapper Form zusammenfassen, ob Überschriften die Informationen sinnvoll gliedern, ob Bilder und Grafiken dazu beitragen, die dargestellten Zusammenhänge zu erhellen oder ob sie eher stören – und ob es gelingt, die Neugier des Publikums zu wecken. Auch daran misst sich die Qualität der Präsentation.

Computerpräsentationen

Computerpräsentationen bedienen sich der Gestaltungswerkzeuge von Präsentationsprogrammen. Bekannte und gleichwertige Präsentationsprogramme sind LibreOffice Impress (www.libreoffice.org) und PowerPoint (als Teil des Office-Programms von Microsoft). Die damit erstellten Präsentationen können auf einzelnen Bildschirmen und als Beamer-Projektion vorgeführt werden. Meist können die Präsentationen auf einfache Weise für die Nutzung im Internet umgewandelt werden.

Struktur von Computerpräsentationen

Grundsätzlich unterscheidet man zwischen linearen Präsentationen, in denen ein Gedankengang Schritt für Schritt entwickelt wird und nicht-linearen Präsentationen, bei denen die Abfolge der Bilder und Texte durch den Redner oder die Zuschauer verändert werden kann.

- Eine *lineare Präsentation* ist vergleichbar mit einem Referat, welches Schritt für Schritt durch Bild- und Textdarstellungen unterstützt wird. Die Herausforderung besteht darin, den Gedankengang zwar durch Bilder und Textelemente anzureichern, ihn aber nicht durch ein Feuerwerk von Spielereien und Effekten zu überdecken.
- *Nicht-lineare Präsentationen* legen die Reihenfolge der Betrachtung der Folien nicht fest. Stattdessen gibt es ein Navigationsmenü, über das die verschiedenen Teile der Präsentation unabhängig voneinander angesteuert und vorgeführt werden. Nicht-lineare Präsentationen werden verwendet, wenn die Autoren verschiedene, in sich geschlossene Ausarbeitungen vorbereitet haben, deren Auswahl sie ganz oder teilweise dem Publikum überlassen möchten.

BEISPIEL Eine Präsentation soll verschiedene Aspekte der Barockkunst verdeutlichen, es ist aber nicht klar, welche Punkte das Publikum besonders interessieren. Die Präsentation führt deshalb von einer zentralen Startseite zu verschiedenen Teilpräsentationen: Eine beschäftigt sich mit Stilllebenmalerei, eine andere mit Porträtkunst, eine dritte mit Landschaftsdarstellungen, eine vierte mit der Architektur von Versailles, eine fünfte mit der Radierkunst Rembrandts.

Je nach Neigung und individuellem Interesse kann jetzt der Betrachter oder Nutzer auswählen, z. B. kann der Redner das Publikum fragen und nach dessen Interesse Schwerpunkte setzen. Innerhalb der Teilpräsentationen kann weiter differenziert werden. So könnte es auf einer Startseite dieser Teilpräsentationen Kurzzusammenfassungen und Untermenüs geben. Betrachter, die sich mit der Zusammenfassung zufriedengeben, gehen wieder zurück zum Hauptmenü, Interessierte können über das Untermenü detailliertere Darstellungen abrufen.

Einsatz von Gestaltungsmitteln: Layout und Effekte
Präsentationsprogramme bieten jede Menge Effekte und schicke Designs. Es ist sehr verführerisch, solche Effekte einzubauen. Allerdings besteht die Gefahr, dass die Präsentation damit zum Selbstzweck wird. Deshalb folgender Rat: Fragen Sie sich bei jeder Gestaltungsentscheidung, ob sie wirklich nötig ist. Also:

- Wenige Schriftarten, -größen und -farben; einfache Hintergründe, vor denen sich Texte und Bilder gut abheben, wenig Effekte. Verwenden Sie nur solche Bilder und Multimediaeinblendungen, die zur Veranschaulichung Ihrer Gedanken nötig sind.
- Eine gemeinsame Grundstruktur, die auf allen Folien (d.h. Bildschirmdarstellungen) beibehalten wird. Dazu können gehören: die Hintergrundfarbe oder das Hintergrundbild, die Schriftarten, -größen und -farben, die Position wiederkehrender Layoutelemente wie Textblöcke oder Bilder, die Effekte beim Übergang von einer Folie zur anderen. Auf diese Weise wird der Betrachter nicht verwirrt und abgelenkt.

Jahres- und Seminararbeiten

In vielen Bundesländern gibt es die Möglichkeit oder die Verpflichtung zu einer größeren Ausarbeitung, die sich in der Regel über ein Schuljahr erstreckt. Der formale Rahmen für diese Arbeiten ist von Bundesland zu Bundesland unterschiedlich.
Erkundigen Sie sich bei Ihren Tutoren, Klassenleitern oder bei der Schulleitung über die entsprechenden Möglichkeiten.

Themenwahl

Wählen Sie in jedem Fall ein Thema, das Sie selbst interessiert, nur dann halten Sie die lange Strecke durch. Neben kunst- und kulturhistorischen Recherchen oder Ausarbeitungen kann es

auch um die Anfertigung eigener künstlerischer Arbeiten gehen, die dann in aller Regel in einem Textteil erläutert und selbstkritisch betrachtet werden müssen.
Oft werden Beiträge zu Wettbewerben, die von den Kultusministerien ausgeschrieben oder empfohlen werden, als Jahresarbeiten anerkannt. Die Aufgabenstellungen dieser Wettbewerbe sind meist gut durchdacht, was die Planung der Arbeit erleichtert. Außerdem hat die Arbeit einen mehrfachen Nutzen, denn immerhin ist es möglich, dass die Arbeit auch im Wettbewerb Erfolg hat.

Falls Sie das Thema selbst formulieren wollen, achten Sie darauf, dass es darauf abzielt, ein Problem zu lösen, eine Frage zu beantworten oder eine Hypothese zu untersuchen. Dadurch setzen Sie sich selbst ein Ziel, das Ihnen hilft, den Faden nicht zu verlieren.

BEISPIELE für selbst gewählte Themen:

- *Architektur:* Sie wollen herausfinden, warum zwei ausgewählte Gebäude mit ähnlicher Funktion (Wohngebäude, Bahnhöfe, Schulen, Kirchen) in verschiedenen Zeiten oder Kulturen ganz unterschiedlich gestaltet wurden.
- *Malerei:* Sie wollen nachweisen, welche unterschiedlichen Einflüsse aus der Kunst- und Kulturgeschichte in ein ausgewähltes Kunstwerk eingeflossen sind (Genre, Thema, Motiv, Komposition, Malweise).
- *Medien/Propaganda:* Sie wollen nachweisen, wie durch eine Propagandadarstellung in den Massenmedien die wahren Verhältnisse verfälscht dargestellt werden.

Recherche

Voraussetzung für erfolgreiche Referate, Präsentationen und Jahresarbeiten ist eine sorgfältige Recherche zum Thema. Neben der Suche nach geeigneten Texten gehört im Kunstunterricht dazu vor allem die Suche nach geeigneten Abbildungen.

Textrecherche

Erster Schritt – Machen Sie sich klar, welche Informationen Sie eigentlich suchen!

Notieren Sie sich eine Liste mit Fragen, auf die Sie Antwort suchen und halten Sie sich bei Ihrer Recherche an diese Liste. Sonst wird es Ihnen passieren, dass Sie sich in einer Fülle von Informationen verlieren, die Sie in Büchern und im Internet finden.

Zweiter Schritt – Die Suche

Machen Sie sich klar, in welchen Büchern, Zeitschriften und Internetpräsenzen oder an welchen Orten Sie die benötigten Informationen finden können: Lehrbücher, Lexika, populärwissenschaftliche Darstellungen, wissenschaftliche Untersuchungen, Reportagen oder Zeitungsartikel, die über wissenschaftliche Erkenntnisse berichten und auch Referate oder Hausarbeiten anderer Schüler. Schließlich sind Museen, Ausstellungen, Ausstellungskataloge, Bilderverzeichnisse, Exkursionen zu Gebäuden und Kunst im öffentlichen Raum möglich.

Das reichhaltigste Informationsreservoir bietet das Internet. Mithilfe geeigneter Suchbegriffe (am besten signifikante Stichworte wie Namen, Orte, Daten, Begriffe) finden Sie eine Fülle von Querverweisen zu Ihren Fragen. Ihre Aufgabe besteht dann darin, den Wert der Quelle zu überprüfen und gute von schlechten Informationen zu unterscheiden:

- Was erfährt man über den Autor (Schüler, Wissenschaftler, Journalist)?
- Was erfährt man über den Anbieter der Information, ist es eine vertrauenswürdige Institution (Universität, Museum, Zeitschriftenverlag) oder ist es ein unbestimmter Internetauftritt eines Laien oder Liebhabers?
- Wie wird die Information präsentiert (sorgfältig, wissenschaftlich oder laienhaft, unkritisch)?
- Ist der Inhalt der Informationen plausibel?

Bilden Sie sich stets ein abgewogenes Urteil über die Qualität dieser Quellen.

Dritter Schritt – Auswertung der Funde
Vergleichen Sie die Funde. Wählen Sie die seriösesten Quellen aus, stellen Sie die Funde zusammen und kennzeichnen Sie Informationen, die sich widersprechen. Fassen Sie Ihre Funde in eigenen Worten zusammen und nennen Sie Ihre Quellen (Autor, Titel, Jahr, Erscheinungsort bzw. Autor, Institution, URL und Datum). Bei dieser Zusammenfassung können Ihnen die Fragen helfen, die Sie vor Beginn der Recherche zusammengestellt hatten.

Bildrecherche

Vorbemerkung: Bilder aus Publikationen oder aus dem Internet sind urheberrechtlich geschützt. Sie dürfen solche Bilder nicht veröffentlichen.
Erster Schritt – Welche Bilder suchen Sie?
Zu Beginn Ihrer Bildrecherche machen Sie sich bitte klar, welche Bilder Sie eigentlich suchen

- Was soll auf den Bildern zu sehen sein?
- Wie gut muss die Darstellung sein (Auflösung, Schärfe, Farbtiefe)?

Zweiter Schritt – Die Suche
Gute Bilder finden Sie natürlich vor Ort, in der Ausstellung, im Museum oder an dem Gebäude oder dem architektonischen Ensemble, um das es in Ihrer Arbeit geht. Für Ihre Arbeit brauchen Sie allerdings Abbildungen, d. h. Fotos, Zeichnungen oder sonstige Darstellungen. Wenn Sie dazu in der Lage sind, können Sie diese Abbildungen selber herstellen, z. B. indem Sie in der Ausstellung Werke fotografieren, sofern dies gestattet ist. Sonst müssen Sie geeignete Darstellungen in Bildverzeichnissen suchen. Die besten Abbildungen finden Sie in speziellen Kunstpublikationen.
Natürlich werden Sie auch im Internet fündig. Die dort versammelten Abbildungen sind allerdings manchmal von minderer Qualität.

Dennoch finden sich auch im Internet geeignete Abbildungen, meist mithilfe spezieller Bildersuchmaschinen, die allen gängigen Suchmaschinen (z. B. Google) angegliedert sind. In diesen Suchmaschinen können Bilder mithilfe frei gewählter Stichworte (z. B. Künstler, Titel, Ausstellungsort, Epoche) und weiteren Suchmerkmalen (Auflösung und Größe der Bilder) sehr schnell gefunden werden.

5.4 Noten und Bewertungskriterien

Ihre Leistung bei Unterrichtsgesprächen, Gruppenarbeit, Referaten und anderen Beiträgen im Zusammenhang mit dem Theorieanteil des Unterrichts wird nach folgenden Gesichtspunkten beurteilt:

a) Allgemeine Rahmenvorgaben
- Arbeitshaltung: Eigeninitiative, Zuverlässigkeit, soziale Kompetenz, Einhaltung von Vereinbarungen, Pünktlichkeit, Sorgfalt, Fleiß, Ordnung
- Regeln und Normen: Beherrschung der Sprache, formale Richtigkeit schriftlicher Ausarbeitungen, äußere Form von Texten oder Präsentationen, rhetorische Fähigkeiten bei Vorträgen oder Gesprächsbeiträgen

b) Reproduktion
Dazu gehören die Fähigkeiten
- erlernte Begriffe, Daten und Fakten, Systeme, Methoden richtig wiedergeben zu können (z. B. Stilmerkmale des Barock; Kriterien zur Beurteilung von Bauwerken; Möglichkeiten, durch Kameraeinstellungen die Fotogestaltung zu beeinflussen)
- Eindrücke, Empfindungen und andere Wahrnehmungen nachvollziehbar und sprachlich angemessen wiederzugeben
- Gegenstände und Sachverhalte treffend und prägnant zu beschreiben

c) Reorganisation

Dazu gehören die Fähigkeiten

- Zusammenhänge und Strukturen innerhalb eines Gegenstandes oder eines Sachbereichs richtig zu analysieren und die Analyse entsprechend vorzustellen (z. B. den Aufbau eines Kunstwerks oder die Funktionen eines Gebäudes zu erklären)
- Gegenstände und Sachverhalte richtig in einen gegebenen Kontext einzubetten (z. B. ein Kunstwerk oder ein Gebäude einem Stil zuzuordnen und dies zu begründen; ein politisches Plakat auf soziokulturelle Umstände einer historischen Situation zu beziehen)
- Analysemethoden richtig anzuwenden

d) Transfer

Kenntnisse und Erkenntnisse richtig auf neue Wahrnehmungen, Beobachtungen oder bislang unbekannte Sachverhalte anwenden.

Dazu gehört

- Mut, unkonventionelle Einfälle vorzustellen und sich der Kritik zu stellen
- sinnvolles Formulieren von weiterführenden Fragen
- Hypothesenbildung und -überprüfung
- Planen und Durchführen von Untersuchungen und Experimenten, um Fragen zu beantworten und Probleme zu lösen
- die Modifizierung bekannter Methoden
- die Formulierung begründeter Kritik

e) Gewichtung der verschiedenen Kriterien

Die höchsten Bewertungen erbringen in der Regel Leistungen im Bereich Reorganisation und Transfer. Aber Achtung! Nicht alle Lehrkräfte wenden die Beurteilungskriterien in gleicher Weise an (einige Lehrer legen besonderen Wert auf die Berücksichtigung von Rahmenvorgaben und die Einhaltung von Normen). Am besten ist es, wenn Sie mit Ihrem Lehrer oder Ihrer Lehrerin über Beurteilungskriterien sprechen. Diese sind Ihnen zur Auskunft verpflichtet. In Zweifelsfällen kann auch die Schulleitung zurate gezogen werden, denn diese hat die Aufsicht über die richtige Anwendung der Benotungskriterien.

Künstlerische Praxis 6

6.1 Ist die Aufgabe klar?

Künstlerische Gestaltungsaufgaben können sehr unterschiedliche Ziele verfolgen. Meistens lassen diese sich aber zwischen zwei Extremen einordnen: auf der einen Seite Anwenden von Erlerntem (Ausdrucksmittel, Techniken) und auf der anderen Seite Entfalten eigener Kreativität, Originalität und Spontaneität. So kann eine Aufgabe zur Fotografie einerseits bezwecken, dass Sie erlernte Ausdrucksmittel und Verfahren richtig anwenden und einsetzen, andererseits aber darauf abzielen, dass Sie ganz individuell, originell und kreativ ein Thema deuten, Motive aufspüren und ins Bild setzen.

Um die Aufgabe richtig zu verstehen, müssen Sie also überlegen, an welchen Punkten von Ihnen erwartet wird, erlernte Regeln und Verfahren anzuwenden und wann Ihre Kreativität gefragt ist. Verschaffen Sie sich auch Gewissheit über die Beurteilungskriterien, die an Ihre Arbeit angelegt werden sollen. Im Zweifelsfall fragen Sie die Lehrkraft und schreiben Sie sich deren Antwort auf.
Falls das bei der betreffenden Aufgabe möglich ist, halten Sie Ihre Gestaltungsidee in einem kleinen Entwurf fest, machen Sie eventuell einen Zeitplan und besprechen Sie beides mit der Lehrkraft. Notieren Sie sich die Tipps, Einwände oder Hinweise, von denen im Gespräch die Rede ist.
Erkundigen Sie sich bei Schülern, die von der betreffenden Lehrkraft unterrichtet werden, nach deren Erfahrungen. Schauen Sie sich Arbeiten der Vorjahre an und lassen Sie sich deren Beurteilung erklären.

6.2 Rückmeldungen zum Stand der Arbeit

Bei der Umsetzung der künstlerischen Aufgaben sind Sie meist auf sich gestellt. Deshalb kann es sein, dass sich Ihre Arbeit im Lauf der Zeit ganz anders entwickelt als ursprünglich geplant.

- Sprechen Sie ab und zu mit dem Lehrer über Ihre Arbeit,
- zeigen Sie Zwischenresultate und
- verdeutlichen Sie die weiteren geplanten Schritte.
- Lehrerin oder Lehrer sollten sehen, dass Sie Ihre Arbeit selbstständig erstellen und
- wissen, welche Gedanken Sie sich bei der Umsetzung machen.

Überprüfen Sie, wie sich die mit der Lehrkraft abgesprochenen Beurteilungskriterien auf Ihre Arbeit anwenden lassen:

- Notieren Sie sich Ihre eigenen Einschätzungen und
- vergleichen sie mit der Einschätzung der Lehrerin oder des Lehrers.

6.3 Benotung praktischer Arbeiten

Die Kriterien zur Beurteilung künstlerischer Arbeiten unterscheiden sich von Bundesland zu Bundesland und nicht selten auch von Lehrer zu Lehrer. Folgende Liste führt unterschiedliche Kriterien auf, die angewendet werden können.

TIPP Es ist wichtig, dass Sie sich Klarheit darüber verschaffen, welche dieser Kriterien an Ihrer Schule, von Ihren Lehrerinnen und Lehrern angelegt werden.

Berücksichtigung allgemeiner Rahmenvorgaben

- Arbeitshaltung: Eigeninitiative, Zuverlässigkeit, soziale Kompetenz, Einhaltung von Vereinbarungen, Pünktlichkeit, Sorgfalt, Fleiß, Ordnung

Anwenden erlernter Regeln, Techniken und Verfahren
Je nachdem, welche Spielregeln, Verfahren und Techniken Sie im Unterricht kennengelernt haben, achtet die Lehrkraft auf folgende Gesichtspunkte:
Ästhetische Qualitäten: Schönheit, Hässlichkeit, sinnliche Präsenz

- Richtiger Einsatz von Mitteln, die den Betrachter dazu bringen, ganz bestimmte Empfindungen nachzuvollziehen (allgemein-subjektive Wirksamkeit). Dazu gehören:
- ***Farbharmonien oder Farbdissonanzen***
  z. B. richtige Abstimmung der Farbmengen, richtige Festlegung und Zusammenstellung der Buntheitsgrade der eingesetzten Farben, richtige Abstimmung der Helligkeit
- ***Spannungsvolle Proportionierung von Formen***
  Goldener Schnitt, Spannung zwischen Positiv- und Negativform, lebendige Linienverläufe
- ***Spannungsvolle Verteilung von Formen und Farben auf dem Bildfeld oder im Raum***
  Wechselspiel zwischen Ordnung und Abweichungen von der Ordnung, Variieren des Abstandes zwischen Bildelementen z. B. durch Ballung und Streuung, Konfrontation von Harmonien und Dissonanzen
- ***Komposition***
  Sinnvolles Zusammenfügen von Ausdrucksmitteln auf einer Bildfläche oder in einem Raum, Anordnung von zwei- oder dreidimensionalen Formen auf der Bildfläche oder im Raum, Ausgestaltung der Farbbeziehungen eines Werkes oder einer Kunstdarbietung (Farbwahl, Zusammenstellung, Gewichtung), Ausspielen von Bewegungs- oder Richtungstendenzen, Wechselspiel unterschiedlicher Texturen (Oberflächen, Materialien)

- Richtiger Einsatz von Mitteln, die den Betrachter oder anstoßen sollen, eigene Empfindungen, Fantasien oder Aktivitäten freizusetzen (individuell-subjektive Wirksamkeit).

- ***Herstellen offener Arrangements und Anregungssituationen:*** Überraschungen, Verfremdungen, Provokationen, Irritationen, Meditationen
- Arrangieren eines Environments, Inszenieren einer Performance, Initiieren einer Aktion

Naturgetreues Darstellen (naturalistische Darstellungsmittel):

- ***Richtige Raumdarstellung, Darstellen von Plastizität, Erscheinungsfarbe, Texturen und richtige Wiedergabe von Proportionen***

Spontaneität, Kreativität, Experimentierfreude

Dies betrifft Einfallsreichtum, Intuition, geistige Beweglichkeit.

- Fähigkeit zum Herausarbeiten überraschender, neuer, ungewöhnlicher Lösungen
- Fähigkeit zum Entwickeln von Alternativen zur Umsetzung eines Themas oder verschiedener Lösungsmöglichkeiten für eine Aufgabe

Originalität, Authentizität

Hierbei geht es um den Bezug der künstlerischen Arbeit zur Person des Schülers.

- Themenwahl oder Auslegung eines Themas (oder einer Aufgabe), bei der Vorlieben oder Besonderheiten des Schülers deutlich werden
- Auswahl von Bildmotiven, Gestaltungsideen und Ausdrucksmitteln, welche geeignet sind, die individuelle Interpretation des Themas (oder der Aufgabe) durch den Schüler einleuchtend zu veranschaulichen

7 Vorbereitung von Klausuren und Prüfungen

Im Fach Kunst können Prüfungen sehr unterschiedliche Formen annehmen: Während der Qualifikationsphase (also der zweijährigen Phase des Oberstufenunterrichts unmittelbar vor dem Abitur) sind das Leistungsnachweise, die – je nach Bundesland – entweder als Klausuren oder als Hausarbeiten durchgeführt werden können.
In manchen Bundesländern gibt es außerdem die Möglichkeit, eine umfangreichere Seminar- oder Jahresarbeit anzufertigen.
Im Abitur gibt es, je nach Bundesland, zwei bis drei verschiedene Prüfungsarten:
Die *Klausur*, die *mündliche Prüfung* und die *Präsentation* (diese nicht in allen Bundesländern – Näheres zur Gestaltung von Präsentationen auf ▸ S. 217). Die Themen der Abituraufgaben beziehen sich oft auf mehrere Schulhalbjahre, z. B. Verknüpfung der Halbjahresthemen *Bildmedien* und *Architektur*. Zunächst ist ein Gebäude zu analysieren und dann die Fotografie zu beurteilen, welche das Gebäude darstellt.
Bei Klausuren und mündlichen Prüfungen sind verschiedene Aufgabenarten vorgesehen. Entweder

- eine *theoretische Aufgabe* (z. B. Werkanalyse) oder
- eine *Aufgabe mit theoretischem Schwerpunkt und praktischem Anteil* (z. B. Analyse eines Werbeplakats und Skizzieren eines Gegenentwurfs) oder
- eine *Aufgabe mit praktischem Schwerpunkt und theoretischem Anteil* (z. B. Analyse der Architektur eines Platzes und Entwurf einer Denkmalskulptur für diesen).

Beispiele für Abituraufgaben finden sich u. a. im Internet sowie in entsprechenden Büchern im Buchhandel.

7.1 Klausuren

Vorbereitung

In Klausuren sollen Sie das Wissen und die Methoden anwenden, die Sie im Unterricht erworben haben. Die normalen Klausuren beziehen sich vor allem auf die Inhalte des Unterrichts des laufenden Schulhalbjahres, die Abiturprüfungen aber auf den Unterricht mehrerer Halbjahre. Die Lehrkraft wird die Klausuraufgabe so stellen, dass Sie Kenntnisse und Fertigkeiten aus dem Unterricht einbringen und auf einen bislang noch nicht bekannten Sachverhalt beziehen oder anwenden können.
Zentrale Abituraufgaben, wie es sie in einigen Bundesländern gibt, beziehen sich auf die für die Abiturprüfung verbindlichen Lehrplananteile, über die die Lehrkräfte oder die Schulleitungen informieren müssen.

Sie sollten sich entsprechend in zwei Schritten vorbereiten:
a) Machen Sie sich zunächst klar, was Sie im betreffenden Unterricht lernen konnten oder lernen sollten (Literatur, Künstler, Werke, Methoden, Fachbegriffe).
b) Überlegen Sie dann, wie man diese Kenntnisse auf einen bislang nicht thematisierten, aber ähnlichen Gegenstand anwenden kann (Kunstwerke, Designobjekte, Architektur oder Gestaltungsaufgaben).

BEISPIEL

Sie haben im Unterricht die Malerei der Renaissance mit der Malerei des Barock verglichen.
a) Stellen Sie zunächst alle Beispiele zusammen, listen Sie alle Vergleichsmerkmale auf, fassen Sie die typischen Stilmerkmale zusammen und führen Sie alle angesprochenen Fachbegriffe auf.
b) Wählen Sie ein Kunstwerk des Barock oder der Renaissance aus, auf das Sie die betreffenden Kenntnisse und Informationen anwenden.

c) Notieren Sie sich Gesichtspunkte, die Ihnen Schwierigkeiten bereiten, suchen Sie Informationen oder Lösungen und halten Sie diese Lösungen fest.

Während der Klausur

Bei der Klausur selbst ist es wichtig, dass Sie die *Aufgabenstellung* sehr genau durchlesen. Bei Verständnisproblemen fragen Sie bitte die Lehrkraft. Falls dies nicht möglich ist, erläutern Sie im Text Ihr Verständnis der Aufgabe: „Ich verstehe die Aufgabe wie folgt: …"

Machen Sie sich dann einen *Zeitplan* mit etwas Spielraum.

Erstellen Sie eine übersichtliche *Gliederung*. Gut ist es, wenn es gelingt, durch *Zwischenüberschriften* den Gedankengang bereits grob zu skizzieren. Der eigentliche Text erläutert dann diesen Gedanken bis zur nächsten Überschrift, an der der rote Faden wieder aufgenommen wird.

Praxisanteile der Aufgaben (Zeichnung, Malerei, Modellieren o. Ä.) sollten so bearbeitet werden, dass die Lehrkraft den zugrunde liegenden Gedankengang nachvollziehen kann: Deshalb ist es sinnvoll, wenn Sie auch Entwürfe und Skizzen mit kurzen Texten kommentieren und zu Ihrer eigentlichen Arbeit in Beziehung setzen.

Falls Sie mit Ihrer Arbeit nicht ganz fertig werden, notieren Sie, welche Arbeitsschritte noch fehlen und wie das Ergebnis sich vom vorliegenden Zwischenresultat unterscheiden sollte.

7.2 Mündliche Prüfungen

Mündliche Prüfungen müssen ganz anders vorbereitet werden als schriftliche. Hier geht es nicht darum, innerhalb mehrerer Stunden einen Text anzufertigen, sondern 15–20 Minuten frei zu sprechen, sinnvoll auf Zusatzfragen und Einwände einzugehen und dabei nicht den Faden zu verlieren.

Da in den Prüfungen nur sehr wenig Zeit ist, um Inhalte zu erklären, ist es wichtiger, eine gewisse Routine im Formulieren und Vortragen zu bekommen und Hemmungen abzulegen, als viel Sachwissen auswendig zu lernen. Wir empfehlen folgende Vorbereitungsschritte:

1. Schritt – Prüfungsaufgabe ermitteln:
Klären Sie, welche Inhalte und welche Aufgaben in der Prüfung erwartet werden können (z. B. Werkanalyse nach einer bestimmten Methode, Vergleich von Gestaltungslösungen für Design oder Architektur).

2. Schritt – Prüfungsgegenstand bestimmen:
Suchen Sie sich mehrere Gegenstände (ein Gemälde, eine Skulptur, ein Bauwerk oder andere Kunstphänomene) aus, anhand derer Sie üben können.

3. Schritt – Aufgabe strukturieren:
Untersuchen Sie die mögliche Aufgabenstellung auf ihre verschiedenen Anteile (z. B. Werkanalyse: 1. Beschreiben der Wirkung, 2. Erklären des Bildaufbaus, 3. Vergleich mit anderen Werken aus anderen Zeiten).

4. Schritt – Üben:
Bearbeiten Sie den gewählten Gegenstand gemäß dieser Teilaufgaben, und versuchen Sie das Ergebnis in der verfügbaren Zeit vorzutragen (wichtig: benutzen Sie eine Stoppuhr, Eieruhr o. Ä.). Machen Sie sich klar, dass Sie bei drei Aufgabenteilen nur etwa dreimal fünf Minuten Zeit haben!

5. Schritt – Übungen auswerten:
Bei diesen Übungen werden Sie auf Fragen und Wissenslücken stoßen: Fachbegriffe, Namen, Daten usw. Schreiben Sie sich diese Fragen auf Karteikarten, notieren Sie Antwort oder Lösung auf die Rückseiten, sammeln Sie diese Karten und überprüfen Sie ab und zu, ob Sie sich noch an die richtigen Antworten oder Formulierungen erinnern.

6. Schritt – Wiederholen Sie diese Übungen immer wieder. Nach 10 Durchläufen sind Sie erheblich sicherer als beim ersten Versuch.

Internetadressen

Die angegebenen Internetadressen haben wir überprüft (Redaktionsschluss März 2014). Dennoch können wir nicht ausschließen, dass unter einer solchen Adresse inzwischen ein anderer Inhalt angeboten wird.

Alles rund um Kunst:
Erlanger Liste: http://www.erlangerliste.de
Webmuseum: http://www.ibiblio.org/wm/

Architekturgeschichte:
http://deu.archinform.net
http://de.wikipedia.org/wiki/Geschichte_der_Architektur

Schüler-Seite der Deutschen Stiftung Denkmalschutz:
http://www.denkmal-aktiv.de

Museen und Ausstellungen:
http://www.webmuseen.de
http://museen.de
https://www.google.com/culturalinstitute/beta/
http://www.bildhauermuseen.de

Antike Skulpturen in 3D-Ansichten:
http://viamus.uni-goettingen.de/fr/sammlung/ab_rundgang

Stichwortverzeichnis

Methode: Bilder beschreiben – sachlich und subjektiv

Sachliches Beschreiben dient bei der Bildanalyse dem Übersetzen von Bildern in Worte. Im Unterschied zum Umgang mit Texten, bei denen die Botschaft bereits in Textform vorliegt, müssen alle sachlichen Bildeigenschaften erst einmal bezeichnet und in sortierter Weise zusammengestellt werden. Auf Basis und mithilfe dieser Benennungen kann dann weiter untersucht werden. *Sachbeschreibung* heißt Beschreibung der Bildelemente in ihrer Eigenart, ihrer Lage auf der Bildfläche, ihrer Größe, ihrer Ausrichtung, ihrer Farbigkeit und ihrer Texturen. Wichtig ist eine nachvollziehbare Reihenfolge der Beschreibung, die der Beschreibende festlegt: von links nach rechts, unten nach oben, hinten nach vorn …

Das **Beschreiben des subjektiven Eindrucks** dient demgegenüber dazu, die eigene Reaktion auf das Bild in Sprache zu übersetzen. Dahinter steht der Gedanke, dass der Gestalter des Bildes subjektive Reaktionen beim Betrachter auslösen will. Hat man die eigene Reaktion auf ein Bild erst einmal festgehalten, kann man von da aus den Absichten des Künstlers weiter nachspüren.

Beschreibung des subjektiven ersten Eindrucks, den das Bild wachruft, bedeutet, die psychologische Stimmung wiederzugeben (lustig, bedrückend, beruhigend, beängstigend, erotisch, nervös), die atmosphärische Stimmung einzugrenzen (kalt, warm, feucht, trocken, stürmisch, lau), den Eindruck von einer Handlung oder einem Geschehen zu verdeutlichen (Bewegungstendenzen, Handlungsabläufe, Interaktionen) und den Eindruck von Räumlichkeit und Plastizität anzugeben (flach, weit, eng, hoch, niedrig, gewölbt).

Methode: Deutung und Interpretation von Bildern

Möchte der Betrachter eines Bildes den Intentionen des Künstlers nachgehen und die Botschaft des Bildes erfassen, genügt es nicht, lediglich Tatsachen über das Bild zu ermitteln. Auch das Festhalten der subjektiven Empfindungen, die beim Betrachten eines Bildes wachgerufen werden, ist nur ein erster Schritt.

Hermeneutischer Zirkel – Geht es dem Betrachter darum, gezielt nachzuvollziehen, was den Künstler bewegte und worauf er hinauswollte, bietet sich das hermeneutische Nachspüren an: Der Betrachter macht sich zunächst seinen eigenen Reim auf die Botschaft des Künstlers – er bildet eine **Deutungshypothese.** Diese stützt er auf das, was ihm bei seiner ersten Sichtung des Bildes aufgefallen ist. Im nächsten Schritt überprüft er diese Hypothese. Dabei sind **verschiedene Ansätze** möglich:

- werkimmanent: Untersuchen des Bildes selbst auf weiterführende Indizien
- kunsthistorisch, biografisch: Erkenntnisse über den Künstler heranziehen
- motivgeschichtlich: Untersuchen und Einordnen des Bildmotivs
- kulturhistorisch: Berücksichtigen der Kultur der Zeit, in der das Bild entstand
- mentalitätsgeschichtlich: Analysieren der Erwartungen der Betrachter

Daraus ergibt sich wiederum eine Hypothese, die erneut hinterfragt und überarbeitet werden kann. Je weiter diese hermeneutische Zirkelbewegung führt, desto klarer treten das Bild und das Anliegen des Künstlers hervor. Jedoch kann diese Form des Deutens und Interpretierens nie zu einem abschließenden Ergebnis führen. Es gibt also nicht das eine „richtige Ergebnis“, sondern lediglich mehr oder weniger sorgfältig begründete Deutungshypothesen, die bestenfalls immer näher an das Anliegen des Künstlers heranführen.

Methode: kunsthistorisches Einordnen

Sollen Kunstwerke kunsthistorisch eingeordnet werden, bieten sich folgende Ansatzpunkte an:

- Typische **Merkmale der Formensprache** der Künste einer Epoche (z. B. Stilisierung als Merkmal der archaischen griechischen Kunst; naturalistische Tendenzen der Hochrenaissancemalerei; farbliche Verfremdung und Verselbstständigung der malerischen Spur in der Malerei des Expressionismus)
- Typische **Funktionen der Kunstwerke** in der betreffenden Zeit (Kirchenbauten der Gotik als Verherrlichung christlicher Glaubensüberzeugung; Herrscherporträts des Barock als Überhöhung absolutistischer Herrscherfiguren; Heldendenkmale des 19. Jahrhunderts als Symbole nationalen Zusammenhalts; Performancekunst des 20. Jahrhunderts als Ausdruck gesellschaftlichen Aufbegehrens)
- **Vergleich mit Werken der gleichen Epoche:** Ist es ähnlich und konventionell gestaltet oder eröffnet es neue Perspektiven? (Donatellos *David* als erster vollplastischer männlicher Akt seit der Antike; Werke Brunelleschis als erste zentralperspektivische Darstellungen; Chiaroscuro als Erfindung Caravaggios; erste abstrakte Gemälde F. Kupkas oder W. Kandinskys)
- **Vergleich mit Werken anderer Epochen:** Welche Unterschiede ergeben sich im Vergleich mit Werken anderer Epochen? Welche Querverbindungen ergeben sich zur allgemeinen Kulturentwicklung?
- **Vergleich mit anderen Werken des gleichen Künstlers:** Welchen Stellenwert hat das Bild im Gesamtwerk des Künstlers? (*Venus* des Botticelli; *Bürger von Calais* im Werk Rodins; *Demoiselles d'Avignon* im Werk Picassos)

Methode: Symbolik erläutern

Der Forschungszweig der **Ikonografie** befasst sich mit der Identifizierung symbolischer Bedeutungen von Bildelementen und trägt zur Entschlüsselung von **Bildsymboliken** und Bildprogrammen bei.

Diese Herangehensweise ist aufschlussreich, da die in Bildern vorkommenden Bildelemente neben ihrer konkreten Bedeutung oft auch eine übertragene oder symbolische Bedeutung enthaltenn können. Da diese Bedeutungsgehalte auf kulturellen Zuordnungen und Festlegungen beruhen, kann sie ein unbefangener und unkundiger Betrachter meist nicht korrekt interpretieren.

Arbeitet ein Künstler mit symbolischen Bedeutungen von Bildelementen, lassen sich diese nur mithilfe von Zusatzinformationen verstehen. Sind diese Zusatzinformationen in dem betreffenden Kulturkreis allgemein bekannt, können sie von den Betrachtern unmittelbar bei der Betrachtung des Bildes assoziiert und verstanden werden. So kannten beispielsweise Betrachter barocker Stillleben die übertragene oder symbolische Bedeutung der dargestellten Gefäße, Pflanzen oder Früchte. Meist handelte es sich dabei um eine Symbolik, die aus der christlichen Überlieferung abgeleitet wurde, wie die Bedeutung des Apfels (Verführung), der Lilie (Reinheit) oder eines Glases, welches von einem Lichtstrahl durchdrungen wird (unbefleckte Empfängnis). Zur Bestimmung solcher Symbole, die uns heutzutage nicht mehr vertraut sind, stellt die Ikonografie **Nachschlagewerke** bereit.

Die Symbolik zeitgenössischer Kunstwerke oder Bilder z. B. in Werbung und Massenmedien lässt sich dagegen oft auch ohne Hilfsmittel entschlüsseln, da die Symbole allgemein bekannt sind.

Ausdrucksmittel: Komposition

Setzen sich Bilder aus Bildelementen zusammen, tragen Ordnungsprinzipien des Komponierens wie **Zusammenstellung, Anordnung und Ausrichtung** wesentlich zur Bildwirkung bei. Sowohl für Malerei, Zeichnung, Fotografie, Bildhauerei und Architektur als auch für Werbeanzeigen oder Plakate etc. ist die Anordnung von Bedeutung: Sind die Bildelemente zentral oder periphär, symmetrisch oder asymmetrisch angeordnet? Werden sie aufgereiht, gestreut, geballt, gruppiert? Werden sie diagonal oder orthogonal angeordnet? Werden sie an einem Raster oder an einfachen Grundmustern wie Dreieck, Rechteck, Kreis oder Oval ausgerichtet? Jede dieser Anordnungsarten ist mit **spezifischen Wirkungen** verbunden, löst beim Betrachter Empfindungen aus, wie den Eindruck von mehr oder weniger Ruhe oder Unruhe, Bewegung oder Stillstand, Labilität oder Stabilität, Bewegungstendenzen, Gewichtsempfindungen (Schwere, Leichtigkeit) oder den Eindruck von Wechselbeziehungen zwischen den Bildelementen (Zusammengehörigkeit, Isolation).

Meist überlagern sich in Bildern **mehrere Kompositionsmuster** und verstärken ihre Wirkung gegenseitig oder treten in Konflikt miteinander. Künstler spielen gezielt mit dieser Möglichkeit: Z. B. kann ein Bildelement durch Platzierung im Bildzentrum und in der Symmetrieachse herausgestellt und ein anderes im gleichen Bild durch Platzierung am Bildrand und entfernt von einer Ballung anderer Bildelemente ins Abseits gerückt werden. Handelt es sich bei solchen Bildelementen beispielsweise um Figuren, ergeben sich durch diese Positionierungen entsprechende Deutungen der dargestellten Personen. Bei der Untersuchung des Bildaufbaus sollte die Komposition immer besonders aufmerksam berücksichtigt werden.

Ausdrucksmittel: Farbe

Mittels Farbe werden Bildelemente voneinander unterschieden (z. B., der rote Apfel vom grünen Untergrund). Farben unterscheiden sich untereinander im Wesentlichen durch ihren **Farbton,** ihren **Sättigungsgrad** und ihren **Helligkeitswert.** Je nach Farbigkeit der Bildelemente ergeben sich **Farbbeziehungen;** so werden z. B. ähnlich farbige Elemente als Gruppe wahrgenommen (rote Äpfel vor grünem Hintergrund). Eigenschaften und Beziehungen von Farben lassen sich mittels **Farbordnungen** (z. B. mittels Farbkreis) bestimmen. Ein verbreitetes Modell ist das System „Sieben Farbkontraste“ von J. Itten. Es beschreibt die gegenseitige Abhängigkeit und Beeinflussung von Farben untereinander mithilfe der Kategorien **Hell-Dunkel-Kontrast, Farbe-an-sich-Kontrast, Komplementärkontrast, Qualitätskontrast, Intensitätskontrast, Kalt-Warm-Kontrast, Simultankontrast, Mengenkontrast.** Künstler können sie nutzen, um jeweils ganz bestimmte Effekte hervorzurufen, z. B. die Aufmerksamkeit auf Bildelemente lenken (roter Fleck auf grauem Grund) oder Stimmungen erzeugen.

Bildet ein Künstler einen Gegenstand naturgetreu ab, stellt er ihn in **Gegenstands- oder Lokalfarbe** dar. Wird die Farbigkeit des dargestellten Gegenstandes durch farbiges Licht oder Schatten verändert, spricht man von **Erscheinungsfarbe.** Als **Ausdrucksfarbe** schließlich wird eine verfremdete Farbigkeit bezeichnet, durch die der Künstler einen bestimmten Ausdruck hervorrufen möchte.

Neben dem Farbton spielen bei der Farbwirkung auch **Farbmaterial** und **Farbauftrag** eine wichtige Rolle (glänzend, matt, pastos, glatt, transparent).

Ausdrucksmittel: Wahl des Bildmotivs

Die Gestaltung eines Bildes beginnt mit der Wahl eines Bildmotivs. Es kann ein **vorgefundenes Bildmotiv** sein, also ein Wirklichkeitsausschnitt, den ein Fotograf durch den Kamerasucher erblickt oder der einem Maler bei einem Spaziergang ins Auge springt. **Arrangierte Bildmotive** werden dagegen vom Künstler selbst kreiert, beispielsweise eine Person, die für ein Porträt zurechtgemacht und an einem geeigneten Ort platziert wird, oder Gegenstände, die zu einem Stillleben zusammengestellt werden. Die Elemente des Bildmotivs und ihre räumliche Anordnung sowie die Lichtführung beeinflussen die Bildwirkung erheblich. Neben originellen Bildmotiven, die ein Künstler erstmals einsetzt, werden auch immer wieder bereits bekannte Bildmotive aufgegriffen. Künstler tun dies bewusst – sie spielen mit dem Bildgedächtnis der Betrachter und **zitieren bekannte Motive** (z. B. Porträtdarstellungen). Der Reiz für den Betrachter liegt im Aufspüren der Ähnlichkeiten und Unterschiede von **Vor- und Nachbild.** In der Kunstgeschichte lässt sich dies beispielsweise an Paardarstellungen oder Bildmotiven aus der christlichen Bildwelt und der antiken Mythologie nachvollziehen.

Die **künstlerische Interpretation** zeigt sich im **gestalterischen Umgang mit dem Bildmotiv:** Wird es so dargestellt, dass alle seine Bestandteile naturgetreu zu sehen sind? Wird es aus der Ferne oder Nähe, von oben oder unten betrachtet? Wird es verfremdet, auf wenige grafische Formen reduziert? Werden seine Formen so ausgeführt, dass man die Bearbeitungsspuren (Pinsel-, Modellierspuren) noch sehen kann? In der unterschiedlichen künstlerischen Interpretation von Motiven zeigen sich dann Werthaltungen und kulturelle Einstellungen.

Ausdrucksmittel: Körpersprache

Spielt in einem Kunstwerk die Darstellung von Personen eine Rolle oder sind Personen Teil einer künstlerischen Inszenierung, wird deren Körpersprache zum wesentlichen Ausdrucksmittel. Dabei geht es um Körperhaltung, Gestik und Mimik. Sind mehrere Personen beteiligt, tragen ihre Verteilung im Raum, ihre Zu-, Hin- und Abwendung sowie ihre Entfernung voneinander ebenfalls zur Vermittlung des gemeinten Ausdrucks bei. Eine ganz eigene Rolle spielen die Blickrichtungen der dargestellten Figuren, die Hinweise auf deren Aufmerksamkeitsschwerpunkte geben.

Die **Körperhaltungen** unterscheiden sich durch den Grad der Stabilität (z. B. breitbeinig: stabil; Kontrapost: stabil/bewegt; einbeinig oder gebeugt: labil/bewegt) und die Ausrichtung.

Die **Gestik** umfasst Aktivitäten (Arbeiten, Tanzen), aber auch Ausdrucksformen (z. B. Winken, Hände über den Kopf schlagen, Hände vors Gesicht halten, Zeigen) sowie Reaktionen auf andere Figuren (Abwehrhaltung, empfangende Gestik) und symbolische Ausdrucksformen (Hinweisen, Segnen, Drohen, Loben).

Die **Mimik** verweist auf ein breites Spektrum psychischer Reaktionen und Regungen zwischen Freude, Trauer, Schmerz, Lust, Schrecken und Ruhe.

Durch entsprechende **Textilien** wird die Körpersprache unterstrichen oder modifiziert (z. B. durch ein nachflatterndes Gewand oder ein die Mimik verdeckendes Tuch, eine die Beine bedeckenden Mantel).

Ausdrucksmittel: naturalistisches Abbilden

Viele Bildgestalter bedienen sich Bildmotiven aus der sichtbaren Welt. Manche sind bestrebt, diese möglichst naturgetreu abzubilden. Die **Porträtkunst der Antike und der Renaissance,** die **Stilllebenmalerei des Barock** oder der **Fotorealismus** des letzten Jahrhunderts sind Beispiele dafür.

Der Kunsthistoriker **G. Schmidt** identifizierte als Kern dieses künstlerischen Anliegens das Bemühen um die Umsetzung folgender Darstellungsmittel:

Drei Illusionen

- **Räumlichkeit** (die Verwendung von Zentral-, Farb-, Luftperspektive, Schlagschatten usw.)
- **Körperlichkeit** (die Nutzung von Linearperspektive und Schattenmodellierung)
- **Stofflichkeit** (die korrekte Darstellung von Stoff und Material sowie die haptische Oberflächenbeschaffenheit durch Lichtreflexion)

Drei Richtigkeiten

- **zeichnerische Richtigkeit** (Nachbildung des Schärfegrades des Auges)
- **anatomische Richtigkeit** (der Einzelform und der Gesamtform)
- **farbliche Richtigkeit** (Gegenstands- oder Lokalfarbe bei neutralem Licht bzw. Erscheinungsfarbe)

Ausdrucksmittel: Schrift

Die Schriftgestalt signalisiert dem Betrachter bildhaft die Bedeutung des geschriebenen Texts und verleiht diesem eine charakteristische Stimmung. Der Gestalter hat die Wahl zwischen Spielarten von Schreibschriften, Serifenschriften und Groteskschriften.

- **Schreibschriften** sehen so aus, als seien sie mit der Hand geschrieben. Sie wirken deshalb nicht förmlich.
- **Serifenschriften** enthalten Zierformen, die einen Buchstabenstrich an seinem Ende abschließen (Serifen). Diese verleihen der Schrift eine gewisse Eleganz und Flüssigkeit, denn sie leiten den Blick beim Lesen zum nächsten Buchstaben weiter. Deshalb werden sie oft für die Gestaltung von Fließtexten verwendet. Bekannte Serifenschriften sind Times und Garamond.
- **Groteskschriften** sind Schriften, bei denen der Buchstabenstrich ohne Verzierung endet, die also ohne Serifen auskommen (z. B. Arial). Da nicht von Buchstabe zu Buchstabe übergeleitet wird, wirken Groteskbuchstaben eher statisch, starr und gegenüber Serifenschriften dominierend. Oft werden sie für die Gestaltung von Schlagzeilen oder zur Verdeutlichung von Slogans oder Statements verwendet.

Daneben beeinflussen **Auszeichnungsmerkmale** die Wirkung der Schrift:

- fette, normale, magere **Schriftstärken** (zum Hervorheben oder Einbinden von Wörtern im Text),
- kursive, normale **Schriftlagen** (kursive Schriftlagen dienen dem Betonen einzelner Textpartien),
- schmale, normale oder breite **Schriftbreiten** helfen, den Umfang von Textspalten einzuhalten, und betonen Wörter mit breiter Schriftbreite.

Ausdrucksmittel: digitale Bildgestaltung

Die Etablierung von Techniken und Verfahren der digitalen Bildbearbeitung seit dem Ende der 80er-Jahre des 20. Jahrhunderts löste eine Revolution im Umgang mit Bildern aus:

- Durch die weltweite Vernetzung und die Digitalisierung von Bildern sind diese nun über das Internet grundsätzlich überall und jederzeit für jeden verfügbar. (Folge: Bilderflut)
- Da die Bilder sich aus Pixeln zusammensetzen, deren Anzahl, Farbe und Anordnung in einer Tabelle oder Formel festgehalten werden und die auf beliebigen Bildschirmen aufgerufen werden können, gibt es bei digitalen Bildern auch keine Originale mehr. (Folge: Anonymisierung der Autorschaft)
- Jedes Pixel oder Gruppen von Pixeln können durch digitale Verfahren systematisch verändert werden. Dadurch ergeben sich unendlich viele Möglichkeiten der digitalen Bildbearbeitung: Farbfilter, Schärfefilter, Auswahlfunktionen. (Folge: einfache und effektive Manipulierbarkeit von Bildern)
- Besondere Bedeutung hat die Arbeit mit Ebenen bei der Foto- und Filmbearbeitung. Ebenen ermöglichen es, bei digitalen Bildkompositionen Bildelemente oder Bildpartien jederzeit unabhängig voneinander zu bearbeiten, z. B. einen Bildhintergrund (Ebene 1) verschwimmen zu lassen, ein Objekt im Vordergrund (Ebene 2) zu drehen und die Farbe einer Figur im Mittelgrund (Ebene 3) stärker zu sättigen. Da jede durchgespielte Gestaltungsvariante digital gespeichert werden kann, lässt sich auch jeder Gestaltungsschritt rückgängig machen – anders als bei Malerei, Rollfilmfotografie etc. (Folge: Aufweichung der Idee vom endgültigen, einmaligen Bild)

Malerei erschließen

Nach dem sachlichen und subjektiven Beschreiben eines Gemäldes werden die **gestalterischen Mittel** untersucht, die das Bilderlebnis bestimmen. Der Maler wird beispielsweise ein geeignetes Bildmotiv wählen, er kann bestimmte Bildelemente auswählen und diese gezielt anordnen. Allerdings unterscheidet ihn dies noch nicht vom Fotografen und anderen Bildkünstlern, die das Gleiche tun.

Die besondere Eigenart der Malerei besteht darin, dass durch Wahl und Abwandlung der **Buntheit** der Farben, der **Viskosität** des Farbmaterials, des **Malgrundes** und der **Malwerkzeuge** ein sehr breites Spektrum unterschiedlicher **malerischer Spuren** erzeugt werden kann. Je nach beabsichtigtem Ausdruck werden diese Spuren beispielsweise durch dickflüssige Farbe, **markante Malspuren** und intensive bunte Farben stark herausgestellt oder durch **gleichmäßiges Einfärben** von Flächen und exaktes Ausmalen von Konturen völlig getilgt.

Farbwahl und Farbauftrag können unterschiedlich eingesetzt werden:

- **naturalistische Darstellung:** möglichst genaue Wiedergabe des natürlichen Vorbildes (Beispiel: Fotorealismus),
- **Verfremdung:** bewusstes Abweichen vom natürlichen Vorbild, um dem Werk einen persönlichen Stempel aufzudrücken (Beispiel: Expressionismus),
- **Autonomie der Formen:** völliger Verzicht auf ein Vorbild, die malerischen Spuren oder farbigen Flächen stehen für sich (Beispiel: Action-Painting, Farbfeldmalerei).

Zeichnungen erschließen

Nach dem sachlichen und subjektiven Beschreiben werden Wirksamkeit und Funktion der verwendeten zeichnerischen Gestaltungsmittel untersucht.
Die **Funktion von Linien** liegt in deren spezifischem Ausdruck. Je nach Intention des Zeichners zeigen Linien

- *Umrisse oder Konturen* von darzustellenden Formen (z. B. das Profil eines Porträtkopfes),
- *den Bewegungseindruck der zeichnerischen Spur* (tastend, zittrig, entschieden, energisch, nüchtern),
- *Suchbewegungen* (Linien, die verschiedene Versuche zeigen, die darzustellende Form einzufangen).

Die **Formen von Linien** unterscheiden sich durch

- Verlauf, Breite, Dichte und Textur (z. B. eine kurvige Linie, die schmal ansetzt, dann breit, aber transparent weiterläuft und streifig ausschwingt).

Darüber hinaus spielen **Schraffuren** (Strichlagen) und **Lavuren** (Wischer) eine Rolle. Sie dienen dazu,

- *Lage, Ausdehnung, Ausrichtung und Textur von Flächen* anzuzeigen,
- *Krümmung oder Relief von Flächen* durch Darstellung von Lichtreflexen und Schatten auszudrücken,
- *Bewegungseindruck* zu vermitteln (Vibrieren, Strömen, Zittern, Wischen).

Zeichnungen können unterschiedliche **Funktionen** übernehmen: als **Skizzen** (zur Ideengewinnung), als **Studien** (zur Entdeckung und Klärung beobachteter Formen), als **Ecriture automatique** (zur Entfaltung spontaner Bildschöpfungen) oder als **Reinzeichnungen** (als deutliche Illustration von Bildideen).

Skulpturen und Plastiken erschließen

Nach dem sachlichen und subjektiven Beschreiben des plastischen Werks werden die gestalterischen Mittel untersucht: Plastische Kunstwerke unterscheiden sich zunächst durch die Art ihrer Herstellung. Werden sie in einem *additiven Verfahren* aus modellierbarem Material (z. B. Ton, Wachs, Pappmaschee) geformt, spricht man von **Plastiken** (oft werden diese später in Metall gegossen). Werden sie in einem *subtraktiven Verfahren* hergestellt, also durch Abschlagen, Abschneiden oder Abtragen von Material, spricht man von **Skulpturen.**

Erster Gestaltungsschritt ist die Wahl eines **Bildmotivs** – oft die Darstellung von Figuren, deren **Körpersprache** die Wirkung stark mit beeinflusst. Dann spielt es eine Rolle, aus welcher Richtung das Werk betrachtet werden soll: von allen Seiten (allansichtig) oder nur aus bestimmten Richtungen (einansichtig, mehransichtig).

Die Komposition der **Gesamtgestalt** (Zusammenstellung der Formen sowie ihre Anordnung und Ausrichtung in den drei Dimensionen) und deren Beziehung zum **Umraum** *(blockförmige, durchbrochene, raumgreifende, raumeinschließende Anlage)* sind entscheidend für die räumliche Präsenz des Werks.

Anhand der Ausarbeitung des **Reliefs** der Formen wird die Figur weiter ausdifferenziert: ausgeprägtes/flaches Relief, kantig, wulstig, geometrisierende, amorphe Ausgestaltung. Die **Textur** der Formen signalisiert tastbare Qualitäten und bringt diese in Beziehung mit dem Werk (glatt, seidig, samtig, rau, grobe/feinen Körnung, schartig, gemustert, gerastert, gekräuselt, struppig, pelzig, flauschig …).

Fotografien erschließen

Der erste Schritt bei der Untersuchung von Fotografien ist das sachliche und subjektive Beschreiben. Um der Absicht des Fotografen weiter auf den Grund zu gehen, werden dann die **gestalterischen Mittel** untersucht, die er einsetzt, um dem Betrachter ein bestimmtes Bilderlebnis zu vermitteln. Auf diese Weise kann der beabsichtigte Ausdruck näher bestimmt werden.
Wichtige Kriterien für das Erschließen von Fotografien sind:

- **Bildmotiv:** Wirklichkeitsausschnitt, arrangiert,
- **Blickwinkel:** z. B. Untersicht, Froschperspektive, Normalperspektive, Aufsicht, Vogelperspektive,
- **Bildausschnitt:** z. B. Totale, Halbtotale, Nahe, Detail (Einstellungsgröße),
- **Lichtführung:** z. B. gebündelt, gestreut, frontal, Seitenlicht, Gegenlicht, von oben, von unten, Farbe,
- **Blendeneinstellung:** Tiefenschärfe (schärferes oder unschärferes Abbilden der Raumebenen),
- **Fokussierung:** Auswahl der scharf abgebildeten Raumebene,
- **Auflösung („Körnung“):** fein- oder grobkörniges Filmmaterial bzw. Einstellung der Empfindlichkeit des elektronischen Sensors (ISO-Wert),
- **Nachbearbeitung:** Korrektur von Helligkeit, Kontrastspektrum (Gammawert, Sättigung) und Schärfe (Deutlichkeit der Konturen).

Architektur erschließen

Nach dem sachlichen und subjektiven Beschreiben eines Bauwerks werden die **eingesetzten architektonischen Mittel** untersucht, um den Absichten des Architekten auf den Grund zu gehen:

- Einschätzen der *Ausmaße*, der *Umrissformen* sowie *Anordnung* und *Ausrichtung* der **Baukörper.**
- Nachvollziehen der **Ausgestaltung der Wände** mittels *Öffnungen* (z. B. Türen, Fenstern) oder *plastischer Elemente* (z. B. Säulen, Trägern, Pfeilern, Halbsäulen, Pilastern, Gesimsen, Balkonen, Giebeln).
- Aufschlüsselung der **inneren Gliederung des Gebäudes** in *Stockwerke, Räume, Gänge, Treppen.*
- Nachspüren der **Erschließung des Baus** durch *Eingänge, Eingangshallen, Flure, Treppen.*

Vor diesem Hintergrund werden die **Funktionen des Bauwerks** untersucht:
Die praktische Funktion zeigt sich vor allem in der Anlage eines den praktischen Zwecken genügenden Raumsystems (z. B. Wohnhaus mit allen nötigen Zimmern, Fluren und Nebenräumen).
Die ästhetische Funktion wird durch Auswahl und Anordnung von Bauformen geleistet, die den Betrachter dazu verlocken, das Gebäude in seinen Teilen und als Ganzes mit dem Auge zu erschließen, es zu betreten und seinen individuellen Stil und seine Stimmung nachzuvollziehen (z. B. die beängstigende Festung, die himmelsstürmende Kirche, das praktische Wohnhaus).
Die **repräsentativen Funktion** signalisiert die soziale Stellung der Bewohner oder die gesellschaftliche Bedeutung des Baus (z. B. Rathaus, Theater) durch, Außmaße, Baustil und Wertigkeit der Materialien.
Die Berücksichtigung der **Anzeigefunktion** beinhaltet, so dass die Funktionen eines Bauwerks an seiner Form gut zu erkennen sind.

Designobjekte erschließen

Nach dem sachlichen und subjektiven Beschreiben sollen verwendete **Gestaltungsmittel** erschlossen und mit den Funktionen des Designobjekts abgeglichen werden:

- Welche Wirkung vermitteln die Formen und Farben, aus denen das Objekt gestaltet wurde?
- Ähnelt das Objekt anderen Objekten mit ähnlicher Funktion oder wurde es abweichend gestaltet?
- Weist das Objekt originelle Stilmerkmale auf ?

Die praktische Funktion zeigt sich in einer dem praktischen Zweck angepassten Gestalt unter Berücksichtigung von *Zielgruppenbedürfnissen, Ergonomie, Ökonomie* und *Ökologie* (z. B. ein bezahlbarer Stuhl, auf dem man bequem sitzen kann, der aus fair und nachhaltig produziertem Holz besteht).

Die ästhetische Funktion wird durch die äußere Erscheinung des Objekts vermittelt. Es sollte *attraktiv wirken* (durch die Formen und Farben das Auge fesseln), auf *das Stilempfinden der Zielgruppe* eingehen und *mit dem Umfeld korrespondieren,* in dem es genutzt werden soll (z. B. ein Möbelstück, das zur Einrichtung und zum Stilempfinden der Benutzer passt).

Die repräsentative Funktion wird dadurch berücksichtigt, *dass die Nutzer durch die Benutzung des Produkts ihre kulturelle oder soziale Rolle zum Ausdruck bringen* können (z. B. indem sie ein entsprechendes Auto oder Smartphone verwenden).

Die **Anzeigefunktion** erfüllt das Produkt dadurch, dass man seine Funktion beim Betrachten sofort erkennen kann.

Werbeanzeigen erschließen

Nach einer Analyse der zu bewerbenden Gegenstände oder Marken und der Zielgruppen entwickeln Werbegestalter Konzepte für Werbeaktivitäten in den verschiedenen Medien. Nach dem sachlichen und subjektiven Beschreiben werden die verwendeten werbegrafischen Mittel untersucht: **Werbung** zielt auf Aufmerksamkeit oder das Wecken von Bedürfnissen für *Marken, Produkte* oder *Inhalte*.

Werbeanzeigen finden sich in Zeitschriften oder auf Plakaten. Sie sind aus Bildmotiven, Schriftelementen und grafischen Formen aufgebaut. Diese Elemente und ihre Wechselwirkungen haben unterschiedliche Funktionen (**AIDA-Prinzip**):

- **Attention:** Aufmerksamkeit erregen, beispielsweise durch Fotos, Schlagzeilen, leuchtende Farben u. Ä.
- **Interest:** Interesse des Betrachters steigern, z. B. durch Einbetten des Produkts in eine Geschichte oder Stimmung
- **Desire:** Verlangen nach dem Besitz des Produkts erwecken, indem z. B. ein Bedürfnis suggeriert wird
- **Action:** Handlung auslösen, Verstärkung des Kaufimpulses z. B. durch Angabe einer Bestelladresse

Die **grafische Gestaltung einer Werbeanzeige** basiert auf

- den Prinzipien der **Komposition** (Zusammenstellung, Anordnung und Ausrichtung von Schrift- und Bildelementen), wobei die Bildmotive häufig durch Bildbearbeitung generiert werden,
- der **Farbgestaltung** (Farbton, Sättigungsgrad, Helligkeitswert, Farbbeziehungen),
- den Prinzipien der **Schriftgestaltung** (Typographie).

Oft sind Werbeanzeigen auch ähnlich gestaltet wie Zeitschriftenartikel oder Buchseiten.

Druckgrafiken erschließen

Nach dem sachlichen und subjektiven Beschreiben werden Wirksamkeit und Funktion der druckgrafischen Gestaltungsmittel untersucht.

Neben druckgrafischen Verfahren, die lediglich der Wiedergabe zeichnerischer, malerischer oder fotografischer Kompositionen dienen, stehen autonome druckgrafische Gestaltungen:

Beim **Hochdruck** wird aus einem Druckstock (Holz, Linoleum) die *Negativform* herausgeschnitten. Die Grate und Flächen werden anschließend mit Druckfarbe eingewalzt und abgedruckt. Die künstlerische Herausforderung besteht in der geschickten *Herausarbeitung von Negativformen.*

Beim **Flachdruck** wird das Motiv auf Metall- oder Steinplatten mit Pinsel, Zeichenfeder oder Kreide aufgetragen. Striche und Pinselspuren können jedoch korrigiert werden.

Der **Tiefdruck** kennt zwei grundsätzliche Varianten:

- **manuelles („kaltes“) Verfahren:** Vertiefungen werden mit einer Stahlnadel direkt in die Druckplatte (Kupfer-, Zink-, Plastikplatte) eingeritzt (Beispiele: Kupferstich, Kaltnadelradierung).
- **Ätzverfahren:** Vertiefungen in der mit einer säurefesten, wachsartigen Masse (Ätzgrund) bedeckten Druckplatte werden mithilfe von Säure erzeugt (Beispiele: Radierung, Aquatinta). Vor dem Druck wird Druckfarbe in die Vertiefungen des Druckstocks eingerieben und anschließend die Oberfläche poliert. Auf dem gedruckten Blatt erscheint die Farbe aus den Vertiefungen. Beim Anfertigen des Druckstocks kann nicht korrigiert werden. Das Aufbringen des Ätzgrundes ermöglicht dagegen Überarbeitungen und Korrekturen.

Erweiterung der Grenzen der Kunst im Wechsel zwischen Abstraktion und Erzählung

Nach der Utopie der Moderne – Kunst seit dem Ende der 1960er-Jahre

Nachdem die klassische Moderne als gescheiterte Utopie galt, suchte man neue Ausdrucksformen. Beispielsweise unterliefen die **Happening-Künstler** der 1960er- und 70er-Jahre (z. B. A. Kaprow) auf subversive Weise die Erhabenheit der Kunst, der Betrachter sollte wachgerüttelt und einbezogen werden.

J. Beuys vertrat als einer der ersten Kunstschaffenden, dass jeder Mensch ein Künstler sei.

Der poetische Eigenwert von Materialien interessierte Künstler wie R. Morris, die Anhänger der **Arte Povera** (z. B. L. Fabro) verwendeten Materialien demgegenüber symbolhaft.

Die **Konzeptkunst** (z. B. J. Kosuth) erklärte die künstlerische Idee selbst zum Kunstwerk.

Die **Land Art** (z. B. R. Smithson) verließ die Ateliers und Museen und schuf oftmals überdimensionale Werke in abgelegenen Winkeln der Welt durch Eingriffe in die vorhandene Natur.

Die **Spurensicherung** (z. B. A. Oppermann) thematisiert durch Archivieren den menschlichen Alltag.

Viele Künstler arbeiten mit den Mitteln der Schockwirkung. Die **Wiener Aktionisten** (z. B. G. Brus) wollten gesellschaftliche Zwänge überwinden. Andere Künstler wie J. Holzer kritisieren durch Tabubrüche die Verrohung der Gesellschaft.

Performance und **Videokunst** haben sich zu eigenständigen zeitgenössischen Ausdrucksformen entwickelt. Genderfragen, Identität im virtuellen Zeitalter oder die Folgen der Kolonialisierung und Globalisierung sind einige der Themen, mit denen sich zeitgenössische Künstler auseinandersetzen.